总策划

每个人都拥有不同的社会角色，若说从中选择一个最难以言传、最割舍不下、最自豪、最欣慰的身份，那恐怕就是身为人母、人父。愿每一个宝宝都能健康快乐地成长，像花儿一样绽放！

红黄蓝教育机构创始人、总裁
北京红黄蓝儿童教育科技发展有限公司
董事长　史燕来

作者

与孩子相遇是我人生中最美的故事，从事学前教育工作是我无悔的选择。和谐的家庭关系、亲子关系将影响孩子一生，我愿意成为传播爱的使者——让更多的家庭幸福，让孩子真正的在快乐中健康成长！

红黄蓝亲子教育专家　王晶

做传播爱的使者

全国巡回专题报告百余场。把每一次讲座都当成第一次讲课般重视，当成最后一次般的珍惜，家长们渴望的眼神，激励我全身心地投入其中。

——王晶

在黑龙江省图书馆“龙江讲坛”做育儿讲座

在腾讯网为家长做在线答疑

应邀中央电视台《宝贝一家亲》栏目做嘉宾

稳定低生育水平、提高人口素质是基本国策，家庭教育得到全国各地方政府的高度重视与大力支持。在全国各地的讲座中许多当地领导都出席讲座并致辞，图为黑龙江省佳木斯市人口计生委、妇联儿童部相关领导与家长朋友一起认真聆听讲座。

家长听完讲座后意犹未尽，纷纷向讲师咨询育儿中困惑和问题。

广大家长觉察到家教的重要意义，渴望获得科学家教的指导。

在深圳麒麟山庄为家长做育儿讲座

播种爱和希望

这是一个充满爱的行业，更是一个特别需要责任担当的行业。每个人只有一个童年，要对每一个孩子负责，对每一个家庭负责。

红黄蓝总裁史燕来

史燕来女士与红黄蓝幼儿园可爱的小朋友们在一起

红黄蓝慧心父母课堂

全国巡讲育儿公益讲座

红黄蓝慧心父母课堂巡回讲座已成为全国各园所为家长宣传科学家庭教育的重要途径。

全国政协委员、内藤国际育儿奖获得者、教育专家万选蓉教授参与本书的评审并给予具体的指导，并多次担任巡讲专家。

金牌讲师王晶

金牌讲师孙砚冰

金牌讲师徐亮

国际大视野

红黄蓝教育机构注重借鉴、吸纳国内外前沿的教育理念和方法，积极地与优秀教育机构建立交流互访的友好关系。

王晶女士在美国学习与讲师合影

深入美国幼儿园考察

红黄蓝副总裁高寿岩女士与全美幼教协会专家合影

史燕来女士在美、加考察中与美国专家合影

史燕来女士考察英国幼儿园时与可爱的小朋友在一起

红黄蓝副总裁王健栃女士随国家人口计生委一行赴美考察（右一为国家计生委培训中心蔡建华主任）与美国专家合影

与女儿共同成长

养育孩子是幸福中混杂着烦恼的过程。陪伴女儿共同成长的岁月，让我学有所用，用有所悟，悟有所省。

春天是释放负面情绪的最佳季节，带孩子到大自然中呼喊、奔跑，呼吸沁人心脾的花香，聆听草间虫儿低吟。

许多孩子都有对小动物既爱又怕的感受。家长千万不要说：“你怎么那么胆小”，而是要接纳孩子的感受。启发后，孩子想到这样抱着小白兔的办法，体验与小动物的亲密接触，非常满足！

背上沉重的氧气瓶，带女儿去潜水，斑斓的海底世界，与热带鱼群零距离的接触，同时感受面对陌生事物时战胜恐惧心理的过程。

3岁就开始接触滑冰，运动促进身体发育的同时也磨炼了孩子的意志。

自我成长的力量

智慧父母培育儿童心灵之树

王　晶◎著

北京师范大学出版集团
BEIJING NORMAL UNIVERSITY PUBLISHING GROUP
北京师范大学出版社

图书在版编目(CIP)数据

红黄蓝慧心父母课堂：自我成长的力量——智慧父母培育儿童心灵之树／王晶著．—北京：北京师范大学出版社，2013.10（2017.10重印）
ISBN 978-7-303-15310-7

Ⅰ．①红…　Ⅱ．①王…　Ⅲ．①儿童教育—家庭教育
Ⅳ．①G78

中国版本图书馆CIP数据核字（2012）第193232号

营销中心电话　010-58805072　58807651
北师大出版社少儿网站　http://child.bnup.com
北师大少儿出版　http://weibo.com/bsdsercb

出版发行：北京师范大学出版社 www.bnup.com
北京新街口外大街19号
邮政编码：100875
印　　刷：北京强华印刷厂
经　　销：全国新华书店
开　　本：170 mm × 230 mm
插　　页：4
印　　张：20
字　　数：275千字
版　　次：2012年10月第1版
印　　次：2017年10月第9次印刷
定　　价：39.80元

策划编辑：谢　影　胡　苗　　责任编辑：谢　影
特约编辑：焦晶晶
美术编辑：袁　麟　　装帧设计：张同龙　王明莉　文　硕
责任校对：李　菡　　责任印制：马　洁

目录 Contents

1　心灵之树

一棵枝繁叶茂的树，一棵硕果累累的树，一棵开满鲜花的树，无论是生长在温暖湿润雨林里枝繁叶茂的榕树，矗立在呼啸寒风里傲雪的青松，在潮起潮落中被海水浸泡的红树……都要通过根系从土壤中汲取需要的养分，输送到枝叶，要有空气的交互和阳光的照射，要给枝丫伸展的空间，才能成为一棵生命力旺盛的树。

2　家的支持

伴随着一声响亮的啼哭，婴儿诞生的同时一对父母也随之诞生，孩子，你是我们生命的延续、是家庭的希望、是祖国的未来。孩子，你是我们的……寄予两代人爱与希望的生命，依然要在属于他的家庭中成长。家庭是孩子出生后接触到的第一个环境，也是影响孩子一生的环境，父母在这个环境中给予孩子有力的支持，建立良好的亲子关系，将直接影响孩子的一生。

3 “我”的发展

每一个孩子就像一颗神秘的种子，养育孩子更像是生态化种植的农业，而不是标准化生产的工业。家长需要准备好培育适合自己孩子的“土壤”，了解“种子”的不同属性。培养孩子自我成长的过程就像大树生长的过程，自信自尊、独立自主、敢于负责、面对困难积极乐观、充满激情、思想灵活而坚毅等等与自我相关的优秀的品质，如同大树的树叶、果实、花朵一样，成为大树闪亮的部分。

4 学的能力

让科学家们百折不挠去钻研的，是其对科学的兴趣；让艺术家们忘我痴狂去创作的，是其对艺术的追求；让运动员们成千上万次去磨炼的，是其对梦想的超越；让企业家们锐意进取去创新的，是其对事业的奋斗。学习不再是学生的专利，终身学习已成为一种生活态度。激活兴趣的四大动力系统，助力学习的三种行为习惯，支持发展的四项关键能力，为儿童的快乐学习撑起一片蓝天。

5 管的艺术

管与爱就像两只船桨，只划动一支船会原地打转，不能前行。惩罚会让孩子变得战战兢兢、如履薄冰；认错会让孩子变得敷衍了事、口是心非；比较会让孩子变得否认自我、放弃竞争。管不是指责和伤害，是建立成长的界限，更是保护和支持，就像一缕阳光，引领孩子成长的方向。管是门艺术，让亲子双方从对抗到合作，让彼此互利共赢。

自序

给孩子的心灵加点料

1997年12月24日圣诞平安夜，当人们沉浸在喜悦、幸福与欢乐中的时候，北大妇产医院偌大的待产室里只剩下我一个产妇，丈夫陪着我，躺在床上听着西什库教堂传来阵阵钟声，对即将到来的小生命充满了无限的遐想与希望。与所有的父母一样，新成员让整个家庭立刻充满了温暖与活力，同样也改变家庭原有的生活习惯以及每个家庭成员的人生轨迹。

女儿的生日是12月25日，我的生日是12月26日。今天，女儿14岁，我40岁。回首过往，自己从事学前教育工作已经近20年，从一名普通的幼儿教师到幼儿园园长，再到全国连锁儿童教育机构总监，走过幼儿园、亲子园教育教学研究及管理、教师及家长培训、0～6岁一体化连锁学前教育机构运营管理的漫漫长路。虽然工作具体内容在不断变化，但家庭教育这根主线始终贯穿其中，结合自己养育女儿的切身体验，以及工作中接触众多家长的育儿实例，让我深深感悟到，培养人的关键时期是0～12岁，培养人的关键环境是家庭，而培养人的关键人物恰恰是父母：父母是孩子一生的导师。

我们辛辛苦苦培育孩子成人，期盼他们能出人头地，超越自己。不少家教书籍喜欢用才子才女考入世界知名大学的成功案例来吸引读者的眼球，用高学分、考名校撩拨父母们不太坚定的意志和迷茫的心。广大家长其实也知道素质教育、全面发展才是真正的成功之道，只是找不到两者的契合点，感到非常的无奈。

现实告诉我们，更多的人拥有平凡的人生，但是平凡绝不等于平庸。

我不会用自己培育出尖子生、超常生来吸引家长朋友，因为智力超常的人不足人口总数的3%。长期的教育实践告诉我，情商比智商对人一生的发展更重要。我的女儿就是一个智商中等的孩子，天资与广大的孩子是一样的，从幼儿园、小学到现在的初二，她学习成绩优秀但不是名列前茅，虽然上的是重点中学，但也不是分数拔尖的“重点班”。让我倍感欣慰的是，现任班主任老师在家长会这样对我说:“您的孩子分数不是第一、第二，但是全班同学都一致公认她人品好、大气、善良，集体荣誉感特强，一致推选她第一批入团，并且担任团支部书记。这个孩子虽然语言表达不是特别流畅，但敢于表述自己的思想。暑假学校挑选各班优秀学生参加赴美夏令营，初一、初二一共40人，回来后带队老师说就让她代表大家给全校师生做汇报吧！”这个评价让我非常知足，因为培养“人”比培养“高分生”更为重要。我从未想过要把她培养成什么天才或杰出的人物，但我想让她自己去感悟人生，体验成长中的快乐，这才是最重要的。我相信，培养良好的品格、塑造健康的人格，加上发育正常的智力，完全可以让她从容地、快乐地面对未来，应对纷繁变化的世界。

再善解人意的孩子也有执拗、调皮的一面，再难以理喻的孩子也有善良、温柔的一面，再天资聪慧的孩子也有愚钝、迟缓的一面，再发育迟缓的孩子也有灵光闪烁的一面，每个孩子都要在父母的引领下发现自己的优势，发挥自己的独特，靠自己的力量跨越成长的各个阶梯。在红黄蓝慧心父母课堂里我结识了很多家长朋友，深刻体会到他们在育儿中的困惑。我一直真诚地告诉他们，行为、习惯、品格、性格的塑造要从小开始，不要等到青春期出现问题以后，再去花大力气、花重金去扭转局面，那将为时晚矣。

每个孩子生长发育离不开营养，为了给孩子一个健康的身体，家长不惜重金，买自己都舍不得吃的有机蔬菜、柴鸡蛋、高价原装进口的奶粉……给孩子吃最贵的、最安全的、营养最丰富的食物才会放心。看着孩子结实的大腿、不断攀升的个头，付出没有白费。可是家长们往往忽视了孩子心灵成长也需要“营养”，一颗“营养”充沛的心灵，才能为他一生的成长提供不竭动力，才能让他真正成为顶天立地的人。

心灵营养充足的孩子充满爱心、善于交往，关心、尊重、信任他人，独立自主，遵守行为规范，适应社会环境。

心灵营养充足的孩子面对困难心态乐观，积极向上，处理问题思想灵活，方法多样，意志坚强。

心灵营养充足的孩子对学习充满兴趣，主动探究，专注持久，富有激情、创造性和想象力。

心灵营养充足的孩子会表现得自信、自尊、自爱，既有自我行为的调控又不失自我主张，敢于并善于表达自己的思想。

让我们在孩子的成长中给他们的心灵增加健康的养分吧！

红黄蓝亲子教育专家

王晶

2011年12月24日

他序一

点滴关爱，大树崴蕤

孩子用一颗好奇的心探索着这个世界，而周围的人是他的指引。即便长大后，长者、良友亦能在关键时刻一两句话坚定我们的信念，鼓励我们前行。我记得当初创办红黄蓝的时候，父亲语重心长地跟我说：“女儿，这是一个充满爱的行业，更是一个特别需要责任担当的行业。很多事情可以重来，可以有第二次机会，唯独每个人只有一个童年，要对每一个孩子负责，对每一个家庭负责。”

带着这样的嘱托和期许，我和我们的团队在学前教育领域走了15年。1998年红黄蓝创办中国第一家亲子园，是中国早教的开创者和领导者。红黄蓝始终秉承这样的原则：探究最适合中国孩子的教育之道，密切关注孩子的成长，为孩子提供最适合的教育，为家庭提供最优质的服务。在这一原则的指导之下，红黄蓝聘请了很多位国内外理论、实践经验丰富的专家，并培养了一支有实力的教研团队。通过认真观察、关注孩子的成长，尊重教育规律和儿童发展规律，用科学、先进的理论指导实践，又在实践中不断发展完善育儿理论。

在一线办园，与孩子、家长接触的过程中，我们意识到仅有园所教育是远远不够的，孩子成长在家庭、园所、社会的立体环境中，这三方面的教育缺一不可。中国自古讲究“言传身教”，孩子的模仿能力很强，环境对于孩子的影响很大，父母更是孩子的第一任老师。因此我们决定要出一本

实用性强的指导年轻父母家庭教育的图书。这本书从家长最常见、最关心的问题入手，结合教育学、心理学理论予以说明，既有鲜明独特的教育观点，更注重家庭便于实践，可应用性、操作性强。希望孩子们在父母之爱的滋润下“心灵之树”茁壮成长，收获健康、快乐、有竞争力的人生！

我是一名教育工作者，更是一位母亲，我一直忘不了儿子呱呱坠地时内心的喜悦和对孩子的那份希冀。孩子是家庭的希望，父母都期望孩子能够健康快乐地长大，拥有强健的体魄、美好的心灵，拥有面对生活的乐观和智慧。而孩子的成长跟家长的教育是分不开的，家庭环境对于孩子的影响是巨大的，每一个孩子都像一朵含苞待放的花朵，而父母就是那片土壤和阳光。从父亲身上，孩子会学到坚强与责任，从母亲身上，孩子会看到爱心与善良，父母是孩子最直接、最重要的导师。正如“红黄蓝”所寓意的那样：红色象征妈妈，点燃生命的激情和希望；黄色象征宝宝，是梦想、是祥和、是未来的冉冉之星；蓝色象征爸爸，有海一样的胸怀和包容，给予孩子智慧和信念。爸爸妈妈用爱心与责任，为孩子撑起一片成长的天空，用红黄蓝三原色绘出宝宝的多彩人生！衷心希望这本书能够帮助更多的父母，衷心祝愿孩子们茁壮成长！

红黄蓝教育机构创始人
北京红黄蓝儿童教育科技发展有限公司董事长
史燕来

2012年7月16日

他序二

为“自我成长”欢呼

早期教育应该给予孩子什么?

这是当今教育界讨论最为激烈的话题，也是广大婴幼儿父母最为关注的问题。

现在流行一种说法:“不能让孩子输在起跑线上。”

于是乎，幼儿园要学小学的知识，家长忙着为孩子找各种兴趣班、辅导班报名。一场对孩子童年的掠夺正在进行。结果，忙坏了家长，累坏了孩子。

法国启蒙思想家、教育家卢梭，在《爱弥儿——论教育》一书中曾经强调，教育儿童必须符合儿童身心发展的规律和年龄特征，否则会导致不良后果。因为“大自然希望儿童在成人之前就要像儿童的样子。如果我们打乱了这个秩序，我们就会造成一些早熟的果实，它们长得既不丰满，也不甜美，而且很快会腐烂;我们将造就一批年轻轻的博士和老态龙钟的儿童。”

卢梭还说过“为什么要让那些转眼即逝的岁月充满悲伤与痛苦呢?……你们绝不要剥夺大自然给予他们的短暂的时间，否则你们会后悔不及的。一旦他们能感受人生的快乐，就让他们去享受，不管上帝何时召唤他们，你们都不要让他们没有尝到生命的乐趣便死去了。”

我很认同卢梭的教育观点。如果我们对孩子的童年怀有太多的功利性，往往让他们成年后找不到人生的幸福。虽有声名，但活得很累。

2010年，我写了一本书《长大不容易》，其中心是：成长有规律。我在书中发出这样的呼吁："不能因为我们的短视，误把人生的长跑视为短跑；不能因为我们无知，错把孩子看成是学习的机器；更不能因为我们的功利心，剥夺孩子最宝贵的童年。"如果我们不尽快觉醒，那些没有输在"起跑线"上的孩子，最终将输在"终点线"上。

我们不希望看到那一天。

那么，什么样的学前教育才是科学的、符合儿童成长规律的呢？

身为教育工作者，我一直非常关注学前教育和亲子教育机构，关注这方面的著作。

几年前，"红黄蓝"进入我的视野。我知道"红黄蓝"是一个专业、规模庞大，在全国有影响力的知名早教机构。

在一次早教机构颁奖大会上，我有幸认识了"红黄蓝"幼教机构董事长史燕来女士。短暂的接触、默契的交流和长期的了解，我感到"红黄蓝"是一个有强烈责任感的教育企业，他们潜心研究儿童成长的规律，并且研发出富有时代特色的教育产品。目前，他们正在总结编写一本适合0～12岁家长阅读的书，燕来真诚邀请我为这本书作序，我欣然同意。

这本书是"红黄蓝"的老师王晶女士所著，拿起书，我立刻被书名深深吸引：《自我成长的力量——智慧父母培育儿童心灵之树》。

"自我成长的力量"，是一种伟大的力量，在孩子成长中起着极其重要的作用。如果忽视了这种力量，后果将不堪设想。

早期教育，给予孩子的不是识字、计算的知识灌输，还是自我成长力量的助发与增长。

当今有些父母，什么都替孩子干，生怕孩子干不好，孰不知，"替孩子"等于"害孩子"。正像毛毛虫蜕变成蝴蝶时，需要自己做茧，自己破茧而出，而你都替它剪开茧蛹，毛毛虫即使变成蝴蝶，也不会飞翔，因为它失去了自我成长的力量。

有些父母对孩子不放心，认为孩子这不行，那不行，什么都要插手，孰不知，“放手”才能“放心”。

鹰妈妈筑巢时，会先把荆棘放在底层，把尖锐的小石子铺在中间，把枯草和羽毛盖在最上面。小雏鹰的羽毛渐渐丰满。鹰妈妈就开始搅动鹰巢，让巢最上面的枯草、羽毛掉落，露出尖锐的小石子和荆棘。小鹰被扎得疼痛难忍，嗷嗷直叫。这时，鹰妈妈开始驱赶它。小鹰只好忍着痛展开双翅，试着飞翔，直至飞出鹰巢。当小鹰快要落到地面时，它突然展开稚嫩的翅膀，盘旋着飞向蓝天。

而鸡妈妈却不同，她总是把小鸡护在翅膀下，遇到任何危险，她都挺身而出。最后，小鸡只能从草垛飞上矮墙，成为人们的盘中餐。

小鹰和小鸡都有翅膀，为何会有不同的结果呢？这正是因为，鹰妈妈和鸡妈妈的教育方法不同，给予孩子的爱不同。鹰妈妈给予孩子的是自我成长的力量，舍得放手，让孩子独立飞翔，小鹰才有机会飞向蓝天；而鸡妈妈给予孩子的只是照顾和呵护，舍不得放手，于是小鸡失去了自我成长的内力。

这本书的重要价值在于明确提出，孩子成才的根本在于自我成长，用优越的物质条件和精心的呵护包办代替孩子的成长，只能让孩子失去自我成长的动力，退化了独立生存的能力。

书中用培育儿童“心灵之树”作为主线，将家庭教育新理念、亲子关系、高效沟通、自我形成的规律、养成好习惯、激发学习兴趣、培养优秀品质、如何爱孩子……串起全文渗透“尊重儿童”的教育思想，培养孩子健康丰盈的内心世界，拥有自我成长的内在动力。

书中的教育思想准确清晰，大量的育儿案例贴近生活，贴近家长。“育儿技巧”、“家庭延伸”专栏里的内容，简单易行，帮助家长把教育理念落到实处。

这本书立意深刻，深入浅出，亲和生动，书中的有趣的案例不止一次让我想起我儿子、孙子童年的趣事，书中的理念和方法不止一次让我产生共鸣。

我要为“自我成长的力量”欢呼！我多么希望天下的父母都来关注孩子自我成长的力量。当我们看到我们的孩子，一个个像小鹰一样展翅去蓝天翱翔时，我们每一个人都会落下激动的泪花。

中国少年儿童新闻出版总社首席教育专家

知心姐姐　卢勤

2012年7月28日

阅读导航

提笔写书，就是想以最贴近家长需求的方式，提供最适用的方法，给家长最直接的帮助，力求达到阅读 + 应用 + 反思 + 行动 = 效果的目标。

许多家长朋友喜欢阅读育儿书籍，但是书店里的育儿书籍浩如烟海、多如牛毛，读后感觉心潮澎湃，回到实际生活中却发现用不上，不好用。一句话概括：心动容易行动难。育儿知识和所有信息一样，不符合个人需要的不关注，不经过比对检验的不相信，不能触动心灵的记不住。只有经过比较、争论、概括、尝试，旧观念才能被撼动、新观点才能真正内化，进而改变行为。

“如果你想得到从未得到的东西，就要去做从未做过的事情。”面对光辉的前景和目标，只有羡慕和认同是不够的，因为它们不会自动实现，而是需要我们先改变、先行动，把要达成的事情做出来。

所以，我将个人非常欣赏的古训又进一步做了延伸：读万卷书不如行万里路，行万里路不如阅人无数，阅人无数不如仙人（名师）指路，仙人指路不如自己去悟——自己去悟，更要付诸行动。

本书适合0～12岁儿童的父母及教师阅读，同时也是红黄蓝慧心父母成长讲座、父母课堂的指定讲义与家长用书。

本书以家的支持、“我”的发展、学的能力、管的艺术为纵轴，以专家箴言、案例透视、育儿技巧、家庭延伸为横轴，由5个篇章、21个小节、129个育儿案例、24个家庭延伸组成。以平等的视角，平实的文字，通过分析社会现象、热点话题、育儿案例及问题，引导家长感受孩子的感受，接纳孩子的内心，审视和重塑教育观念；以专业学术知识为基础，结合自测问卷和家庭延伸等环节，帮助家长理清育儿困惑，轻松掌握应用方法与技巧，找到适合自己孩子的教育方式。

专家箴言——总结本章节核心观点，让家长朋友先睹为快，便于把握阅读的重点。

案例透视——透视社会现象、剖析育儿案例，从中找到育儿过程中存在的矛盾焦点与热点问题，引以为鉴。启发家长朋友从中找到自己和孩子的影子，以客观抽离的角度重新审视自己的教育行为。

章节正文——阐述独特的教育思想与观念，介绍经典科学研究成果，列出家长未觉察的概念和方法，佐以大量真实育儿案例。启迪家长改变观念，扎实迈出改变行为的第一步。

育儿技巧和家庭延伸——介绍普遍适用的教育方法与技巧，结合具体表格和操作步骤，提供个性化的家庭指导方案，突出实用性，便于应用。

自测问卷——帮助家长对比应用技巧前后的变化，进而自我反思、检验教育观点和行为。有感悟，有思考，才会有改变。每个孩子都是独特的，即使是同一个孩子在不同的年龄阶段也都是不一样的，家庭教育就是在不断调整中一句一句地摸索出孩子能听懂、能接受的话语，找到一个一个孩子能受用的方法。

正确的教育思想指导正确的教育行为，本书倡导的教育理念在第2章中详述，在其他的章节中，会将这些教育理念逐步深化，结合具体育儿案例和育儿困惑，介绍行之有效的育儿方法。

教育有方，但无定法。教育的方法绝不是一成不变的，唯有灵活的应用，巧妙的结合才会取得最佳效果。

1 心灵之树

专家箴言

家庭是支持树木成长的土壤，心灵营养是土壤里的养分，和谐的亲子关系是传输儿童心灵营养的根系。

大树的成长就像自我形成的过程，每一片树叶、每一枝花朵、每一颗果实，都像一个个优秀的品质。

树木在成长的过程中需要适应外界的变化，学习既是生存的必备本领又是顺应发展变化的能力。

原生家庭对人的发展起决定性的作用。

管像帮助树木成材的支撑物与防护网，管更像引导树木生长的阳光。

一棵枝繁叶茂的树，

一棵硕果累累的树，

一棵开满鲜花的树，

无论是生长在温暖湿润雨林里枝繁叶茂的榕树，

矗立在呼啸寒风里傲雪的青松，

在潮起潮落中被海水浸泡的红树，

缺水、干旱、烈日下戈壁滩上的胡杨，

……

都要通过根系从土壤中汲取需要的养分，输送到枝叶，要有空气的交互和阳光的照射，要给枝丫伸展的空间，才能成为一棵生命力旺盛的树。

每个父母都希望孩子健康成长。世界卫生组织将健康定义为：“健康是一种身体上、精神上的完满状态以及良好的适应力，而不仅仅是没有疾病和衰弱的状态。”这也是人们常说的身心健康，一个在躯体、心理、社会适应、道德四方面都健全的人才是完全健康的人。

可是“健康”这两个字要想真正的拥有，谈何容易。

身体健康可以吃出来，练出来，相比之下，要达到心理健康却不那么容易。首先，心理健康是一种高效能的、令人满意而持续的心理状态。要达到这种状态需要人的各项基本心理活动，即认识、情感、意志、行为、人格完整而协调，能适应社会，与社会保持同步。其次，心

理健康无法用眼睛、仪器直接看到结果，不像生理健康那么容易衡量和评价。

那么在心理健康方面，就只能任由孩子自然成长吗？心理健康是否也可以像身体健康一样，有适合的“营养”去补充？这些“营养”是什么？从哪里来？父母怎样给予孩子？怎样能够被孩子吸收？孩子怎样将“营养”转化成自我中的一部分能量？

带着这些问题，我深深思考并总结，概括出促进儿童心理健康成长的“心灵营养”这一概念，以“儿童心灵成长之树”形象化的图式，帮助家长直观清晰地了解决定心理健康的“营养元素”、不同层次间的关系、实现心灵营养元素循环流动的系统，这一系统将帮助孩子成功吸收心灵营养，对其人生的发展发挥积极的推动作用。

十年树木，百年树人，培养孩子就如同培育一棵树的过程。

1.1 家是传输心灵营养的土壤和根系

一棵树的成长需要从土壤中汲取赖以生存的养分，原生家庭就像培育儿童心灵之树成长的土壤，博大而宽广，包容并给予，付出但不求回报。心灵营养就像土壤中的有机成分，包括：关注、肯定、接纳、亲和、共情、尊重、认同、陪伴、鼓励和信任等，可以统称为爱，爱不仅是一种情感，更是一种营养。没有父母不爱自己的孩子，但并不是所有的父母都知道应给予孩子什么样的爱，如何将这份爱的营养把握准确并不容易。

即使给予了“营养”，不被“吸收”也是非常可惜的。

一棵树的树冠有多高多大，树根就要多深多广，孩子与父母间的亲子关系就像这些根系，根系越深越庞大，树木就越能长得稳固。

人的成长同样如此，影响一个人发展最主要的是原生家庭。什么是原生家庭呢？原生家庭是指自己出生和成长的家庭。每个家庭都是有系统排列的。家庭有原生家庭和新生家庭之分，原生家庭和新生家庭是一组相对的概念。或大或小的家庭中，除了亲子关系外，还有夫妻间的亲密关系、兄弟姐妹间的同辈关系，中国三代同堂的家庭也包含与爷爷奶奶、姥姥姥爷间的隔代关系。

马克思告诉我们：人是社会关系的总和。其中，亲子关系是最早形成的，也是人生最重要的关系之一。婴幼儿时期的亲子关系对孩子性格

的形成、品质的培养、意志的磨炼、与人交往模式的建立，都起到了决定性的作用。一个人的基本态度、行为模式、人格结构，在婴儿期的亲子互动过程中早已奠定基础，再经其后的儿童期、青年期等身心发展的重要阶段，逐渐形成个人的独特人格。亲子关系直接影响子女的生理健康、态度行为、价值观念及未来成就。

家庭成员相互之间的关系既不是从属的、也不是依附的，更不应该是把孩子捧在父母之上的，夫妻双方其中一人与孩子过度亲密，另一人忽视或远离孩子，都是不可取的。良好的家庭关系，首先强调夫妻间的亲密关系，然后是建立良好的亲子关系。成员间保持各自的独立性，彼此之间尊重和信任，孩子就会有安全感，体验并学会平等待人，走入社会待人接物不卑不亢，受人尊敬。好的亲子关系就是好的教育，好的亲子关系既以“心灵营养”为具体内容，同时也是传输“心灵营养”的核心系统。

智慧的亲子沟通是建立良好亲子关系的基础和表现。家长们常常抱怨孩子不听话，实际上我们并不真正了解孩子需要什么，我们更没有用他们能接受的方式传递我们的爱。学会用心、用身体、用语言倾听，比只用耳朵听到的更准确；学会用心、用身体表达比用嘴表达更加动情；学会积极诠释、重定意义会比说教更有影响力。

1.2　优秀品质在自我成长中开花结果

自信自尊、独立自主、敢于负责、面对困难积极乐观、充满激情、思想灵活而坚毅等与自我相关的优秀品质，就像大树生长出的树叶、果实、花朵一样，成为大树闪亮的一部分。

近年来，媒体不断报道，作为天之骄子的大学生，却屡屡出现轻视生命、触犯法律、践踏他人人权的惨痛并令人惋惜的案例，引发全社会的深深思考，学业成绩与健全的人格相比，哪个才是一个人安身立命的根本。少年大学生成长过程中的问题与困惑，让我们再次领悟，知识可以重新回炉学习，但心理成长必须要遵循规律，错过时机就很难退回重来。

自我是人格的核心，积极而灵活的自我概念是健全人格的内核。“我是一个什么样的人？”“我喜欢如何度过闲暇时光，是呼朋唤友还是独自消磨？我能出色完成领导分配给我的任务吗？我为什么会如此愤怒，是这件事情本身还是我最近压力太大？我对自己的容貌、形体、性格、身份地位满意吗？我这么做是对的还是错的？我值得他人全心全意的爱吗？”

也许您还没有意识到，其实，我们每天都在思考着这些问题。这些问题的答案会左右我们的心情，制约我们所做的每个决定。这些问题都和“我”有关，是我们对自己的觉知、认识、估量和评价。这些问题的

答案也构成一个人的“自我概念”。作为人格内核的自我概念源于三个方面：过往经验、他人评价和自我评价。在人生的初期，身边的亲人，尤其是父母，对孩子的评价非常重要。“我和你爸都挺开朗的，瞧你见人连句话都不会说，你到底像谁啊？我真后悔生了你！不闯祸你难受是吧？这么简单的题你都不会，你真笨！不是让你别玩沙子吗，又弄得脏兮兮的，你怎么这么不听话？怎么一到外面就蔫了，在家无法无天的劲儿都哪去了？我都告诉你多少次了，玩完玩具放回去，怎么就记不住呢？你怎么这么没常性，前些天非要学钢琴，现在钢琴班都报了你又不学了？这有什么好哭的，真不像个男子汉！”也许在不经意间，孩子就被贴上“不活泼”、“不值得爱”、“不听话”、“笨”、“讨人厌”、“半途而废”、“不负责”、“胆小”的标签。在重复的体验中，孩子也慢慢地认可了这些标签，并相信自己就是这样的人。一旦一个人的自我概念消极而固化，那么走上自我放逐的道路就不足为奇。

自信自尊的人能包容自己的全部，无论是闪光点还是阴暗面；因为始终坚信自己的价值，所以不会轻易受旁人煽动做出傻事；因为相信有人爱自己，所以能勇敢的承担责任，而不是拼命居功诿过。积极乐观的人不会被事物的反面吓倒，而是主动寻求和发现事物的正面。坚毅的人能够坚持自己的理想、忍耐眼前的艰辛。同时，灵活的心态使他们不介意根据新情况修正或变更实现目标的路径，而不是一条路走到黑，不撞南墙不回头。

当一个孩子能够始终坚信自己是被爱、是宝贵的，能够接纳真实的自己，明白自己想要什么，知道如何在不违反原则的情况下作出选择，那么，他的人格必然是健全的，人生必然是幸福而满足的。

1.3 学习是帮助树木适应环境的能力

寒冬酷暑要靠树木自己去适应，风霜雨雪要靠树木自己去抵御，孩子要想独立面对未知的世界，让自己和他人生活的更好，让世界更精彩，需要不断的学习，学习既是生存的必备本领又是顺应发展变化的能力。

在中国，乃至全世界，学习和读书一直是改变个人命运的重要途径之一，即使在21世纪的今天仍然如此。减负的呼声、素质教育的提出，乃至教学改革的推进，人们争论不休的是学习负荷量、学习内容和学习方法，而学习的核心地位从未被撼动过。

在倡导终身学习的当代，学习早已不再是学生的专利。在信息爆炸的今天，知识更新的速度越来越快，由20世纪初的30年缩短为现在的2～3年；如今个人电脑和手机成为必备的生存工具，并且在不停地更新换代、推陈出新；在物质资源丰沛的今天，连旅游、购物、休闲娱乐的选择和实施都成了一门学问。每一个人只有不断地学习才能赶得上飞速发展的车轮。

在这样的大环境下，即便是学龄前孩子的父母也已经为孩子的学习问题感到焦虑：对书本不感兴趣、兴趣点容易转移、注意力不集中、观察事物粗心、学习中自主性差、记忆力差……

我们在“学海无涯苦作舟”、“头悬梁锥刺股”等古训的教导下，似乎领会了学习的真谛，“学习是一件苦差事”，唯有吃得苦中苦，方为人上人。但请认真思考一下，刻苦也许足以支撑一名高中生复读三年，支撑一名大学生连考四年四级，却不足以支撑像居里夫人、爱迪生这样的伟人经历千百次失败。

聪明的家长们开始认识到培养孩子的学习兴趣、学习能力和学习习惯的重要性，意识到这些基本素养比分数更宝贵，比名次更长远，比成绩更重要。

其实，学习是人的天性。学习的兴趣、能力和好习惯将是孩子受用一生的礼物。

孩子天生具有学习的兴趣。即使是出生不久的婴孩在听到新奇的声音时也会停止喝奶而把脸转向声音的来源，即使是2岁的婴儿，也会因为学会了用勺子吃饭而开心不已，因为人天生具有好奇心，天生会从“不能”到“能”中获得满足感。不是孩子没有兴趣，而是缺少发现孩子兴趣点的眼睛。有很多家长曾向我咨询“我的孩子怎么对什么都不感兴趣？”我笑着回答，“请你放下自己的期望，平和地看看孩子，一定会有一件事情、一本书、一个玩具、一种小动物、甚至一颗石子……会让他着迷、反反复复、乐此不疲，那就是兴趣”。在许多家长眼里，除了书本、算数、绘画、乐器和其他早教课程以外，孩子所在意的都无法称之为“兴趣”。还有相当一部分家长认为，学习一定要有结果才行，学了就要会、就要精，就得比人家没学过的强，否则就是浪费时间和金钱。正是这种忽视和挤压把很多孩子的兴趣消磨光了。

孩子的学习能力是惊人的。在出生后短短的三年间，孩子从除了哭什么都不会，变得至少掌握了一门语言（即母语，如果语言环境允许，还能习得多门外语）、学会吃饭喝水上厕所、能够与成人沟通交往、掌握丰富的生活常识……只是随着孩子生理和心理机能的日趋成熟，学习的范围和内容日益广泛，对学习能力的要求也水涨船高。学习能力是综合的，除了智力方面的因素，如观察力、注意力、记忆力、想象力，还有很多非智力方面的因素，如，能不能不怕出丑而主动问答或动手尝试，碰到不明白的问题能不能想办法独立解决而不是一味依赖老师或家长。**有一天一个1岁多的小朋友对饮水机产生了兴趣，学着大人的样子扳动开关，每天把地板弄得一片狼藉，但是爸爸妈妈没有阻止他，只是把热水出口卡在小朋友没办法直接够到的角落，以免孩子烫伤。一个半月以后，小家伙学会了自己接水不洒，又开始把注意力转到别的地方去了。**学习能力正是这样在生活中、游戏中、与他人的互动中，在成人的包容和引导下逐渐发展和积累起来的。

对孩子来说，尝试比完成重要，经验比知识重要，快乐比奖状重要，过程比结果重要，对学前儿童更是如此。

学习习惯看似不起眼，却贯穿于每天的生活中，有着滴水穿石的威力。良好的学习习惯能够保证学习活动的顺利进行，除了让孩子形成正确握笔、喜爱阅读、把学习用品收纳整齐的好习惯以外，规律的作息习惯能让孩子精力充沛，良好的自理习惯能够让孩子舒适自信，而成熟的交往习惯能让孩子在师生、同学关系中如鱼得水。

1.4 管如同引导树木正向生长的阳光

有些教育观点认为，孩子就像小树一样，不修剪就长不直，就不会成材。孩子在成长中总会遇到各种各样令人头疼的问题，处理孩子的问题绝不像修剪树木那样简单，粗暴地修剪或让孩子加剧反抗，或变得唯唯诺诺、胆小怕事，不敢表达自己的主见。孩子要不要“管”？一定是要的。关键看如何“管”。当树木长偏了的时候，我们要给它一定的支撑，当大风来临前要做好防护。

管教也像太阳一样，影响植物生长的方向与生长的效果。我们乘坐缆车的时候，看到脚下的茂密的森林，一棵棵乔木，使劲儿向上挺拔地生长，树木只有争相往高了长，才能得到阳光的照射和温暖，才能得以生存；向日葵向着太阳照射的方向，旋转自己的花盘；苹果向着太阳的一面会比背着太阳的一面长得更红更甜。孩子同样需要我们像阳光一样正向引导和影响，方能健康成长。

家长朋友都知道“玉不琢，不成器”，但真管教起来，家长却有太多的无奈。童年挨打被骂的记忆犹在，身上的伤痛早已消失，但心理的伤痛仍在，不忍心也不想像长辈那样扮黑脸。但看到孩子在大庭广众之下大喊大叫、在超市里无理取闹、不知从哪里学来的出口成“脏”、眼看上班就要迟到了孩子还故意拖拖拉拉，不免恨得牙痒痒，一时冲动又走上祖辈的老路，然后，打完心疼，骂完后悔。

爱是最重要的心灵营养元素，但爱并不意味着放任自流，否则爱就会变成溺爱和错爱。如果把孩子比喻成一株幼苗，爱的作用是提供足够的养分让幼苗破土生长，而要想让孩子能够笔直地向上生长，而且不误入歧途，就需要管教出马了。

管教像一圈围栏，抵御外界不良事物的侵入，设定了幼苗不能逾越的边界，但给其一定的空间，不是封闭和禁锢。比如，绝不能随便接受陌生人的东西跟陌生人走，绝不做危害自身安全的事情或游戏，绝对不能故意伤害别人；管教像一瓶营养剂，向孩子灌输基本的是非观念和为人处世之道，就像孔子儒家文化中的仁义礼智信，就算在几千年之后的今天依然可以影响我们道德和行为；管教又像一把剪刀，帮助幼苗除去疯长的侧枝，如及时修正不经意产生的偏差想法，反复纠正孩子不恰当的行为；管教还像是一场游戏，由双方商定游戏规则，共同遵守规则与界限，方能将游戏进行的更顺利和精彩。管教更像一束温暖的阳光，利用幼苗向光生长的天性，用鼓励与赏识正面引领孩子成长。只有配备了爱和管教这两只桨的船才能全速前行，带孩子驶向成功彼岸。

同时，我们需要注意，管教不是怒气的释放口，不是把孩子变得更好养的手段，不是挟持在手操纵孩子的工具，不是证明这个家谁说了算。管教应该始终如一，不因周遭是否有旁人而改变；管教应该有多个的层次，在饭桌上弄撒了饭菜和用石头把别人打伤的后果应该是不同的；管教应该是以孩子未来的福祉为出发点，而不是以家长的情绪与需求为转移。

管教有很多种方法，打骂是最古老、应用最广泛的一种管教手段。家长往往希望用这种“打在儿身痛在娘心”的方法让孩子知书达理、口服心服，结果却适得其反，孩子不但没被打服，反而被打皮了，打跑了，同时也把亲密打没了，把关系打散了。替代打骂的惩罚方法还有很多，只要是不伤害孩子的尊严和人格，让孩子真正明白过失所在，明白什么才是正确的做法，明白该如何弥补过失，就是好的惩罚方法，就可以拿来用。此外，除了罚还有奖，让奖赏不沦为亲子间的讨价还价，用精神奖励代替物质奖励，把孩子的关注点从获得奖励转移到重建新行为上，这同样是管教的好办法。

用正向积极的思想去关注强化好的行为，用平和冷静的态度接纳孩子暂时的错误，用合作和共赢的方式取得孩子的信任，用双方约定的规则帮孩子约束调控行为，让管教变得更有艺术性。

世界上没有两片一样的树叶，没有两棵一样的树。孩子更是如此，每个孩子都是无与伦比的，是独特的，要想让孩子能够去适应未来的世界，迎接新的挑战，家庭就像支持大树成长的土壤，“心灵营养”就是土壤里的养分，亲子关系像根一样吸收和传输养分；树干生长，树枝繁茂的过程就像自我发展的过程，每一片树叶、每一枝绽放的花朵、每一颗累累的硕果都是孩子优秀的品质；树木在生长的过程中释放学习动力，在经历变迁中形成学习习惯、积累学习能力；生长在开放的环境中，外界的纷纷扰扰、毒虫侵害，自身的行差踏错、偶感风寒，都在所难免，管教不是辣手摧“树”，威胁震慑，而是艺术的恩威并施、刚柔并济、奖惩同行，让孩子学会判断是非，学会约束自己。

在和谐的亲子关系中，父母给予充分的心灵营养，用爱滋润儿童心灵之树茁壮成长！

2 家的支持

专家箴言

任何不良行为背后也一定会有其积极的意义。

没有问题孩子，只有孩子的问题。

爱是一种情感，是一种能力，更是一种营养。

处理冲突，等待5秒。

慎用“不”和“又”。

2.1 孩子，你是我们的……

伴随着一声响亮的啼哭，婴儿诞生的同时一对父母也随之诞生。

孩子，你是我们生命的延续、是家庭的希望、是祖国的未来……

孩子，你是我们的掌上明珠、是小皇帝小公主、是我们心中最不可触碰的一株幼苗……

孩子，你是我们的……

一百个人可以给出一百个以上的答案，寄予两代人爱与希望的生命，依然要在属于他的家庭中成长。家庭是孩子出生后接触到的第一个环境，也是影响孩子一生的环境，父母在这个环境中给予孩子有力的支持，建立良好的亲子关系，将直接影响孩子的一生。

2.1.1 独生子女养育独生子女的一代

目前孩子在6岁以内的年轻父母，大多是中国第一代的独生子女。他们很多出生于20世纪70年代末、80年代初，是在众星捧月中成长的一代，无法理解雷锋童年被地主砍伤手背的苦难，也没有经历过自然灾害的饥渴，更没赶上粮油、生活用品的限量供给。相对富足的生活，4+2式的疼爱甚至是溺爱，自己还处在被呵护的惯性中却已经不知不觉为人父母。这一代人生活在激烈的竞争中、人口流动的大潮里，创造父辈们无法匹敌的财富，赋有创新拼搏的精神，涌现出众多行业精英，为此付出更多的时间精力去工作赚钱，面对购房、买车、赡养老人，子女教育等现实问题困扰，难免表现出焦虑、浮躁、缺少付出精神、过度关注自己的利益与得失。在此，我们先不去评判此标签的对错和普遍性，但不可否认的是，社会和家庭给这一代人的压力是巨大的，带着这些包袱，再加上个人独特的成长环境和经历，必然会影响年轻父母们教育子女的方式和方法。

再来看看年富力强的爷爷奶奶们，他们有知识、有文化，有的还在工作岗位，有的甚至为了小孙儿提前退休，他们肩负起养育和教育下一代的重任，不仅投入精力、体力，还投入财力，把“看孙子”作为一段新的职业生涯一样对待，绝不马虎，用小品中的一个词来形容，那是“相当的”！

“相当的”投入 有了经济的基础，家长们在孩子身上是非常舍得花钱的，只要对孩子好基本不考虑价钱。孩子出生前就开始高薪聘请月嫂，住温馨产房，孩子出生后，花费更是接踵而至，定月子餐，玩具多得不得了，衣服都是名牌，苹果ipad已成为孩子手中的必备玩具……生养孩子是如此的耗费金钱，以至于许多“80后”以没有经济基础作为不生养孩子的理由，乍听起来感觉有些荒谬，但从中也能感觉到他们无奈和困惑。给孩子花钱就是爱孩子、就是对孩子好吗？

“相当的”呵护 健康与安全是孩子家长们最关注的，远离辐射、尾气、噪声、病菌、装修等的污染。以前识别孕妇看肚子，现在仅从服饰就能做出准确的判断，只要穿上防辐射的孕妇装，一定是准妈妈。推着宝宝坐的小童车，尽量躲开马路走，因为害怕有尾气污染；孩子在草地中奔跑，家长们赶紧让孩子出来，害怕有农药、有狗屎；孩子喜欢小动物是天性，刚想摸邻家的小狗，家长们赶紧制止，怕有寄生虫或咬伤孩子。城里的孩子们玩不到沙子、泥巴，捉不到知了、毛毛虫，孩子处处受限制，看似被安全地包裹起来，其实他们接触不到大自然赋予的教育契机，缺少切身体验、缺少风雨洗礼，他们更需要自由的呼吸，需要自由的奔跑。

“相当的”教育 学习是成长的必然，知识的积累不代表能力的强与弱。走在闹市中，林林总总的广告牌，“教育”行业占到相当大的比例，可与民以食为天的餐馆有一拼。从早教到高考，提高班、强化班、冲刺班、名校目标班、一对一、个性化、英语、全脑开发、艺术……眼花缭乱、应接不暇。全民重视孩子的教育是件好事，但是过于急功近利的教育究竟是在培养会考试的机器，还是在培养可以独立面对未来、创造未来的人呢？

“相当的”无奈 越是重视孩子，越是怕孩子出问题，孩子的问题反而越多：孩子在外面太老实、太内向，怎么办？孩子太调皮多动，怎么办？孩子注意力差不专心，怎么办？孩子不爱讲话，怎么办？孩子总是打小朋友怎么办？孩子不爱吃饭怎么办？孩子太胖怎么办？……当家长把孩子时刻放在显微镜下观察的时候，许多不是问题的问题自然变成了问题。

父母们为了孩子，恨不得把心都掏给了他，可是孩子还不领情，不听话，怎么这么难管！因为孩子，夫妻间经常产生摩擦，与长辈又难以沟通，压抑着自己，既想说又怕伤着对方，矛盾、冲突逐渐升级，最终化作无奈，只能在一天天煎熬中盼着孩子快点长大吧！

今天的孩子不缺“爱”，但为什么我们倾注所有，却换不来想要的结果呢？

2.1.2 “爱”是怎样在不知不觉中变成了“害”

近年来，经常爆出官二代、富二代、星二代行为过失的新闻，炫富、打人、撞人、酒驾、吸毒、泼硫酸……不止让二代们备受舆论的谴责，甚至身陷囹圄，也让一代们苦不堪言，备受打击。

通常，我们会将教育的失败、人才的埋没归因为教育资源的局限，教育投入的不足，以及物质条件的贫乏。但看看这些官二代、富二代、星二代，他们恰恰是人们口中的“天之骄子”，衔着金汤匙出生，在金窝银窝里长大，物质生活极为丰富，从小享受最优质的教育资源，甚至小小年纪就能够出国学习，真正是“赢在起跑线上”的一代。但却事与愿违，到底是为什么呢？

我们听过这样的比喻，说一个人的健康是1，而金钱、地位、名誉、事业……是0，如果有1在，0们才能有实现的可能。同样的，我们也可以这样来理解，对于一个成功的人而言，健康的人格、强大而丰盈的内心是1，容貌、学识、才华、能力、学位……是0，如果有1在，人生将会五彩斑斓，可以独立面对未来世界的挑战，如果1不在，即便后面有再多的0，也往往是昙花一现，前途堪忧。人力资源部门挑选聘任管理岗位有这样一个约定俗成的标准：有德有才，破格重用；有德无才，培养使用；有才无德，限制录用；无德无才，坚决不用。

望子成龙、望女成凤是天下父母对孩子的美好期望，在成龙成凤之前，先要教子成“人”，这个“人”不只要有强健的体魄、丰富的学识和出色的才能，更要有丰盈的心灵、阳光的心态、自控的能力和健康的人格，懂得珍爱生命、尊重生命、热爱生命的心，不仅如此对待自己的生命，更要如此对待父母的生命、他人的生命。

仅以调控情绪的能力为例，情绪易冲动的男孩子容易有暴力倾向，不会控制冲动的女孩子容易早孕，不会应付焦虑及抑郁的孩子容易染上吸烟、酗酒的恶习。调控自己情绪情感的能力不是一蹴而就的，不是单单付出金钱和时间就能换来的，是需要父母率先垂范、耐心引导、反复强化，一点一滴精心培育出来的。

案例透视

案例——三考北大就为争口气

这是发生在我身边的一个活生生的案例。18岁的男孩，学习成绩非常优秀，2008年高考以687分的好成绩轻松考取北大数学系。上学后，家长跟孩子说，好好学英语，送你去英国剑桥读书，孩子记住了，拼命全力攻读英语，放弃了大一全部课程的学习。结果因为手续不全，出国的事情搁浅，更糟的是，因多科不及格大二时被北大劝退。

孩子并没有气馁，第二年继续苦读，立志一定要再考北大，给老师们看看自己的实力。命运就是捉弄人，2011年总成绩650分，仅5分之差与北大数学系擦肩而过，北航优先录取他，但他不去，就是要上北大。于是继续备考补习，参加2012年高考，目标依然是北大数学系。

父母的许诺让孩子迷失了方向，旁人的眼光让孩子执迷的追求。

我们不去怪罪一次选择的失误究竟是谁的错，也不去追究考试失常的原因何在。我担忧的是，即便这个孩子如愿考取北大数学系，当他面对比他小4岁的同班同学时、当他面对老师的异样目光时、当他再次遇到“不爽”时，又会以什么样的态度和方式去应对未来？

很多家长在育儿中都会有这样的想法或做法：

1．望子成龙，希望自己的孩子能成龙成凤，出人头地，光宗耀祖，跟朋友说起来非常有面子。

2．生养孩子是自己一生的责任和义务，既然生了他就得养他，就要对他负责一辈子，养大了儿子养孙子，鞠躬尽瘁，直到自己爬不动的一刻。

3．万般皆下品，唯有读书高，孩子只管好好学习，只要成绩好就行，其他事情父母全部包了，不知不觉中培养出高分低能的孩子。

4．孩子是我生的，就得听我的，我不会害我的孩子，“我吃的盐比他吃的饭多，走的桥比他走的路多”，我丰富的人生阅历都是用血汗积累下来的，孩子按照我给规划的道路走，肯定会少走很多弯路。

5．孩子没有照顾好，全都是我的责任。尤其是孩子生病的时候，受委屈的时候，我总是会自责自己无能没照顾好，感到焦虑不安。

6．看着孩子98分的考卷，会问：“班里有没有得99分、100分的？”看着孩子100分的考卷，又会问：“你们班有多少个得100分的？”

7．现在孩子活得很累，家长更累，替孩子选择名园、名校就是考验家长的时候，上学后起早贪黑的接送，孩子学习到多晚，就要陪到什么时候，周六周日更要奔波在各个补习班、兴趣班、才艺班之间。

天下的父母都爱孩子的，希望孩子有好的未来，希望孩子超越自己，希望孩子快乐幸福的生活，这些愿望都是好的。只是他们的爱因此变得非常急躁、功利，急切的期望孩子朝着自己设定的目标前行，绝对不能跑偏，说了就要听，学了就要会，投入的时间金钱能够带来即时、具体的变化，从而一步步接近自己没能实现的那些幻想。

2.1.3 好的亲子关系胜过教育

缺乏爱的成长将铸造暴力与冷漠 绝大多数未成年人的犯罪不是偶然，它折射出在人格形成的关键时期，缺失了对孩子的心灵建设和普法教育。一个人从小得不到父母的尊重，失去对人的基本信任，长大后很容易形成对生命的漠然和不珍视，长期得不到尊重和信任的孩子很难形成健康的人格和心态。

如果在原生家庭中孩子与父母建立起来的亲密关系就是粗暴的、冷漠的，他们就习惯了这样的模式，觉得夫妻、亲子间的互动就该如此，根本理解不了什么是真爱。并且在以后的生活中复制同样的模式，因为这才符合他的人生经历和思维模式。这种家庭模式很可能沿袭到他们未来的婚姻和家庭。我们常常感叹“历史在重演”就是这个道理。

每个孩子都希望成为受欢迎的人 无论男孩、女孩，无论种族信仰，孩子生下来不久，就会用表情来表达情感和需要，用笑来讨好人，用哭来诉求需要。当您用笑、用拥抱来回应孩子的时候，他会得到满足感和被认同感，并且继续给您善意友好的反馈。在这个过程中，孩子逐渐获得安全感。

人生伊始，孩子就本能的会对父母产生信任感，让父母抱，依偎在父母身边，摸索父母能够接受的方式来满足自己的基本需要。随着年龄增长，孩子摸透了父母的底线，用自己独特的方式来提要求，与父母谈条件，把父母把控得牢牢的。此时父母会忽然感觉孩子的心眼儿越来越多，斗不过他了。

慢慢地，孩子的视野不再仅仅局限在吃、喝上，开始不断的探索、努力、尝试，就算是把屋子搞得一片狼藉，把玩具拆散，把事情搞得一团糟，其实他的本意还是想把事情做好的。

孩子会有一些出人意料的行为，甚至是我们眼中无法接受的坏行为，其实他们不是明知故犯、破罐子破摔，他们一定有自己特殊的目的。好父母、好老师不会仅仅根据一些过失行为就否定孩子本身，而是始终相信他们都是好孩子。

其实每个孩子都具有让自己快乐成长的能力，就看家长和老师能不能帮助孩子自我发现和自我实现，将这份能力释放出来。

孩子们都希望在家庭中被爱、被关注、被接纳、被认同、被重视、被奖赏、被赞美，这些营养元素都在我们手中，我们完全有能力给孩子，不需要花一分钱。

每个孩子都希望自己被人爱、健康又快乐，这和家长的教育目标不谋而合，所以我们应该看到家长和孩子有着共同的目标，两者不是对立的两极，而是相辅相成的整体。这些也恰恰是家长施教、孩子受教的核心前提。

检视自己家庭中亲子关系的模式 马克思说：人是社会关系的总和。家庭中的第一关系是夫妻的亲密关系，第二关系是亲子关系，也就是父母与孩子的关系。

良好的亲子关系是传输心灵营养的系统，为孩子提供情感支持、为孩子的健康成长保驾护航。不良亲子关系会造成亲子冲突频发、幸福感降低，甚至让孩子产生心理和行为问题，如逆反、离家出走，甚至自残、自杀。

什么样的亲子关系才是好的？那就是有互动、亲子共处效率高、沟通顺畅、情绪愉快、能够妥善化解冲突的亲子关系。

在慧心父母课堂中有这样一个体验活动，来帮助家长检视自己的亲子模式。

活动准备：请6位家长分成3对，分别扮演家长和孩子，扮演孩子的家长带上眼罩，用钻、跨、绕的动作，穿过教室中由其他家长搭成的障碍，最终到达终点。

第一组：家长不能和孩子交谈，只能用单手的拉、推、按等动作指引孩子前进。一般“孩子”能在“家长”简单的、直接的指令下很快到达终点。

第二组：家长在孩子出发前将场地内布置的障碍尽可能详细地描述清楚，待孩子出发后就不能再讲话。结果绝大多数“孩子”都无法成功穿越障碍，到达终点，只能在中途主动放弃。

第三组：家长在简单描述完障碍的布局后，让孩子自己摸索前进，过程中只能与孩子保持一米的距离，用“是”或“否”来回答孩子的提问。一般“孩子”会历尽千辛万苦才能成功到达终点，但是“孩子”感觉受益良多，而且“亲子关系”会变得更加亲密无间。

三种不同的活动要求其实代表了常见的三种亲子关系模式。

第一种模式——呵护控制型。这种模式又可以细分成两种类型。其中一种家长在活动中直接拉拽、推搡、扳动、按压“孩子”的肢体，甚至有的家长掐着“孩子”的后脖子走完全程。这类家长习惯用命令、指示等方式与孩子沟通，直接告诉孩子什么应该做，什么不应该做，不要求孩子对未来有预知，只要单向服从就好。这样的父母一般比较强势，当孩子做不到时会急躁，变得强硬粗暴，大部分孩子会逐渐变得乖巧、“听话”，失去自我，因为他们知道只有这样才能从父母那里获得更多的关注和好处。当然，也会有相当一部分孩子不喜欢，也无法忍受这种亲子互动模式，变得同样强硬，表现出逆反行为。另一种家长在课堂上情不自禁地用手臂揽住孩子，寸步不离地紧贴着孩子共同走完全程。这种家长一方面让“孩子”感觉很安全很放松；另一方面也让孩子感觉只要有爸妈在，就没什么可担心的，从而失去了独自思考和努力的意愿。对照生活中的亲子关系，当我们包办代替、一味呵护、命令、控制孩子的时候，孩子身上很多的优势、潜能也慢慢地退化了，因为家长们以爱为由剥夺了孩子成长的权利。

第二种模式——自由散养型。这类家长认为：“我已经把道理讲得很清楚了，利害关系也说的很明白了，你怎么会记不住、做不到呢？人最后都得靠自己，你必须自己面对未来，你必须自己做出判断，你必须为自己的行为负责……孩子就要散养。”在这种模式下，孩子的感受是：“不是我不努力，你说那么多、那么快，我根本没听明白，更别说记得住了。当我自己面对黑暗和茫然的世界，感觉心里没底、不踏实的时候，你不理睬我；当我碰壁、受挫，感到倍受打击的时候，你不支持我；当我心灰意冷，绝望哭喊的时候你不理解我。慢慢地，我对你们失望，对自己更失望，我只希望能让这一切早早结束，这样我就能够摆脱这种痛苦了。”想让孩子变得独立、自强没有错，但是散养不等于放任自流、不等于完全放手。即使是放逐幼崽的百兽之王，也是在幼崽具备捕食能力以后才会实施放逐。不要让孩子过早、过多地经历无谓的失败和挫折，自尊和自信的发展对孩子的一生同样至关重要。

第三种模式——陪伴支持型。这种模式中，亲子间有双向的沟通，家长与孩子之间保持一定的心理距离，家长相信孩子是独立的个体，尊重孩子的个体差异。父母陪伴在孩子身边，让孩子心里感觉很踏实，敢于探索和迎接挑战，在遇到困难的时候懂得寻求帮助。父母适度的支持，让孩子能够独立体验，体验越多、收获越多。对于年龄偏低的孩子，只有简单的“是”或“否”的沟通当然远远不够，需要父母更加耐心、细致地给予简明易懂的指导；而对于年龄偏大的孩子，简单的“是”或“否”却能向孩子传递这样的信息“我相信你有能力独立解决问题，所以我不必指手画脚，但是当你需要我的时候，我就在你身边”。在此，我需要说明的是，我相信任何一种家庭教育模式都有可取之处，想获得家庭教育效益的最大化，需要根据孩子的年龄阶段、个性特点、具体教育契机及时调整教育模式。前两者模式同样有价值，可以运用，但不宜久用，第三种模式给孩子更多自我成长的空间，更有利于培养可以独立面对未来的人，用这种模式与孩子互动，无论将来孩子走多远，您只会牵挂而没有担忧。

2.2　教育思想指导教育行为

1989年，联合国决议通过的《儿童权利公约》明确规定，儿童享有四大基本权利，生存权、保护权（有权免受歧视、虐待、忽视）、发展权（有权接受教育，培育儿童的身体、心理、精神、道德及社交发展）、参与权（有权对影响儿童自身的任何事情发表意见，成人应尊重和听取孩子的意见）。

美国著名心理学家马斯洛的需要层次理论告诉我们，人的需要是有层次之分的，越是低级的需要对生存的影响越大，越是高级的需要对提升生活品质的影响越大。一般来说，人在满足低级需要以后才会追求更高层次的需要。马斯洛认为，人的需要从低到高大概可以分成以下五类：生理的需要、安全的需要、归属和爱的需要、尊重的需要以及自我实现的需要。自我实现需要是指追求实现自己的能力或潜能，并不断完善。尊重的需要包括获得他人尊重和建立自我尊重的需要。它们是高层次的需要。

儿童的四大基本权利帮助我们树立正确的儿童观，科学的理论是我们研究家庭教育策略的依据，正确的教育理念指导正确的行为。但理念就像一张世界地图，很难从中找到回家的路，将抽象宏观的儿童观和理论具象到生活中可应用的教育观点和技巧，才能真正帮助家长树立科学育儿观念。

2.2.1 不要只相信我们的眼睛

我们常常为孩子的行为所烦恼，被孩子的情绪所干扰。眼看着孩子满地打滚、哭闹不止，却难以安抚，头疼不已。

观其行，听其言，解其意 很多家长朋友都自认非常了解自己的孩子，看到孩子的行为，就能读懂孩子的心思，其实并不完全是这样的。

记得我女儿5岁上中班的时候，不知从什么时候开始每周总有几天早晨起床拖拖拉拉不痛快，还会找各种理由，比如身体不舒服，幼儿园没有新玩具，幼儿园饭不好吃等，最终总会回归到同一个主题，就是不想去幼儿园。开始我还停留在解决问题的状态，跟着她说的线索找原因，后来实在没办法了，还是找老师谈谈，请老师帮忙想想办法吧。抱着试试看的想法与老师开始交流幼儿园伙食和小伙伴关系的情况，无意间老师向我“汇报”说，你家贝贝现在可有进步啦！上游泳课敢自己跳水了。“啊？！”我连忙追问，“跳水？这么小的孩子怎么跳，从跳台上吗？”原先贝贝很喜欢游泳的，我也常带她去玩，但都是穿着背漂从梯子上走下去，从未让她从池边跳过呀！如果让我从跳台上跳下去，我都不敢，更何况一个不会游泳的孩子。我恍然大悟，贝贝从小洗澡就特别不喜欢水从头顶流下，她要练就扎猛子功，这是多大的挑战呀！追问老师每周几有游泳课，我一回忆，与贝贝的表现刚好吻合，原来回避上游泳课才是闹情绪的根本原因。

说者无心听者有意 有个3岁多的宝宝头天晚上生病了，妈妈估计明天没办法送幼儿园，就对宝宝说“明天妈妈带宝宝去妈妈单位吧”。第二天早上，妈妈一摸孩子的头，发现烧退了，精神状态也不错，就把孩子又送去了幼儿园。晚上爸爸到幼儿园接宝宝，宝宝说要妈妈，爸爸以为孩子是想念妈妈了，就说我们回家就能见到妈妈了。可是宝宝不但不回家，还要求去妈妈单位找妈妈。开始时，爸爸想尽办法，试图把孩子带回家，比如，东扯西扯转移孩子的注意力；跟孩子讲道理说妈妈已经下班了，单位没人了；抱着孩子转转磨磨往家的方向走。但是孩子就是不依不饶，坚持要去妈妈单位。最后爸爸发火了，对孩子吼“要去你自己去，我可要回家了！”孩子委屈地哭了。等回到家见了妈妈，宝宝把爸爸锁在门外，坚决不让爸爸进门。最后妈妈好说歹说才说通孩子放爸爸进家。我告诉孩子的父母，不是孩子在故意无理取闹，他只是在表达自己的负面感受。家长的工作单位对于孩子来说是一个多么神奇、神秘、令人向往的地方啊，妈妈头天晚上答应带孩子去，让孩子充满希望，第二天早上又不让去，而且没有做任何说明，直接强制执行，不难想象孩子是多么的失望、委屈。生活中很多时候，家长为了应付当下的局面，一句无心随意的“承诺”就给孩子造成伤害。

当我们只相信眼睛的时候，我们只能看到孩子的外显行为，并且紧抓不放、纠缠不清，其实行为背后有孩子表达不出的另一面，也是更真实的一面，所以我们要做到“观其行、听其言、解其意”，只有了解行为背后的动机，才能真正读懂孩子的心。

任何不良行为背后也一定会有其积极的意义

There is nothing either good or bad, but thinking makes it so.

世上之事物本无善恶之分，思想使然。——莎士比亚著《哈姆雷特》

如果我现在问家长朋友：孩子打人好不好？孩子顶嘴好不好？孩子不听话好不好？孩子注意力不集中好不好？孩子上网玩游戏好不好？

家长朋友一般都会说：孩子打人当然不好，违背道德规范，要培养孩子文明交往的礼仪，总是打人以后没有人愿意和他做朋友，以后要是形成这样的坏习惯就难以纠正了。

我请家长朋友找出打人的积极意义，这可能吗？事实上，我们完全可以从一个行为背后找出有价值的、积极的动机与意义。

下面，我们一起来分析打人的积极意义：

说明这个孩子有力量，他有这个体力去支持打的行为；

说明面对冲突采取积极应对的态度，而不是缩头缩脑的回避态度；

说明孩子用自己的能量去解决问题，我有什么资源，我就用上，不是大喊“妈妈、老师快来呀！”

顶嘴的积极意义：说明孩子有不同的见解，有说出不同意见的勇气。

不听话的积极意义：说明孩子有自己的看法，有独立的意愿，希望决定自己的事情，渴望成长。

注意力不集中的积极意义：说明孩子感觉敏锐，注意范围广，能注意到周围环境的细微变化，对新事物感兴趣。

喜欢网络游戏的积极意义：说明孩子愿意尝试新事物，能控制多变的因素，反应迅速，喜欢挑战带来的乐趣，喜欢得到即时反馈。

有的家长一定会想，既然打人都有积极的意义，是不是就鼓励孩子用打人来解决问题呢？当然不是。我们需要的是更加客观的看待孩子的行为，理解孩子行为背后的真正含义。

读懂孩子行为背后的动机 看见孩子打人，请先不要做判官，而是问问孩子为什么事情打人，了解来龙去脉和行为动机。

我们都习惯偏向小的孩子，告诉大孩子要谦让小孩子，相信如果大孩子和小孩子发生冲突，一定是大孩子在欺负小孩子。我也曾不分青红皂白的质问过一个大孩子，你怎么打人呢？结果大孩子说，小妹妹不排队，夹在前面，我就去拽她，她不听还往前挤，我就使劲儿地拉她，她打我，我就打她了。这时我才明白，原来孩子是在打抱不平，想维持游戏的秩序。

我们要学会将行为和态度分开看 显然，大孩子这种以暴制暴的做法欠妥，但是动机和态度是好的。这时，首先要肯定孩子遵守游戏规则的态度，然后再说打人处理方式不可取。我这样用语言引导孩子“你知道玩滑梯是要按顺序，加塞插队都不是好的行为。你看到了小朋友没遵守，并用动作去阻止，你想扮演警察去制止不好的行为，这是可以的。但是警察通常情况下是不能打人的，我们再想想有没有其他的办法来告诉小妹妹不要这么做呢？”

没有问题孩子，只有孩子的问题 家长最常说的是：你真烦人！你真讨厌！你真气人！你真不听话！那些表现出攻击性行为、多动、沉迷网络、早恋的孩子，都被家长称为问题孩子、问题少年。

我们习惯把错误的行为与孩子这个人联系在一起，否定行为同时也否定孩子本身。试想，有几个人能在他人否定和蔑视自己的时候仍然心平气和，家长的激烈言辞常常会激起孩子的愤怒情绪，让孩子跟家长对着干，于是双方纠缠在情绪的冲突中，而问题却被搁置在一边，吵闹后依然没有得到解决。

家长一定要学会把问题和孩子分开，对事不对人。我们可以不接受孩子的打人、哭闹等行为，但要时刻记住这些并不代表孩子的全部，这些行为只是在特定环境下的一种反应。孩子总是在不断丰富和提升自己的经验和能力，我们必须肯定他这个人的本意与动机。我们可以对具体行为提出意见和建议，但不要伤害孩子自尊和自信。

很多妈妈这样向我诉苦说孩子有做事磨磨蹭蹭、拖拖拉拉，越是着急，他动作越慢。

我的建议是，您可以跟孩子说："你身边有一个小怪物叫拖拉虫，他总是喜欢在不合适的时间找小朋友玩，耽误时间，下次他再来的时候，你告诉他我不跟你玩了，我还有更重要的事情要做。"

在孩子出现磨蹭行为的时候，就跟孩子说，"是不是拖拉虫来了？跟它说再见！"

教育有方，但无定法 孩子成长的过程很复杂，在不同的年龄阶段，对很多事情都会有不同的需要和反应，再加上每一个家庭的传统、生活模式不同，所处的地域、文化氛围、社会环境也不同，家长的成长经历、性格、行为方式更不同，所以没有两个孩子完全一样，适合孩子的教育方法也就更加不同。但是教育还是有规律可以遵循，我们可以在这些大原则的指导下找到适合自己的方法，让彼此都感觉舒适的方法。寻找和学习新方法的目的不是控制孩子，而是让家庭更加温馨和谐，让父母更加放松平和，让孩子更加独立快乐。

2.2.2 成功的家庭教育源自父母的自我教育与成长

父母对孩子的一生影响深远。

父母是孩子最早接触的人，决定孩子安全感的形成，

父母是第一个评价孩子的人，决定孩子自尊自信的形成，

父母是孩子最早接触的男人和女人，决定孩子对性别的认识，

父母是孩子最早接触的夫妇，决定孩子对亲密关系的认识，

父母是与孩子最早进行互动的社会关系系统，决定孩子人格的形成，

父母是孩子最重要的行为样板，决定孩子如何与世界相处、与他人相处的模式。

我们常说：孩子是父母的镜子，父母是孩子的样子。

家长自我改变，创建幸福家庭 孩子与父母之间的联系是极度深厚和牢固的，孩子内心深处强烈的渴望与父母在一起。同时，孩子的吸收性心智和模仿学习方式决定了父母的一言一行、一举一动都将印刻在孩子的心中。家庭留在孩子身上的印记是永远无法磨灭的。家长首先给孩子树立好榜样，同时还要用适宜的方式引导孩子成长、陪伴孩子共同成长。

亲密的夫妻关系是送给孩子最好的礼物 家庭中第一关系是夫妻亲密关系，然后才是亲子关系。夫妻亲密关系不仅影响家庭幸福指数，还深深的影响了孩子的心灵成长与健康人格的形成。

一对夫妻在家庭中扮演着不同的角色，一个充当相对强势决断一些的角色，一个扮演相对软弱忍让一些的角色。做的比较好的夫妻，能够在不同场合默契的自由转换，而不伤害到对方和自己。做的不好的夫妻，正面冲突交锋互不相让，或是冷战忽视、退让回避，不仅让夫妻双方，更让整个家庭笼罩在压抑、控制、冷漠的不良氛围中，这些都会直接影响孩子的心灵成长。

值得倡导的一家三口的关系是：夫妻相对更加亲密，父母双方都与孩子保持一定的距离，这个距离要比夫妻间的距离稍远，而且双方与孩子的距离是相等的。如果把三口人比作三角形的三个顶点，那么这种关系就好像是一个倒立的、腰身长于底边的等腰三角形。

家长在孩子面前千万不可没有顾忌的恣意“展示”夫妻关系，这对孩子都会造成重创！家庭中的行为暴力和语言情感互不沟通的冷暴力，都会对孩子心灵和夫妻关系产生深远影响。而另一个极端，过度的亲密举动，指在适度的亲吻和拥抱之上的等级，更会让孩子过早的对两性关系产生好奇和模仿。

没有女儿会认为打她妈妈的男人是个好父亲。在家庭暴力中长大的孩子内心很容易笼罩上“婚姻可能是不幸的、可能是坟墓”的阴影，从而惧怕婚姻，还有可能错误的认为“打是亲骂是爱”才是真正的爱，从而在择偶的时候重蹈覆辙，或成为“强者”或成为“受害者”。总之，家暴经历一定会对她们未来的婚姻观、爱情观、两性关系产生不可磨灭的影响。

做到无条件地爱，真的不容易 家长们愿意为孩子付出自己的一切，金钱、时间、精力，也愿意为了孩子的成长放弃了很多，如升职的机会，学习深造的机会，娱乐消遣的机会，发展个人兴趣和爱好的机会，更愿意为了孩子做“蜗牛一族”，孩子在哪上学，家就安在哪里，租房搬家成为人生十几年的常态。

一分耕耘一分收获，付出后自然就有期望，期望在孩子身上看到结果，一旦期望达不到就变成了失望。

“你听话啊，听话妈妈就爱你！”

“你好好学习，这次考好了，妈妈给你买个手机。”

每当孩子考试成绩好的时候，妈妈笑脸相迎，礼物送上，连袜子都帮孩子洗；如果考试成绩不理想，妈妈的脸一下子就变了，“考成这样没有资格要好吃好穿？！”

妈妈的态度，会让孩子认为“我不听话，妈妈就不爱我，我学习成绩不好，妈妈就不爱我，妈妈爱分数比爱我多”。

说为孩子付出不求回报，做到无条件积极关注真的不容易。一位爸爸对孩子说："我每天无论寒冬酷暑、早起晚归的送你接你上学放学，你知道有多辛苦吗？你不好好学习，你对得起我吗？"父亲想用情感唤醒孩子自发自觉的前进动力，却反而留给孩子无形的压力，埋下自责的种子。

"都是为了你！"当孩子发展得不尽如人意的时候，我们就感叹，怪孩子辜负了自己的一片苦心；生活中遇到不如意，就对孩子说：要不是因为你，我早就怎样怎样了。孩子生活在这样的阴影中，感觉愧疚，相信都是自己影响了父母成就、让父母变得不快乐。一旦看到父母发生矛盾摩擦，孩子自然会认为是自己做的不够好才造成爸爸妈妈的不和谐，因此产生不健康的自责。

父母要做平常人、保留自己的一片天空 很多家长们诉说，自从有了孩子以后，就没有了自己的爱好、社交，失去了许多生活的情趣，全身心养育这个孩子，搞得自己身心疲惫。

家长需要明白，生养孩子之后，同样也要有自己的工作、生活、兴趣爱好，投入的工作无形中给孩子树立了一个讲责任、重事业的好榜样，夫妻偶尔一起去看一场电影过一下二人世界，让孩子懂得了婚姻甜蜜、亲密无间。我们不要隐瞒自己的情绪，当孩子大喊大叫无法控制，让您感觉头痛欲裂，此时可以告诉孩子，"我现在感觉很不舒服，需要安静一下。等你平静下来以后再来找我吧。"

让孩子知道，爸爸妈妈也有喜怒哀乐，也有自己的需求。培养孩子关注他人情感和需要，从觉察父母开始。

"儿要宽心养"，每个孩子都有自己成长的轨迹，不必在一时一刻追求目标的达成，适当的松动不是溺爱。你越关注就会越担心，孩子就越有问题。你的紧张情绪孩子是能够感受到的，给孩子成长的自由，也留给自己一个空间。

要想改变孩子，家长必先改变自己 家长对正确的教育观念仅有认同是不够的，仅有说教更是纸上谈兵，事情不会自动的改变，只有自己身体力行的“做”出来，孩子才能感受，才能领悟，才能吸收。只有这样长时间的循环，才可能影响孩子形成良好的行为模式。

我们养育孩子的方式是从哪里获得的？源于自我成长中我们的父母是如何教育我们的。我们自身的经历就是经验，我们的思想、语言、行为和情绪表现模式会继续影响孩子。重复老方法只能获得原来的结果，老方子还不一定能看新病，孩子越来越聪明，孩子个性迥异，时代不同，对人的要求也越来越不同。家长必须在思想、语言、行为和情绪方面有所调整，这样才能与孩子建立良好的互动关系，让家庭系统良性的运转起来，才能达到改变孩子的目的。

人最难的就是面对自我、改变自我、突破自我的过程。当改变自己的时候，会感到不习惯这样讲话、那样做会不舒服。即使你努力改变了，配偶可能还不接受、家庭成员不支持，孩子不会有立竿见影的变化。但是只有我们自己先改变，别人才能随着改变，而且改变需要时间需要坚持，日积月累才能由量变到质变，好习惯的培养绝不是21天就能完成的，最少需要90天的重复。有一点可以肯定，只要你做了，一定会有好的印迹留在孩子的心里，慢慢地积累，它会成为正向的积极力量。

成功的家庭教育源自父母的自我教育，教育孩子的过程也是父母自我成长的过程。让我们享受这个过程吧！

调整自我模式，改写幸福人生 我们的行为受我们信念的影响，要想改变现有的教育模式，必须从改变自我开始。孩子生病了，妈妈自责，都是我没照顾好，害得孩子打针吃药受罪；爸爸常年工作在异地，总觉得对妻子对孩子歉疚，没有照顾好家庭；不是功成名就的家长，总觉得对不起孩子，在物质上没有给予充分的满足；妈妈生完孩子要赶紧上班，孩子由老人保姆照看，每天上班一步三回头，觉得孩子好可怜；自己脾气不好，总是跟孩子急，嚷过打过孩子后又痛苦不已。

但我要提醒家长，长期心存愧疚，慢慢地孩子就会察觉，并产生“都是你们不好，都是你们对不起我，你们都欠我的”等观念，这样的孩子对自己无法建立良好的自信，对他人缺少信任感，不断索求及抱怨，总用哭闹提出不可实现的要求，使得家长难以应对。尤其单亲家庭的孩子更为多见。

家长或多或少都会有自责和内疚的心态，总觉得自己没有完全达到好家长的标准。能够自己反思自己的问题其实是件好事，因为有触动有反思是发生改变的第一步，能够促使家长主动的学习、提高自己的育儿能力，协调亲子关系。这比总认为自己做的很对，出现问题就责怪配偶、孩子和环境的家长要好多了。

美国著名心理学家埃利斯提出的“ABC理论”认为，同样一个诱发事件（A，activating events），由于个体对事件的评价和解释，即信念（B，beliefs）不同，情绪和行为结果（C，consequences）也会不同。

我们都听过两位秀才赶考遇见一家办丧事的故事。同样的A事件见到棺材，不同的B信念系统，一个看成是倒霉、晦气，一个看成是升官、发财，从而影响情绪，产生不同的结果C，一个发挥失常，一个发挥超常。

外界环境的变化影响着人的情绪、情感、认知等，但我们不是外界刺激的傀儡，我们可以调整对他人和周围环境的认知、调整与人相处的关系、调整与人沟通的模式。也许我们改变不了A事件，改变不了自己的气质类型，但我们可以改变B信念，从而达到改变C，即改变自我行为和情绪的目的。

孩子是我们的能量之源 当我们在工作中遇到烦恼，拖着疲惫的身体回到家，看到自己宝贝的第一眼，一切劳顿全消。宝贝扑到我们的怀里，呢喃着爸爸、妈妈，粉嫩的小脸在你的脸上轻轻的摩擦，全身像被充满了电，状态焕然一新。彻底的跟孩子疯一会儿，既是享受天伦之乐，又是给自己的精神做一次按摩。多少父母因为孩子变得更加吃苦耐劳，因为孩子变得更加细致感性，因为孩子变得更加平和感恩，因为孩子变得更加关注儿童和弱势群体的福祉。孩子是上天赐给人类的天使，不仅是家长的能量之源，更是人类的能量之源。

人是社会关系的总和，当你发生变化后，对方也会随着而改变，这是一个互动的过程。家庭中夫妻亲密关系的改变，让家变得更温馨，成为避风的港湾；家庭中亲子关系的改变，让家庭氛围更民主、更开放、更和谐，让家庭成员彼此尊重，共同享受幸福与美好。

家庭延伸

自我检测问卷

请您安静地坐下，独自思考，认真填写本问卷。本测验约需10分钟完成。

1．您对孩子有怎样的期望？您希望孩子将来成为怎样的

人？（约5分钟，10个词以内）

健康、自信、成熟、稳重、活泼、聪明、美丽/英俊……

身强力壮、心情愉快、乐观积极、心地善良、适应环境、完全自理、善于自控、干净整洁、懂事明理、明辨是非、坚持原则、思维灵活、尊敬长辈、孝敬老人……

________、________、________、________、________、

________、________、________、________、________。

2．假如可以聘请一个人代替您完成家长的工作，并帮助孩子成长为您期望的那样。请问，您希望他是怎样的人？他需要具备什么条件？请列出您的要求。（约5分钟，20个词以内）

责任、真诚、耐心、爱心、博学、幽默……

与人为善、和蔼可亲、喜欢孩子、尊重孩子、陪伴孩子、自信、稳重、知书达理、性格爽朗、阅历丰富、情绪稳定、自控力强、积极乐观、无不良嗜好……

________、________、________、________、________、

________、________、________、________、________。

填写问卷的目的包括：

1．问卷的第1题能够帮助您反思自己对孩子的期望，从中可以看出您关注的是行为、能力还是品质。

2．问卷第2题，通过比对自己心目中理想的家长形象，您可以看到自己在哪些方面还有提升的空间。

2.2.3 滋润儿童心灵成长的营养元素

天下的父母都想把“最好的”给孩子，科学的营养膳食能让孩子身体健康，在0～12岁人格形成的关键期，我们给孩子的心理健康补充哪些“营养元素”呢?

爱是一种情感、是一种能力、更是一种营养，爱是一种较为宽泛的描述，它可以滋养人充满幸福感，爱与被爱是人的心理需求之一。把爱细化为人成长过程中的营养元素，包括积极关注、接纳、悦纳、尊重、亲和、共情、陪伴、鼓励、信任等。这些心灵营养元素最初由父母给予，伴随孩子成长，最终内化为孩子自身的一部分，激发孩子自我生长、自我发展的动力，构建健康的人格。给予孩子充足的心灵营养，孩子才可以适应外界环境的变化、抵御不良“病毒”侵袭，才有能力面对成长过程中及未来的各种困难。

这些心灵营养元素也是本书教育思想的内核，是本书教育方法的源泉，更是检验教育行为有效性、合理性的根本标准。

尊重不等于骄纵　孩子从脱离母体降生到这个世界上开始就是一个独立的个体。每个人都希望得到尊重，得到过尊重的孩子才知道如何尊重别人。

尊重就是把孩子当成一个有思想、有情感、有潜能、有自尊、有价值的、有个人意愿的、独立的、独特的个体。

尊重孩子首先要理解孩子。很多家长疑惑的问：“家里人都围着孩子一个人转，他怎么还是不高兴？”“这么小的人儿，脾气怎么这么大？”“特别不听话，不让干什么，偏要干什么”理解孩子，就要理解他们虽然集万千宠爱于一身，但同时也不得不时刻感受着“盯人战术”的高压，时刻被管束，缺乏自由；理解他们虽然享受着优越的物质条件，仍然会感受到孤独、害怕、不安全，同时因为不知道如何应对而备受困扰；理解他们虽然人小力弱，有表达自己所感的权力，但同样有证明自己、探索和征服周遭的冲动，他们渴望体验成功，渴望得到肯定。

尊重孩子就是要和孩子共情。当你带着孩子走在初春的公园里，你觉得冷，孩子却说热要求脱掉大衣，是允许还是拒绝？楼上传来剁肉馅的当当声，你想的是楼上今天可能吃饺子，但孩子却连说害怕，还一边捂住耳朵一边哭哭啼啼，你会觉得孩子莫名其妙还是胆子太小、大惊小怪？共情就是指站在孩子的角度设身处地的理解孩子的想法和感受。尊重孩子的思想、感受和独特性，就需要站在孩子的角度，而不是自己的角度上思考和看待问题。当然，和孩子共情并不意味着家长要和孩子经历同样的事情，产生同样的情绪反应，就像要理解孩子手指割破的疼痛、委屈、害怕和难过时，不需要家长把自己的手指也划破一样。当家长放下自己判断标准，从孩子的角度出发的那一刻，就是走进孩子内心世界的时刻。

尊重孩子就是信任孩子。信任他们的出发点是好的，相信无论他们做了什么，都有自己的理由，并没要故意伤害别人；信任他们具有向上的动力，相信他们都想成为一个适应环境、受人欢迎、强而有力的个体；信任他们有发展的潜能，相信他们今天做不到的不代表明天也做不到，随着时间推移、知识积累、经验丰富、能力增长，他们会做得越来越好，慢慢绽放出自己的独特光芒。

尊重孩子就是要平等的看待孩子。不因为自己在体力、智力、经济实力方面绝对的优势，就轻视孩子的意见，认为孩子的话都是幼稚可笑、缺乏内涵、毫无意义的，就搞“一言堂”，要求孩子事事服从，忽略孩子的需求，觉得“我是过来人，都是为了你好”，把自己的意志强加在孩子身上，把孩子当成自己的附属品，让孩子成为一株必须时刻仰仗父母恩惠、离开父母就会凋亡的寄生植物。这些想法和做法都是极不可取的。

但是尊重绝不等于娇惯纵容。尊重不是孩子要什么就给什么，说什么就是什么。凡是娇惯孩子的父母自己都有感觉，就是难以自拔，背后隐藏着家长不健康的心理。自己童年没有得到的，现在有条件了就多给孩子；单亲家庭或父母一方常年不在身边，成人总觉得欠孩子的，都容易出现这种补偿的心理，长期下去非但孩子不领情，反而变得飞扬跋扈，不可理喻。家长在不断妄想着“树大自然直”，“孩子小不懂事，长大了就好了”，孩子在吸收这种变质的“营养”中成长，规则模糊，甚至有时颠倒是非，孩子长大脱离家庭微环境，走进社会大环境，更加难以适应，连连碰壁，家长和孩子都在自食其果。因此，尊重孩子同时也要对孩子长远的发展负责，要尊重孩子现有的发展水平和客观规律。

关注不等于以孩子为焦点 许多家长认为自己已经非常关注孩子了，家里所有的大人都以孩子为中心，孩子的需要第一满足，吃、穿、睡、用、玩，一切都是孩子优先，连老人也排在孩子的后面，只要孩子醒着，身边一定会有大人，全家围着团团转，常听到家长说：“有了孩子，家里有多少大人都能用得上。”即使晚上孩子睡得很香，可是大人都要醒若干次，看看有没有踢开被子，尿湿被褥。

这种行为是真正意义上的关注吗？关注，顾名思义，是指关心和重视，既要用眼，更要用心。除了关注孩子是否吃饱穿暖，更要关注孩子是否行为得当。就像阴阳有两极、正反有两面一样，孩子的行为中既有闪光点，也有不足，我们应该把关注点放在哪边呢？

美国哈佛大学著名心理学家罗森塔尔，在1968年和雅各布森做过一个有趣试验。他们来到一所普通小学，对学生进行“发展潜力”测验。然后他们在6个年级18个班中随机抽取部分学生，把名单提供给任课老师，并郑重告诉他们这些学生是最有发展潜能的，并再三叮嘱教师要在不告诉学生本人的情况下对这些学生进行密切的长期观察。8个月后，罗森塔尔等人惊奇的发现，名单上的学生不但在学习成绩和智力表现上有明显进步，而且在兴趣、品行、师生关系方面也有很大的变化。这一现象被称为“罗森塔尔效应”或“期望效应”。

心理学中有一个名词叫做“积极关注”，意思是关注言语和行为的积极面、光明面、正向方面。积极关注与以孩子为中心的根本区别在于，前者是欣赏孩子、相信孩子、发现和觉察孩子身上的闪光点。罗森塔尔效应之所以出现的根本原因在于教师真心对这些学生抱有积极的信念和态度，这种心理暗示使教师在无形中向学生传递了鼓励、期望和赞赏，而学生接受到这些积极信息，增强了自信，对自己充满希望，树立了良好的自我形象。后者是以孩子为中心，孩子利益最大化、孩子权利至上化，而家长则包办代替、过度满足、干涉过多。这会让孩子认为：我是至高无上的，我的愿望必须满足，当成人稍不顺孩子心意的时候，孩子就会产生疑问，你们真的爱我吗？于是采取行动用哭闹的方法来与大人较量；此外，还可能让孩子产生一种相反的认识：我是小孩，我还小、我是无能的，我需要依靠你们大人才能生存，于是变得唯唯诺诺，缩手缩脚，不愿去尝试需要挑战的事情。

积极关注并不一定非要通过语言表达，人是身心一致的，表情、动作、姿态、语调都会透露一个人的所思所想。孩子一生下来，便本能地依靠、爱、信任、听从父母，孩子对自己的评价受成人的影响非常大。当我们对孩子充满信心，那么孩子也会对自己充满信心，当我们认为孩子无可救药、一无是处，那么孩子也会厌恶和否定自己，怀疑自己的能力和潜能，对自己失去信心。

接纳不等于认同 说到接纳，很多家长朋友都有这样的感受，要接纳孩子的闪光点很容易，要接纳孩子的不足、欠缺、落后的方面就比较难。甚至有人觉得对于已经发现的不足，一旦接纳就是姑息，就是放任。

其实并不尽然。一方面，在心理学中，接纳是一种中性的态度，指无论对方是否符合自己的期望、价值观、个人喜好，我们都接受这个人的全部，包括好的方面和不好的方面。接纳没有条件，无论美与丑、无论好与坏、无论聪明与笨拙、无论顺从与逆反，都要无条件的接纳。这对于孩子来说非常重要。我们常说要无条件地爱孩子，之所以难做到是因为不能无条件的接受孩子。如果一个妈妈昨天因为孩子吃了两碗饭就对孩子眉开眼笑，今天却因为孩子吃了半碗饭就指责批评，成绩好了、能在众人面前表现妈妈就开心，什么都满足，反之就横眉冷对，孩子不会有安全感，会产生怀疑，妈妈是真的爱我吗？到底爱我多一些还是爱分数多一些？孩子无法承受妈妈的这种“爱”，因为这份爱飘忽不定，也许现在还在，但不知将来什么时候，发生了无法预测的什么事情，这份爱就被无情的剥夺了。孩子需要的爱是坚如磐石的爱，孩子需要的是无条件的接纳。

另一方面，接纳孩子这个人，并不等于认同孩子的一切行为。我们提倡的是在无条件接纳孩子的基础上进行有效的管教。“爱屋及乌”的典故我们都知道，如果孩子出现错误行为要怎么接纳？怎样处理呢？

两个小朋友一起玩儿，突然一个动手打了另一个，一个哇哇大哭，一个怒目圆睁。打人的行为就是不对，我们该如何接纳打人的孩子呢？我们可以这样说“刚才你打了小朋友，我知道是他抢了你的玩具，让你很生气、很愤怒，你很激动，然后我看见你冲上去动手打了他，小朋友被你打得很疼，在哇哇地大哭”。

接纳他不等于认同他的行为。接纳是一种包容的态度。上面的一段话，没有评判谁对谁错，只是描述事情的经过，其中有接纳孩子的情绪，“我知道……你很生气、很愤怒”。有对客观事实的描述“我知道，你看见小朋友被欺负想打抱不平……”“我知道你很想玩这个玩具，而他不愿意让你玩……”情绪没有好坏之分，如果家长表达出孩子此刻的情绪状态，那么孩子就会感觉到你理解我，这就是一种接纳。如果家长什么都不说，或说“你打的对，他抢你玩具就该打他”。这等于认同他行为是对的，以后孩子在处理冲突的时候，就学会了用拳头来解决问题。

育儿技巧

先跟后带法

当孩子出现过失行为时，我们可以用这个方法既无条件的接纳孩子，又纠正孩子的不当行为。刚刚描述的那个案例正是使用了这个方法。“先跟后带”就是先接纳孩子的感受，肯定他行为中有价值的一面，然后用他值得鼓励的一面带动他需要提高的一面。

孩子出现问题，找到可以接纳的点，表达你与他有相同的感受，会让孩子感觉到被接纳，卸下对抗的心理，愿意与家长交流，这样才会有被教育的可能。

在针对成人的心理咨询过程中，咨询师首先要做到接纳来访者，作为家长，接纳跟自己有血缘关系或抚养关系的孩子同样需要不断学习和练习，方能做到、做好。

亲和不等于随心所欲 亲和是个体害怕孤独希望与他人在一起，建立协作和友好联系的一种心理倾向。“孩子最喜欢我了，只要我在谁都不找”，血浓于水的亲子关系是任何东西都不可取代的，孩子向父母寻求亲和需求的满足是与生俱来的本能。而父母也是一样的。

父母表达这份爱的方式有许多，“棍棒底下出孝子”是一种表达，“捧在手心怕摔了、含在嘴里怕化了”也是一种表达。每个人都宠爱自己的骨肉，但是不能变成娇惯和纵容。

在网上能够轻易搜索到“宝宝打爸爸”的视频，还有“妈妈亲宝宝的嘴，宝宝咬妈妈嘴”的视频，而且不止一个。这种现象源于父母太爱孩子，不知如何表达，不知跟孩子如何玩既有益于增进感情，又培养良好品行的游戏。于是用“招惹”“逗引”的方式与孩子互动，而孩子一旦得不到满足，“亲子游戏”就会演变成歇斯底里、满地打滚的局面。

我们爱孩子是永恒的，这种爱也是互动的，孩子会慢慢形成一种模式来与我们呼应，所以要用恰当的亲和来表达爱。

亲和受情境因素的影响。当孩子面临外界压力时，亲和的需要会增强。来到陌生的环境，宝宝会特别需要一个友善的、像妈妈一样的人来陪伴他。

亲和受情绪因素的影响。亲和与人的情绪状态有密切关系。恐惧情绪越强烈，亲和倾向越明显；但焦虑情绪越高，亲和倾向反而越低。孩子烦躁焦虑的时候，谁都不要，让他自己独处一会比非要亲近、安抚他要好的多。

满足孩子交往与尊重的需要，满足孩子爱与被爱的需要，与孩子分享快乐、分担痛苦，把孩子培养成一个具有亲和能力的人，会让他受益一生。

鼓励不等于“你真棒！” 鼓励最大的作用就是能让人振作精神、鼓起勇气、继续前进。有人说“鼓励使人进步，打击使人落后”，我感觉非常贴切。

鼓励孩子，最主要的方式是给予言语方面的赞赏。

我记得我们小时候老师和父母常说，不能总夸孩子，否则容易骄傲自满。今天的科学研究成果告诉我们，适度、恰当地赞赏可以让孩子心情愉悦，增强自信，构建积极的自我，强化和巩固好行为，还能够欣赏别人的优点，对人产生积极正面的影响。

一时间，“好孩子是夸出来的”成了被顶礼膜拜的至理名言，仿佛大拇指一伸，“你真棒”不离口，眼前的宝宝就俨然已经搭上成龙成凤的天梯。但是，事实证明，“你真棒”远远不够。

案例透视

喜欢吃肉的宝宝今天破天荒吃了很多青菜，妈妈脱口而出“宝宝，你真棒！”宝宝听到“你真棒”一般都会非常高兴，因为“你真棒”里面包含了妈妈的关注、喜悦和肯定，但是细想一

下，又会感觉非常迷茫，“我到底哪里棒呢？是老老实实坐在椅上吃饭棒吗？是我自己拿勺子吃饭棒吗？是我把饭粒吃得到处都是棒吗？是我吃了很多饭和菜棒吗？”“你真棒”并没有告诉孩子他因为什么得到赞赏，下次如果还想得到赞赏该怎么办。

宝宝正在玩积木，这时，妈妈的朋友来家做客，客人礼貌地说：“宝宝真乖！”然后就和妈妈坐下来说话，宝宝跑过来拉妈妈的手，非要妈妈过去再看一眼他搭的积木，妈妈拧不过，只好不情愿地走过去，敷衍地说：“好！好！”然后继续坐回来和朋友聊，俩人聊得正起劲，宝宝又来了，后面的情景可以想象，妈妈烦躁地大叫：“行了，自己玩去吧！”不难想象，孩子会感到受伤和难堪，自己的努力成果并没有像往常一样得到妈妈的注意和肯定，原来自己“棒”或者“不棒”不是自己决定的，而是由妈妈决定的，或者说由妈妈的心情决定的。这种无力感会让宝宝对赞赏产生排斥和怀疑，或者变得无动于衷。

宝宝非常乖巧，每次爸爸回到家都给爸爸拿拖鞋，爸爸一边换拖鞋一边夸宝宝“你真棒！”有一天，爸爸回到家时正忙着打电话，没有夸宝宝就换上拖鞋进屋了，以后宝宝拿拖鞋的积极性就淡下来。只有当爸爸说“宝宝最棒了，帮爸爸拿拖鞋吧！”宝宝才会喜滋滋地拿拖鞋。有时候，宝宝会把“你真棒”当成一种交换，一种奖赏，当做是否做一件事情的条件。有时候，敏感的宝宝还会把“你真棒”作为自己行为是否得当的标准，在行动以前，需要看看家长的态度，试探一下，再采取行动。这些都会削弱宝宝的主动性和判断能力。

妈妈带宝宝去上轮滑课，在给宝宝换鞋的时候，妈妈看到同班的另一个宝宝已经能自己滑行了，善意地对那个宝宝说“你真棒！”可是自己的宝宝听了非常不高兴，整整一节课都闷闷不乐，非常不配合。妈妈不禁觉得自己的宝宝心眼小、嫉妒心强。长期笼统的赞赏会给孩子造成一些错觉，爸爸妈妈说自己棒，就意味着自己什么都棒，是最棒的，没有人比得上，所以不会明白，为什么妈妈之前说自己棒，现在还可以说别人棒。孩子还会觉得“棒”是唯一的、绝对的，如果别人“棒”，自己就不“棒”了。

有一个男孩投中了一个三分球，爸爸妈妈惊呼孩子太棒了，真是灌篮高手，让孩子再投一个，结果孩子说什么也不肯投了。有些家长不明白，为什么明明夸了孩子，孩子反而不太高兴，甚至更加畏缩。赞赏孩子，赞赏时切忌把孩子偶然出现的，超出实际能力的行为，大肆表扬和渲染，因为这样会让孩子产生压力。因为他知道这只是“瞎猫碰到死耗子”的偶然现象。

如何对孩子恰当的鼓励孩子、赞赏孩子，我们将在下一部分详细描述。

陪伴不等于长相厮守　一般家长对陪伴的理解就是跟孩子在一起的时间多一些，多陪他玩，跟他做一样的事情。有些孩子很小就被送到国外生活，据我对出国陪同家长的了解，为了让孩子能全身心地投入学习，家长帮助孩子整理房间、洗衣、做饭。很多妈妈向我诉苦，孩子很黏人，总是要身边有人才行，妈妈去个洗手间，宝宝都要跟着。很多孩子跟老人或保姆睡一张床，都五六岁了仍然坚持不肯分床睡。长大上学了，回家写作业都需要家长坐在旁边陪着、看着才行，

否则作业完成不好。

家长们因孩子的过度依赖而苦恼，孩子为什么会这样呢？

依赖关系是互动的，孩子产生依赖的原因就在家长的身上，是我们在不知不觉中“让”孩子依赖了自己。帮助孩子建立安全感的陪伴是没有问题的。但是在培养许多行为习惯、自理能力方面，家长总觉得孩子太小，能力弱，需要成人的帮助和陪伴，随着孩子一天天长大，这种包办代替模式让孩子失去本应具备的能力，变得需要帮助，寻找依赖的对象。因为家长长期以来掌握主动权，控制权，所以孩子必然依赖家长。长期下去，孩子失去的是独立的能力与个性。

陪伴让孩子有安全感。孩子来到这个世界，对他来说一切都是陌生的、未知的，都会产生不安全的感觉。请回忆自己来到一个新单位第一天上班的感受，不知道自己的同事是怎样的人？不知道与自己工作有联系的部门在哪里？不知道去哪里解决午饭、喝水、上厕所，对一切都很茫然，产生一种不安全感，甚至有一些焦虑，你多么渴望有一位热心的同事，能够在旁边给你一些指引和帮助。如果恰巧你来的公司有自己以前的同事，那就会感觉放松些，有问题可以问他，因为他是你可以信赖的朋友。虽然他和你不是一个部门，工作上没有直接的联系，办公室相隔也很远，不能随时通话，但是你心里会很踏实，这就是一种安全感。

孩子更是如此，如果让他感觉到我们就在他们身边不远的地方，让他知道需要的时候我们会出现，必要的时候我们会提供帮助，那么孩子会大胆地向前走，情绪会很放松，敢做想做的、喜欢的事情，而不是瞻前顾后，谨小慎微。

陪伴是与孩子保持适度的距离。陪伴是个体之间既有联系又相对独立的关系。身体距离与心理距离都要相对合适，保持一段距离，不远不近，伸手可及，既给孩子自由的空间、选择的机会，同时有适度的保护，即便出了差错也不要一味的埋怨和指责，给孩子宽松的精神与物质环境。

陪伴让孩子不再依赖。陪伴不仅仅指两个人共处一室，更是精神和思想上的支持。我来做一个比喻，有一种孩子我们把他比喻成土豆泥，依附在父母的身上，黏黏的，让家长感受到负担、很累。而有的家庭成员中妈妈、爸爸与孩子都是一根根的薯条，大家既有共同的特质但又相互独立，每个人都活得很轻松很自在。后者在孩子身体安全受到影响和威胁的时候一定会及时的挺身而出，在他需要的时候伸出援助之手而不是事事代替。相信孩子，在旁边静静地观察孩子的行为与心理变化，给他自己独立思考和完成任务的机会，不怕失败，我们要学会慢慢地陪伴孩子共同成长。

家庭延伸

育儿手记

填写人：________　　　填写日期：________

阅读完本章节所介绍的多种心灵营养元素，请家长朋友在表格的相应位置写下自己成长或育儿中对此的理解和感悟，以及日后在育儿中应提高和改进的行为。

本育儿手记是一个教育思想的回顾，也是重塑育儿观的过程，不建议一次将所有内容填完，而是带着问题，去阅读本书，边读，边应用，慢慢地您会发现，自己一点点在改变，孩子也在渐渐地改变，有感受的时候将其记录下来，待孩子18岁成人礼时，将您的记录送给他，这将是最珍贵的礼物。

以第一项尊重为例，在“自己成长或育儿中对此的理解和感悟”一列，可以从以下角度思考、填写：我是否在尊重中长大？我感觉被尊重或不被尊重的事件有哪些？这些事件对我有哪些影响？

在“育儿中应提高和改进的行为”一列，可以从以下角度思考、填写：我的哪些行为没有尊重孩子？学习后我与孩子间的互动有怎样的改变？孩子的变化有哪些？我的心情如何？

心灵营养元素	自己成长或育儿中的理解和感悟	育儿中应提高和改进的行为
尊重		
理解		
共情		
信任		
积极关注		
接纳		
亲和		
鼓励		
陪伴		

2.3 让沟通的智慧流动起来

爱是“心灵营养”的统称，以语言沟通为载体在亲子间循环流动。

堵塞、不畅的沟通让孩子感受不到父母之爱，

我们需要重新审视、进一步完善自己的沟通方式，

智慧的亲子沟通可以让“心灵营养”顺畅的流动，

智慧的亲子沟通可以帮助“心灵营养”快速的吸收，

智慧的亲子沟通可以把“心灵营养”内化为孩子自身的、一股源源不断的能量。

2.3.1 感受孩子的感受

中国的语言表达方式丰富，又蕴涵深刻的含义。俗话说“良言一句三冬暖，恶语伤人六月寒”，同样的意思，表达方式不同结果完全不一样。

案例一，假如你感冒生病了，你的同事对你说：

1．你真可怜，我很同情你。

2．平时让你多穿点，就是不听，爱漂亮，现在发烧了吧！

3．看到你这样难受，我也很难过！有什么我可以为你做的？

4．我相信你很快就会恢复过来！

案例二，孩子考试成绩非常不理想，你对孩子说：

1．这段时间怎么了？才考80分。

2．这样下去可不行呀，这还能考上重点中学吗？

3．孩子，我们一起看看这次考试在哪里丢分了？

4．根据你平时的实力，相信你的能力绝对不止80分，让我们一起分析一下，下次怎么才能发挥出你真实的水平。

同样是表达担忧和关心，但是采用的表达方式却差异很大，给人的感觉也截然不同。后两句会让人听起来舒服多了，平添了许多内心的力量。

这种既听着舒服，又能增添内心力量的语言就是智慧的沟通语言。要让语言变智慧，必须从感受孩子的感受开始。

什么是感受　生活中任何一个具体的事件都会触发人的感受，看到奶油蛋糕就想起生日、婚礼的场景，一种温馨、幸福的感觉油然而生；看见山楂就感觉舌根口水分泌增多，孩子生病家长就会担心、焦虑，这些都是感受。

感受就是在客观刺激作用下产生的生理和情绪的体验。甜、酸、疼这些就是生理体验，而幸福、快乐、悲伤就是情绪体验。可以说，只要在清醒的情况下，只要我们的五官（视、听、触、嗅、味）在工作，接收周围的刺激的同时，就会有感受产生，即便没有感受也是一种感受。

想到榴莲有人的感受是首先被那股浓郁的独特的香味吸引，吃到嘴里是滑滑腻腻的感觉，咽下去后齿间回味悠长，想到这儿，恨不得马上就能吃到它。相反，有的人想到榴莲的感受是味道太难闻了，闻了就想吐，吃到嘴里太恶心了，到水果柜台要绕道走，离它远远的。

在接触到某个刺激的瞬间，人的大脑就以极快的速度做了大量工作，这些是潜意识的操作。同样的事件、刺激下，有时产生积极的感受、有时产生负面的感受，为什么会引发不同的感受呢？正如前文提到的“ABC”理论所说，是由于不同的人具有不同的信念B。而B正是个人长期生活积累下来的认知结果。孩子在成长过程中，当出现负面感受的时候，如果总是被教导要尽快摆脱，而从来都没有学到有效的处理方法，那么这些负面的感受会越积攒越多、压抑越多，孩子会感觉到迷茫：为什么这些不好的感觉会经常出现？我是不是一个有问题的人？……进一步发展下去，孩子开始不信任自己的感觉，要依靠成人的判断来决定自己的行动。这个过程，让孩子无法建立自信，会觉得自己不够好，欠缺自己控制的能力。于是，孩子与自己内心越来越远，对处理自己的情绪也越来越感到无能为力了。

家长帮助孩子识别自己的感受太重要了！

案例透视

案例——海啸女孩的故事

2004年12月26日，在印度尼西亚苏门答腊岛西南印度洋，发生了地球上有地震记录以来的第三大地震海啸。地震引发的大海啸波及印度洋沿岸12个国家，吞噬30万人的生命。

10岁英国女孩蒂莉·史密斯当时正在泰国普吉岛上和家人一起度假。和全家一起在海滩散步的蒂莉“看见海水开始冒泡，泡沫发出嗞嗞声，就像煎锅一样”，“海水涌来，但却不再退去。它不断涌上来，再上来，再上来，向着饭店方向。”凭借着在学校地理兴趣小组积累的知识，她一下就认出，这是海啸很快就要来的迹象。

蒂莉告诉妈妈将要发生海啸，但是妈妈起初并不相信，她认为这只是正常现象。蒂莉开始变得歇斯底里，这种反常的现象促使蒂莉的父亲带家人返回饭店，并将蒂莉的警告传达给饭店工作人员。蒂莉怕时间来不及，重新跑回海滩大喊海啸就要来了。一名出生于日本的饭店厨师，听懂了“海啸”这个词，在这名厨师和饭店保安的帮助下，海滩上的人很快全部疏散到安全地区。几秒钟后，海啸就袭来了。海滩上的100多人幸免于难，这片海滩也创造了在此次海啸中没有死亡和重伤的奇迹。

一年以后，在联合国总部参加海啸周年纪念活动的蒂莉，与美国前总统、现海啸重建特使克林顿见了面。她在新闻发布会上说：“我很高兴能够在海滩上说出‘海啸就要来了’，也很高兴他们信了我的话。”

听了别人的故事，我们总感觉那是神奇而偶然的。同样的事情在我女儿身上也发生过，绝对真实。

就在今年夏天一个周末的上午，我在家帮女儿听写英文，写着写着忽然孩子说，“妈，什么东西糊了？”我本能的反应是不可能，刚吃完早饭，炉子上又没有做饭，怎么会有糊味呢？于是我说：“没有，别走神儿，你快专心写吧！”女儿低下头接着写，“不对，还是有味儿！”我这才使劲儿地闻了闻，好像隐约有一股焦味儿。全家来回找，也没有找到什么，当我们想放弃的时候，孩子忽然冲着窗前喊道，“妈，有烟！”我们连忙趴到窗边四下看，原来烟是从我们家空调室外机处飘来的。全家一通忙乱，拉电闸，叫物业。物业工作人员提着灭火器火速赶过来，爬到置放室外机的阳台处，果然发现明火和一个烟头，推测有人在公共走廊抽烟，顺手把烟头扔到窗外，点燃了空调室外机的胶管。烧着的是对面邻居家的室外机，如果再晚一会儿，大火着起来，后果将不堪设想。明火被扑灭后，我们敲开对面邻居的门，他们还浑然不知刚才发生的惊险一幕。

孩子的感受不容忽视，孩子的感受非常灵敏，也非常真实。我们一定要相信孩子的感觉。很多家长总认为孩子还小，什么都不懂，或者认为孩子的感受不真实、有些夸张，往往忽视孩子的感受。

家长看到孩子哭闹、打人、扔东西的时候，往往被事件所吸引，急于解决问题，觉得解决了问题，就万事大吉了，所以常忽略了孩子的感受。感受没有好坏、对错之分。负面感受是一种能量，像水一样，堵是堵不住的。否则压抑久会爆发，搁置久了会变质，害人害己。所以，当孩子产生负面感受的时候，我们需要理解和共情，不让这些负面感受进一步泛滥、升级，让孩子学会用社会认可的方式来疏导和释放这些负面感受。

2.3.2 用身体、眼神、简单的语言去倾听孩子的心声

我们常说要理解孩子，要与孩子共情，但做起来好难呀。其实，如果学会倾听就做到了90%的共情。有的家长说，听孩子说话还不简单，他说什么我就听呗，我不想听的时候也耐着性子假装听呗。

倾听是心与心的交流　倾听看似简单，其实做到不容易。不是近在咫尺、面对面、能听到对方说的话就是倾听。倾听是心与心之间的

一座桥，是传输“心灵营养”的通道。倾听能够分享快乐，更能够抚平伤痛。

繁体“听”字是这样写的：聽。我们可以这样理解：倾听不仅用耳朵去听孩子表达的语言，更要学会听弦外之音；不要只相信耳朵所听、眼睛所见，更要用心去感受，要透过事物的表面找到孩子内心的需求。真正良好的沟通状态是双方的内心达到一致。

简单回应，有助于化解孩子的负面感受　孩子与小伙伴发生冲突后，委屈、愤怒、疼痛……几种复杂的感受交织在一起。我们能做的就是把他抱在怀里，抚摸着他的头，听他讲述刚才发生的事情经过。不要忙于去判断，谁对谁错，只是用眼睛鼓励孩子表达当下感受和事情经过，用适当的肢体语言回应孩子，适当地点点头，用最简单的语言“嗯”、“啊”、“还有呢”回应孩子。很多时候等孩子诉说完了，情绪就平复了许多。孩子比较小，家长可以代替他表达内心需求，然后询问他，“你看起来很……”或“我猜你现在很……”这样做不仅能帮助孩子识别和表达自己的情绪还能扩增孩子的词汇量。

身体位置有讲究　2岁以下的小宝宝，交流时面对面的搂抱在怀里更好。3岁以上的宝宝，尤其是在提要求的时候，家长和孩子面朝同一方向，或形成90°的夹角，这样会让孩子感觉到彼此之间没有对立性，有着共同的目标。这个方法不仅适用于与孩子沟通，同样适合于成人间的沟通，一点小小的改变，会有一个更好的效果。

肢体的安抚是最好的抚慰　其实即使是成人，当遇到挫折，意志消沉的时候，紧挨着他坐下来，握着他的手，即使没有言语交谈，对方也能够获得支持和抚慰。

多用肢体语言与孩子交流，微笑、眼神交流、拥抱、牵手、抚摸、亲吻，把孩子抱在怀里、搂在腋下、伏在肩上，这些画面不但亲切唯美，而且能够让爱的营养无声流动。亲人之间的肢体接触最能安抚人。有的家长会发现，安抚1岁以下的宝宝，像喂奶一样把他抱在怀里比较有效，这是因为宝宝的耳朵贴在妈妈的心房上，听到妈妈有节奏的心跳，会感到非常熟悉。

肢体语言与口头语言的信号要统一 孩子的年龄特点决定，比起听到的语言信号，更容易相信和理解看到的肢体语言信号，当两种语言信号不一致的时候，会感到疑惑。举一个不统一的例子，很多妈妈生气的时候会咆哮甚至动手打孩子，打过后又疼心地说："你知道我有多疼你、多爱你吗？你怎么就不理解妈妈的一片苦心呢？"这时，妈妈脸上明明写的是还未消除的愤怒、指责和埋怨，嘴里却说的是爱，造成孩子内心的矛盾。

2.3.3 用摄像机般的语言描述

请想象一幕情景，妈妈推开房门，屋里乱得一团糟，满桌子、满地都是玩具、书还有零食，孩子穿着拖鞋在沙发上半躺半卧，在津津有味地看动画片，妈妈顿时火冒三丈："你都多大了，跟你说过多少次了，你怎么总是这样呢，玩完玩具要收拾，自己要学会整理房间，你看看都乱成什么样了，想累死我呀，马上就要上学了，你要是在学校也这样，老师一定狠批你！"

孩子从头到尾听到的都是责备，甚至影响其对还没有见面的小学老师的认知。孩子自然产生抵触情绪，说什么也听不进去，更不会照着做。批判性的语言是造成沟通失败的重要原因。

“摄像机语言”是指把自己想象成一台摄像机，以超然的姿态置身事外，仅仅描述你眼睛所看到的情景，不立刻评判是非对错、不随意宣泄负面情绪、不添加新仇旧怨、不进行人身攻击、不冷嘲热讽。

诚然，我们和孩子虽然是两个相互独立的人。孩子的喜怒哀乐时刻牵动着我们的神经。所以，在指出孩子的不足或过失时，难免会掺杂生气、担心、烦躁、恨铁不成钢，甚至是难堪丢脸。这时语言会不知不觉变成批评、谴责，甚至是人身攻击。当面对别人的指责，人会本能的捍卫自己的尊严，和对方进行抗争、相互指责、推卸责任。孩子虽小，也有自尊。

使用摄像机语言技巧，还可以向孩子传达一个信息：我所针对的是这件事情，而不是你这个人，你永远是妈妈爸爸最心爱的宝贝，只是这个事情、这种做法有些不妥。使用摄像机的语言描述事实，能帮助孩子卸下恐惧感和反抗心，能增加孩子的安全感、让孩子更容易对你敞开心扉，说出真正的所思、所想、所感，真正意识到自身问题所在。

我们应该从第三方的视角去看待事实，用抽离的方式去思考。家长要把自己当做一部摄像机，客观的、不加感情色彩、不加评判的描述所见。

如果妈妈用摄像机的语言去描述所见会这样说：“我看见果皮在沙发上，玩具和书在地上，都跑到厨房门口了，沙发上有许多脏鞋印，屋子里像地震过一样，孩子，我们应该干什么了？”

如果表达中透着客观、真诚和尊重，给孩子自主权，遇到的对抗就会少很多，这种方法会让孩子乐于接受，因为我们只是说事，不对人。

2.3.4 金玉良言要简练

晚上到了该睡觉的时间，孩子依旧很兴奋，在沙发上跳来跳去，在电视前流连，妈妈连拉带拽，连哄带吓唬，孩子始终不肯去睡觉。妈妈们通常会说："现在10点钟了，该睡觉啊。快点，还玩？你晚上不早点睡，明天又该说睡不够、起不来了。你总是这样，晚上不睡早上不起，早晨时间本来就挺紧张的，你还赖床，害得妈妈经常迟到。妈妈上班要是迟到了，不但要挨领导批评，还要扣钱。妈妈挣不了钱，怎么给你买好吃的、好穿的，怎么送你去幼儿园啊？你说妈妈养你，容易吗？你还让妈妈着急、生气。你这样对吗？还不睡？明天你要是敢赖床，再说没睡够，我就……"

妈妈滔滔不绝地说，前因后果掰开揉碎了跟孩子讲大道理，飞到孩子耳朵里的其实是一堆乱码，这耳朵进那耳朵出，而孩子仍然我行我素。是孩子的问题吗？

把语速放慢，把声调降低 请爸爸做一件事，在妈妈不知情的情况下，偷偷的将妈妈说话的场景录音，回放给妈妈听，妈妈一定会被自己给雷倒！一堆堆重复的废词，飞快的语速甚至连自己都听不清楚在说些什么，几岁的孩子怎能听懂呢？声调随着情绪变化情不自禁地就高了八度，就像尖叫的小鸟让人觉得浑身都不舒服。整个一个悍妇的形象！别说孩子、老公，连自己都不喜欢。

让我们调整音调、语速，平静、柔和下来，声音小了以后，孩子就会仔细的聆听你在说些什么，专注力会集中，理解了要求和指令，行为也就随之而改变。

多用“我”字开头 用“你”开头讲话，会让孩子产生抵触和敌对心理，用“我”或“我们”会有一种感同身受的被接纳感，很容易就打开了沟通的大门。

建议家长多使用：

“我觉得……”

“我想……”

“我期望……”

“我建议……”

“我喜欢……”

避免使用：

“你是……”

“你没有……”

“你忘了……”

平等、清晰地表达你的诉求 我们希望孩子能够成为符合社会规范、举止得宜、受人欢迎的孩子，所以经常向孩子表达对他们的要求和期望。

案例透视

“你要乖一点啊！”，“你太不像话了！你别把我惹急了！你别太过分啊！”这是威胁的、强势的要求，更是笼统的要求，孩子无法立刻明白怎样做才是“乖”，才是“像话”、“不过分”。

“你听话啊！听话我就给你……”这是威逼加利诱的要求，

潜台词是爱是有条件的，如果你听我的话，我才会爱你；否则我就不爱你。而经过孩子的脑子，可能错误的解读成，要想让我听话，你就必须给我好处，没好处就不听话。

还有的妈妈面对淘气的孩子，用无耐的语气说：“你别闹了，我求求你了。”“你安静会儿行吗？”其实，这已经不能算作一种要求了，已经表露出无可奈何、举手投降的态度。

“你玩完玩具，可不可以把它们整理好？”这是一种虚假的尊重，询问的语气、多样的选择性、征求意见的味道，可当孩子选择不整理的时候，家长就会怒。

以上这些沟通的方式是不可取的，我们建议的方式是平等的、清晰的表达。

让孩子认识到整理玩具是自己的事，如果不及时收起会制造很多麻烦。“你的玩具在走廊里，影响他人走路，会被踩坏，请收起来。”

让孩子知道妈妈正在休息需要安静，让孩子知道具体要怎么做。“妈妈今天身体不舒服，现在想睡一觉，请你小声一点儿，帮我把房门关上。”

把长话说短　一次只说一件事，一句话不要超过10个字。在给孩子提要求的时候，一定要把长话缩短，就像小学语文练习，一句话形容词很多，我只要挑出主谓宾就可以了，清晰地、准确地给出一个可以做得到的指令。

通常18个月的孩子可以理解和记住2个指令，36个月的能记住3个，42月的孩子可以记住4个。如果妈妈在接孩子回家的路上嘱咐：“宝贝！

一会儿到家妈妈赶紧给你做饭，你进屋先换鞋、换衣服，然后洗手啊！洗完手才能吃东西、玩玩具！对了，洗完手喝点水，记住了吗？”一连串的指令，让孩子记忆混淆，不知先做哪一个，力不从心。

我们通常怕孩子没听见或记不住，同样的话多次重复，这样做不仅让孩子感到唠唠叨叨，还会认为这些任务不一定必须都完成。

把短话说精　在孩子表现出值得赞赏的行为时，我们不仅要表扬具体行为，还要把赞赏的行为浓缩成一个词，再概括为一种高贵的品质，告诉孩子他今天做出的这种行为就是这种品质的具体表现形式之一，以激励孩子向这个方面继续发展。

我现在的家庭是中国典型的祖孙三代的家庭，我们三口人与婆婆共同生活14年。吃饭的时候，我常锻炼孩子做一些力所能及的事情，没有危险的事情，比如，给大家发筷子、端饭，不仅培养孩子爱劳动的品德，同时潜移默化的培养孩子尊敬长者、孝敬老人的品质。我会要求孩子，只要奶奶在家吃饭，无论发筷子时奶奶在不在座位，都要先摆奶奶的，盛饭都先给奶奶端过去，孩子做到了，我们会夸奖她：“你第一个给奶奶摆碗筷、盛饭，真是一个尊敬长者、孝顺的孩子。”

“宝宝很爱吃糖，但今天说好吃一块就吃一块。宝宝是个讲信用的孩子。”如果拉拉勾来约定一个行为，还会更加强化约定的要求。

把一个好的行为总结为一个词，上升为一种品质，能帮助孩子理解和掌握抽象的词汇，也帮助孩子从一个更高层的角度来审视和要求自己。

把词性说准　动词会比名词更有力量，形容词、名词会比动词更柔和。当我们向孩子提出具体要求的时候，用词是非常有讲究的。当使用动词的时候，“过来”、“坐下”、“吃饭”，简单明了，便于立刻执行。当使用名词的时候，“玩具”、“饭碗”、“大衣”，听起来没有任何命令和指责的意味，还会让孩子的脑筋转起来，像小侦探一样思考“玩具怎么了？哦，玩具被我扔得到处都是，真乱啊，该把玩具收起来了。”

所以，“上床”比“睡觉”更直接，让孩子更明确行动的方向。“声音太大、太刺耳”比“关上音响”听起来更柔和，不那么生硬，更体现尊重，起到提示的作用，让孩子自己去找到应该怎么做的方法，而不是纠结在妈妈命令的口吻上，感到愤愤不平。

2.3.5 慎用“不”和“又”字

很多妈妈感到困扰，为什么孩子总是跟大人拧巴着，越说不让干什么孩子越去做！家长会归结到孩子的脾气秉性，随口一句“真拧！”“真犟！”

青春期是人生第二个反抗期，而2岁是人生中第一个反抗期，其强烈程度可想而知。紧接着又到了4~6岁探索期，什么都想动动、摸摸、试试。

否定句的命令没有效果 请大家跟我做一个神奇的体验：请你头脑里想什么都行，千万不要想一头红色的大象，不要想它有红色像蒲扇一样的耳朵，像红柱子一样的腿，细细的红尾巴……请问现在你大脑中浮现的是什么？语言信号进入孩子大脑系统后会经过筛选，非常神奇，大脑会把“不”字省略和删减，留下后面的信息。孩子喜欢被关注，批评也是一种关注。当家长说“不能打人”、“不要把玩具到处乱扔”、“不要大喊大叫”的时候，这些含有“不”的指令，反倒给孩子提了醒儿，强化了错误的行为。

另外，家长常告诉孩子“这么做不对！”比如，打人、哭闹、摔东西。却忘了告诉孩子想玩别人的玩具了怎么办？生气了怎么办？怎么做才是对的。

家长会告诉孩子“不能这么做”，比如奔跑、尖叫、大喊，却忘了告诉孩子“在什么情况下可以这样做，在什么情况下不可以。”所以孩子误以为这意味着“无论在任何时候都不能这么做”，而这些行为恰恰是孩子最喜欢的表达快乐、发泄情绪或游戏的方式，因此孩子会非常抗拒。

事实上，绝大多数行为都没有绝对的对与错，只要和环境相协调的行为就是恰当的。在教室里，安安静静是恰当的，但是在游乐场里还是安安静静的，就让人感到这个孩子有问题了；在公共场所大声尖叫不礼貌，但是在运动场和演唱会上，尖叫是投入、呐喊的表现。

用正面的语言给孩子提示　人都乐意接受积极的语言，与其告诉孩子“不能做什么”不如告诉孩子“能做什么”，这是引导不是批评，会帮助孩子关注到还有其他的方法来解决问题，也会更愿意尝试新方法。

用“轻轻地走过来。”替换“别跑了！”

用“小声说话。”替换“不许吵！”

用“跟小朋友商量着交换玩。”替换“不许抢玩具。”

多个选择多条出路　在告诉孩子不应该如何做的时候，用言语描述的同时还要给孩子一个出路。

都中午12点了，孩子还在游乐场里流连忘返，迟迟不肯跟妈妈一起回家，妈妈说：“别玩儿了，赶紧回家吃饭了！快一点儿！最后一次！”但玩完一次，孩子还是不停地奔跑，玩第二次、第三次。

这时，妈妈可以给孩子做选择题，“肚子饿了，该吃饭了！你是再玩3次滑梯呢？还是再玩2圈木马呢？”让孩子自己比较，进行取舍。当孩子拥有一定自主权时，抗拒的心理也自然会放下。

而对于小一点儿的孩子，我们在出选择题的时候结合实际操作演示，会让孩子感到更形象，更容易理解、模仿和记忆。

“又”字的杀伤力很大 当孩子出现我们不想要的行为时，我们会非常习惯的说“你又……”“我说过多少遍了，你总是……”似乎只有加上“又”和“总是”才能体现错误行为出现得多么频繁，才足以说明问题性质有多么严重。

“你怎么又欺负小弟弟！”“又是你干的！”

听到别人这样说自己，第一个反应会是，“又来了，每天啰啰唆唆，烦不烦啊？！”然后，心门就关闭了。另一种反应是，既然这么多次我都改不了，说明我就是改不了了，我已经这样了、我就是这样了，我改不了这个坏习惯了，我就破罐子破摔吧！抵触、消极的情绪就随之出现。

ABC 育儿技巧

亲子沟通五部曲

要想把前面提到的观点运用到亲子沟通中，依次使用下面的几个步骤就可以了，也可以挑选其中某个步骤单独使用。

运用沟通技巧的目的不是“侦查”孩子、不是操控孩子，而是营造安全舒适的沟通气氛，搭建双向互动的沟通“管道”，培养有效高质的沟通习惯。

1. **认真倾听。**在了解真正的事实之前，不要贸然决断。“眼见”不一定为实，不要轻信自己的眼睛，更不要轻信非当事人的一面之词。蹲下身子，平视孩子的眼睛，倾听孩子，才能准确把握孩子的想法和感受。

2. **接受感受。**要想接受孩子感受，家长首先要接受自己的感受，自己带着情绪去处理问题显然是不理智的做法，产生的结果可想而知。家长不携带自己的感受，去接纳孩子的感受，与孩子共情，表达孩子的所思所想，让孩子体验到被尊重、被理解、被接纳和被爱。

3. **描述所见。**用第三方的视角、摄像机的语言描述事实，不加评判，只对事，不对人。

4. **简化语言。**把长话说短，把短话说精，以适中的语调、语速说出你对事实的感受、可预见的危害性，以及建议。每次沟通尽量只聚焦一个问题，而且越具体越好。用正面的语言给孩子一个清晰的指令或提示。

5. **给出选择。**如果孩子拒不接受某个指令，家长朋友需要提醒自己。凡事一定有三个以上的答案，给孩子一个出路，不要固着在惯性的答案上，让孩子在社会允许、家长允许的范围内去自主的选择。

家庭延伸

沟通案例剖析

以下是生活中孩子经常出现的感受，请家长练习如何使用沟通技巧，理解孩子的感受。

情景一——孩子害怕打针，孩子放开嗓门、哭喊着“打针太疼了，我不打针！”让家长头疼不已。

以往方式：________________________________。

使用沟通技巧后的方式：________________________。

技巧分析：家长在打针前跟孩子说，“不疼！不疼！”但是打针就是疼，孩子会觉得，我的感受与你们说的不一致，是不是我的感受不对呢？

跟孩子讲道理“一打针病就好啦。”孩子没有时间概念，以为打完针以后病会马上好，但是没有那么快就好的病，打完针身体还是不舒服。孩子会产生被欺骗的感受。

索性采取武力，医生和家长几人配合，摁着孩子打针。暴力的方式让孩子产生更强烈的抗衡，甚至抵触父母、抵触医生。

这时，不妨运用今天的新方法，试着跟孩子谈一谈打针的感受：

“打针是有些疼！妈妈打针的时候也会疼。”并用肢体语言接纳孩子的感受，如，抱着孩子，“妈妈猜你有点担心、很害怕，是吗？妈妈一直在你身边抱着你、陪你，好吗？”

情景二——孩子听《黑猫警长》的故事，听到鼹鼠因为阻止一只耳偷粮食而被一只耳吊死，孩子害怕得不敢再听了。

以往方式：____。

使用沟通技巧后的方式：__________________________。

技巧分析：由于学龄前儿童具有泛灵论的特点，会认为童话人物和自己一样是有生命的，所以对故事主人公的经历感同身受、产生共鸣。

告诉孩子，“不用怕！那都是假的，是动画片，是演出来的。一会儿，黑猫警长就把它给打死了。”孩子真实的感受受到压抑和忽视，以后孩子也学会了用压抑、逃避的方式处理负面感受。

请运用新方法，试着跟孩子用简单的语言沟通：

“我猜你看到鼹鼠受到伤害感觉很难过，也很害怕，是吗？一只耳这么坏，你也会害怕一只耳，是吗？”

情景三——孩子在刚刚装修好的墙上画画。

以往方式：____。

使用沟通技巧后的方式：__________________________。

技巧分析：只告诉孩子不可以在墙上画画是不够的。如果使用新技巧，家长不但要告诉孩子不要怎么做，还要告诉孩子可以怎么做。家长可以说“我们可以在纸上画画。”同时铺开大块的纸张，带领孩子一起涂鸦。

在慧心父母课堂，一位妈妈说，1岁多的宝宝在家里的木地板上画画，妈妈不让，宝宝坚持要画。妈妈把彩笔拿走，宝宝就大哭大闹。后来妈妈找来了纸，对宝宝说“在地板上画，妈妈一擦地什么都没了，我们可以在纸上画，这样就能看到了。”宝宝很喜欢这个方案，不再在地板上画，而是开心的在纸上画起来。

家庭黄金聚会

这是一个增进家庭感情的活动，促进家庭成员间主动积极的沟通，学习倾听他人、了解他人的感受，接纳他人的感受，分享快乐，倾诉不愉快，让爱在这里滋润每个人的心田。

每个星期固定一天，晚上把电灯调到弱挡，点燃香薰及蜡烛，房间中弥漫淡淡的芳香。

拿出家庭小桌布，一块普通的桌布，每一个角绣上家庭成员的名字，一一对号入座。

家庭成员分别讲述一周中自己感觉高兴的事、郁闷的事，或是一本书，或是一个心爱的玩具，或是一个刚刚结识的朋友。任何的话题都可以，可以将这样物品摆在桌布上，边看边讲，其他人不做评判，只需要专心倾听，简单回应。

2.4 负面感受也是一种能量

情绪时时刻刻缠绕着我们的信念和行动。

情绪可以归纳为喜、怒、哀、惧四大类。

是不是只有“喜”是我们想要的，其他的情绪都是不好的呢？

面对孩子愤怒的火焰，我们要当消防队员“灭火”吗？

我们如何将负面情绪转换成一种能量呢？

2.4.1 什么是负面感受

宝宝年龄虽然小，却也是一个独立的、完整的个体，他们生活在这个五彩斑斓的世界里，有着跟成人一样敏锐的观察力和感受力。面对外界刺激，他们也会产生冷热饥饱疼痛渴、喜怒哀乐悲恐惊等多种生理感受和心理感受。如果这些感受是积极正面的，比如温暖、舒服、精力充沛、快乐、幸福，那么宝宝就会像小天使一样惹人疼爱，一旦碰上消极负面的感受，比如饥饿、寒冷、困倦、生气、害怕、难过，那么就会摇身一变，成为“小恶魔”，哭闹、尖叫、摔东西、满地打滚、咬牙、打人……摆事实、讲道理、好言相劝、威逼利诱，统统无济于事，变得不可理喻。挨到精疲力竭时，不是父母“缴械投降”，就是给孩子“一点颜色看看”，最后不了了之，让爸爸妈妈既心疼又生气。

脑科学研究发现，按照功能划分，人的大脑可以分为生理脑、情绪脑和理智脑。生理脑掌控着人基本的生理功能，比如呼吸、心跳、血压。情绪脑主要负责接受和处理情绪相关信息。而理智脑负责理性思考和决策。如果情绪脑过于兴奋，比如愤怒或哀伤，会抑制理智脑的作用。学前儿童大脑发育尚未成熟，神经易兴奋、难平复，再加上自我控制能力偏低，情绪难以调控的现象更加突出。

2.4.2 负面感受和情绪是一种能量，宜疏不宜堵

它们像洪水一样，来势汹汹，堵也堵不住，拦也拦不下。即使我们借助早早建起高大堤坝挨过了这一劫，也将后患无穷，因为一潭死水，沤久了会发臭，拦久了会爆发。负面感受会影响人际关系、会影响工作效率、会影响人的生理机能，因此，大部分人不愿去触碰这个炸弹，将它掩埋在内心深处，不知在何时、何事、何人会把它引爆，伤人伤己。其实，产生负面感受是很自然、很平常的事，并不可怕，关键是要在负面感受产生以后，如何正确的释放这些力量，不做伤害自己或伤害别人的事情。

每个人的力量，总是从不断克服困难、解决问题、改善环境中增添。没有负面情绪，便没了这些动力。

当孩子有负面感受和情绪，家长通常的做法都是没有效果的：

1．替代型。用具吸引力的事物诱哄孩子停止某种情绪。“给你糖，不哭了。”“看动画片了，别闹了！”“别伤心了，我们去买玩具吧！”这样是教孩子采取回避的方式处理问题，孩子会对自己产生怀疑，你们

都说没事，为什么我感觉很不舒服？日积月累，孩子更加自信不足。这类家长只注重把问题“修补”好，而忽略了孩子需要慰藉。实质上，家长认为孩子的烦恼微不足道，孩子没有资格闹情绪。

2．阻止型。“怎么总哭！男子汉不许哭！”家长对孩子的情绪表现感到不满，加以阻止、责骂或恐吓。把负面情绪看成错误的行为，加以斥责，会让孩子形成压抑情感情绪的反应模式。

3．自愈型。“谁没有不开心的时候呢？自己都能调整，不用理他，越理越来劲。”这种反应虽然能够理解和接受孩子的情绪表现，但没有积极的引导，不理会孩子的负面情绪，或者叫孩子自己处理，会让孩子产生很迷茫无助的感觉。

4．出气型。“谁打你了，告诉我，我去找他家长！”父母代替孩子去讨回所谓的公道，再度让孩子感到自己是受害者，自己无能。

5．说教型。“你都这么大了，应该……”家长喋喋不休地讲道理关注行为，凭理性去处理感性问题，总强调“应该怎样”、“怎样做才对”，但缺少具体的方法，忽视或批评孩子的负面情绪。这让孩子对自己的情绪感到自责，平添烦躁，甚至愤怒，亲子关系会更差。

负面感受也有积极的意义　就像是硬币有正反两面，负面感受也并不完全是件坏事，同样具有积极的作用。

1．驱动功能。激发人们进行改善的潜力和动力。人无聊的时候会寻找有意思的事情做；适度的焦虑能增加人的紧迫感，提高工作效率；孤独促使人靠近人群，主动与人交往。

2．自我保护功能。疼痛让人学会远离伤害，害怕让人的感受力变得灵敏，觉察平时被忽略的细微刺激，而愤怒让人产生力量进行反击和自卫。

3．信号功能。感受会通过表情、声音、动作表现出来，表达需要、获得关注和满足。在人际交往中，我们也在发出和接受这些信号，以便调整行为："请安慰我、关心我"，"这事情能不能做？这句话能不能说？"

4．增强抗挫折能力。每一次负面感受就像是一针针疫苗，只要没有超过人的耐受范围，人的抵抗力就会变得越来越强。

5．发展情商的契机。情商有五项内容，第一项和第二项就是觉察识别情绪，以及调控情绪。孩子年龄小、可塑性强，当产生负面感受时正好为家长提供了引导的契机。

所以，我们应避免批评孩子的负面情绪是对还是错，从而把焦点放在我们可以帮助孩子改变什么上面。

2.4.3 宝宝的心是和妈妈相连的

在孕育一个小生命的近280个日日夜夜里，妈妈已经与胎儿建立了一种链接。妈妈不仅通过子宫、脐带输送营养孕育胎儿身体，孕妇的情绪与胎儿发育有着极其密切的关系。一个心境平和、情绪稳定的母亲和一个心情紧张、情绪躁动的母亲带给孕育的胎儿完全是生活在两个截然不同的胎教环境里，并且一部分已经烙印在孩子的大脑中，因此，对胎儿生长、发育的影响也会截然不同。

记得我上大学时，一位优雅的、德高望重的女教授跟我们讲述她的亲身经历，她生第一个孩子的时候生活虽然很清贫没有什么营养品，但心情是愉快的，孩子心智健康正常。怀第二个孩子时正赶上十年浩劫，自己和丈夫分别下放，在焦虑中度过了孕期，结果，第二个孩子是智障。怀孕早期孕妇的情绪过分焦虑不安，便可致胚胎发育不良，甚至导致流产、胎儿唇裂、腭裂等。若妊娠中晚期孕妇情绪过度不安易致胎儿出生体重过低、心脏有缺陷、难产、胎盘剥脱、子宫出血，甚至导致胎儿死亡。

也有这样的案例，妈妈很疼爱孩子，但是孩子长大后和妈妈的亲子关系总是不和谐。追根溯源，才知道年轻的妈妈在怀孕前没有做好准备，偶然怀孕，甚至曾经想过做人工流产，虽然孩子出生后妈妈很尽心尽力的去抚养，但依然没有达到理想的状态。

宝宝出生后，妈妈的一举一动、一颦一笑都会被记录在孩子的内心深处。当我们被工作困扰、夫妻关系出现摩擦危机时，妈妈出现焦虑、烦躁的情绪，你的孩子也会出现比平时要多的烦躁不安，执拗任性、哭闹甚至生病，孩子的“闹”会让你更心烦，孩子很容易成为无辜的替罪羊和出气筒，静心后一想才发现，这对孩子太不公平啦！真对不起孩子，于是又去补偿，恶性循环。

妈妈的心和孩子是相连的，我们不焦虑了，孩子也就自然放松了。当你被工作缠身，老板还不停地来电话，而孩子又在身边大哭大闹，搞得你焦头烂额，放下电话，一股无名火涌上心头，冲着孩子大发脾气，孩子绝不会乖乖地听话，一定变本加厉，更是哭闹不止。过一会儿，你的气也消了，话语也温柔了，情绪也缓和了许多，再看孩子，觉得也不闹了。

相信孩子，更要相信自己，相信从今天开始一切都将变好，并且以后会越变越好。

2.4.4 在处理孩子问题前家长必先制怒

家长对孩子发怒、斥责、甚至动武时有发生，每次事后又后悔不已。

"打在孩子身，痛在妈妈心。"

"每次打完孩子、骂完孩子都后悔。"

"我也知道自己不对，就是控制不住。"

案例透视

为了谁

在慧心父母课堂上，我请妈妈们模拟表演与孩子发怒的场景，早晨送孩子上幼儿园，孩子不起，拖拉磨蹭，妈妈发火了。妈妈们非常投入也非常真实地再现了场景。

表演后，我请家长仔细回想一下："当你对孩子发怒后，自己感觉怎样？"妈妈回答："我舒服多了。"我又问："你这么做为了谁？""为了孩子好呀！要不就迟到了！"我再问："为了孩子，怎么你舒服了呢？"我再问扮演孩子的家长，问问他的感受："你感觉如何？""我非常不舒服！我想反抗。"

许多妈妈、爸爸都有这样的经历，为了孩子而发怒，其实，那个时候不是为了孩子，而是照顾了我们自己的情绪。

充满指责的语言和指令是主观的，是父母一方的看法，所以听话的人会不同意或不服气。这样做会把孩子也带到家长的情绪中，孩子想的是如何才能尽快终结父母的情绪，而不是关注事情怎样才能做好。

世界上最难改变的就是自己。

世界上也只有先改变自己，才能改变周围的人及事。

关于家长如何调整情绪，我在后面会介绍适合亲子共做的活动，在这里我想告诉家长把握一个原则：不要在自己有情绪的状态下，去处理孩子的问题。否则结果一定不是自己想要的，会变得更加糟糕。

为负面情绪找到一个宣泄口 丈夫在单位受了老板的训斥，回家一推门就开始埋怨太太的饭还没有做好，做的不可口；太太被无名火搞得难以下咽，开始教训孩子怎么不乖、不听话；孩子被骂后，无处撒气，怎么办？看到了宠物狗，给它两脚；可怜的狗只能去咬拖鞋了。

负面情绪总是要找一个“出气筒”宣泄的，当你看到伴侣或孩子为某事大怒的时候，不要感到奇怪和不解，不要去解释：我没惹你呀！给他一个宣泄的机会吧，释放出来总比压抑要好多了。当负面情绪得到宣泄以后，沟通起来就会容易得多了。

2.4.5 释放负面感受和情绪的方法

每个人都有一个装着负面感受和情绪的瓶子，就像神话里的魔瓶，有人的瓶子很容易打开“盖子”，一旦打开还很难盖上，从瓶子里漂浮出来的是被施了咒语的妖怪，而且一旦瓶子里面装多了还会盖不上盖子。许多人不清楚自己的内心感受，不懂得如何处理自己的情绪，尤其中国人不愿意与别人谈论自己的情绪感受，所以，面对负面情绪的出现无能为力，尤其孩子更是如此。请妈妈与宝宝共同来学习及时梳理负面感受和情绪的方法，重新快乐起来，及时将瓶子里的东西倾倒和释放出来，而不是压抑它。

呼吸调节法 人的一呼一吸承载着生命的能量。在情绪不安、紧张，甚至恐惧时，深深地吸一口气或大口地吐一口气，可以缓解或消除这些情绪。呼吸让人们的意识和无意识系统之间有了沟通。主动、自主的调节呼吸，可以达到排除干扰、稳定情绪的效果。

➢ 来到花园或草地里，请孩子闻一闻花香、草香，带领孩子深吸气，吸气的时候默数“1、2、3、4、5”，呼气的时候默数“5、4、3、2、1”，重复几次，会让孩子感觉放松。

➢ 摘下一朵蒲公英，使劲的吹散它的种子，让这些“伞兵”飞到远远的地方。一吸一吹可以释放压力。

➢ 躺在洒满阳光的草地上，软软的、暖暖的，听着音乐，呼吸着负氧离子，愤怒、烦恼全都会荡然无存。

➢ 屋里点燃一些令人放松的香薰蜡烛，会让人感觉放松。

ABC 育儿技巧

腹式呼吸很神奇

科学家们研究发现：人的肺其实有两个足球那么大，但大多数人在一生中只使用了其中的三分之一。宝宝刚出生的时候采用的是腹式呼吸，所以在宝宝睡觉的时候，我们可以看到小肚子一鼓一瘪的，但人从学会行走后就基本采用胸式呼吸了。腹式呼吸时横膈膜会上下移动。由于吸气时横膈膜下降，把脏器挤到下方，因此肚子会膨胀，而非胸部膨胀。相对的，吐气时横膈膜将会比平常上升，从而可以进行深度呼吸，吐出较多易停滞在肺底部的二氧化碳。腹式呼吸能有效地增加身体的氧气供给，使血液得到净化，肺部组织也能更加强壮。腹式呼吸可以调整心、肺的

节律，从而增强心肺功能。

运用小伴侣练习腹式呼吸。选择孩子喜欢的、体积较小、重量较轻的小毛绒玩具，小玩偶作为“呼吸小伴侣”，做腹式呼吸练习时，把它放在肚子上，既能帮助孩子理解呼吸过程中腹腔涨起和下降的变化，同时增加活动的趣味性。

1．妈妈与孩子平躺在床上，双手双腿放平，没有交叉，找一个大小适宜的毛绒小玩具，平稳的放在肚脐上。

2．播放轻柔的音乐，音量适中偏小，最好是孩子喜欢的、熟悉的，有大自然音效的，如水声、鸟鸣，瑜伽音乐也可。

3．妈妈用轻柔的语言引导孩子，吸气时让肚子上的小玩具升起来，在最高的位置停一下，然后慢慢地呼气，让小玩具渐渐地落下来，落到最低点，停顿一下，再反复进行。

4．为了让小玩具不掉下来，可以让孩子双手轻轻搭在肚子上，这样既起到扶着小玩具的作用，同时也让孩子的双手感觉呼吸时肚皮起伏的变化过程。

练习时间的长度可根据孩子年龄、性格的不同，有所调整、循序渐进。一般来说，腹式呼吸适合在晚上洗澡后或睡前进行，能够帮助孩子慢慢进入梦乡。

也可以在练习后，与孩子分享刚才的感受，例如，听到了什么？想到了什么？自己感觉怎么样？

专注力调节法 人的注意力是有限的，当把注意力锁定在一些特定的有益目标上时，就自然能够忽略那些次要的、有害的事物。专注力调节法就是指用专注的精神、平和的心境将负面感受驱逐出境。眺望远方，欣赏开阔的世界，会让孩子身心开阔。与呼吸调节法结合使用，效果更佳，让孩子学会调节自己的情绪情感。

可引导孩子将注意力转移到以下方面：

- 让宝宝观察清晨晶莹的露珠在小草上滚动舞蹈。
- 聆听虫儿婉转的低鸣与鸟儿啾啾的歌唱。
- 寻找潮湿泥土中蚯蚓蠢蠢欲动的身影。
- 检阅池塘边小蝌蚪浩浩荡荡的队伍……
- 让孩子专注的玩串珠、玩插塑玩具。
- 把卫生纸撕得粉碎，然后贴在蓝色的背景纸上，粘出一幅雪天的美丽景色。
- 登高望远，一览众山小的感觉，面向大海的感觉，顿然心胸开阔。
- 在大自然中为孩子架上画板，铺开大大的画纸，不再怕弄脏家里的地板，无拘无束地用粗一些的毛笔、水粉笔，或各种树叶粘上颜料，任由其涂鸦印拓、挥毫泼墨。

倾诉调节法　倾诉本身就是一种释放，当我们把负面感受和情绪无拘无束地说出来，负面感受和情绪就已经释放大半了。因此，我们还可以鼓励孩子表达自己的心情，如果宝宝偏小，还不能独立表达，那么爸爸妈妈也可以代替其表达心情。

- 在孩子的眼中一切事物都是有生命的，一花一草，一树一石，无一例外。可以让孩子面对它们倾诉内心的不悦，表达自己的愿望。
- 妈妈可以带着宝宝去摘一朵野花，每摘下一片花瓣，就说出自己的一个愿望。

- 还可以找到属于自己的一株植物，把它当做倾诉角，每当遇到烦恼时，就向它表达心声。
- 拾起地上散落的花瓣，把它们抛向空中，顺势大喊："不愉快都跑远啦！"

肢体调节法　当生气愤怒的时候，情绪的力量会积聚在肌肉里，这时，剧烈的运动能够消耗这些力量；当难过害怕时，情绪会带走身体中原有的能量，让人绵软无力、无精打采，这时，亲子间亲密的肢体接触能够为孩子补充能量。肢体调节法就是让运动改变心情，用肢体去聆听孩子的心声。

- 面向高山、大海，大声呼喊："我来啦！"释放自己压抑的情绪。
- 伴随欢快的音乐，尽情地跳舞，大声地唱歌。
- 带宝宝在草地上尽情地奔跑，与爸爸踢足球，与妈妈抛沙包，与宠物抢飞盘，将负面感受燃烧耗尽。
- 让孩子把暂时的不愉快画下来或写下来，然后撕碎，扔到垃圾桶里，并欢呼：我把烦恼扔掉了！
- 用温和的眼神凝视孩子清澈的眼睛，用温柔的手掌抚摸孩子的头或脊背，把孩子抱在怀里轻轻的、有节奏的晃动，用你稳健的心跳、宽容的胸怀、温柔的手掌告诉孩子，有你在他身边，不用担心。
- 如果宝宝一时不愿意接受亲密的动作，我们可以和他肩并肩紧挨着坐在一起，还可以一家三口手拉手幸福的漫步在桃花树下。
- 让孩子在澡盆里泡一个澡放松身心，玩玩水里的玩具，玩玩喷水枪。
- 吃一顿爱吃的美食。

家庭延伸

要想学会有效的调节情绪，首先要觉察和关注自己的情绪变化，在此，我介绍两种记录情绪的好办法：

表情娃娃（适合2～5岁的宝宝）

目的：培养宝宝自我觉察情绪的能力。

材料：家长准备多个表情图，哭的表情——悲伤；笑的表情——高兴开心；皱眉的表情——发愁、不开心；发怒的表情——生气、愤怒；宝宝的照片。

方法：当家长觉察孩子有比较明显的情绪时，积极的或消极的情绪都可以，请孩子找出能代表自己此刻情绪的表情娃娃贴在自己相片的下面，引导孩子用语言准确的表达自己当下的情绪。

四种表情图片

我的情绪曲线（适合6岁以上的宝宝）

目的：了解情绪是在不断变化的，可以自己来调节、控制、改变情绪。

材料：空白坐标图，横坐标是时间线，纵坐标是情绪指数，1代表生气、愤怒；2代表有些不太开心；3代表平静；4代表比较

高兴；5代表非常高兴

方法1：让孩子在不同时间点（可以是一天内不同的时间，也可、是每天同一时间）的对应位置上标注自己的情绪指数，一天结束时将每一个点连接，这样就发现情绪的波动，情绪的变化。

方法2：对比和调整情绪。在标注生气、愤怒的情绪指数以后，及时采取减压活动，然后再次标注情绪指数，以引导孩子观察情绪曲线有没有变化。帮助他们了解情绪自我调节的作用。

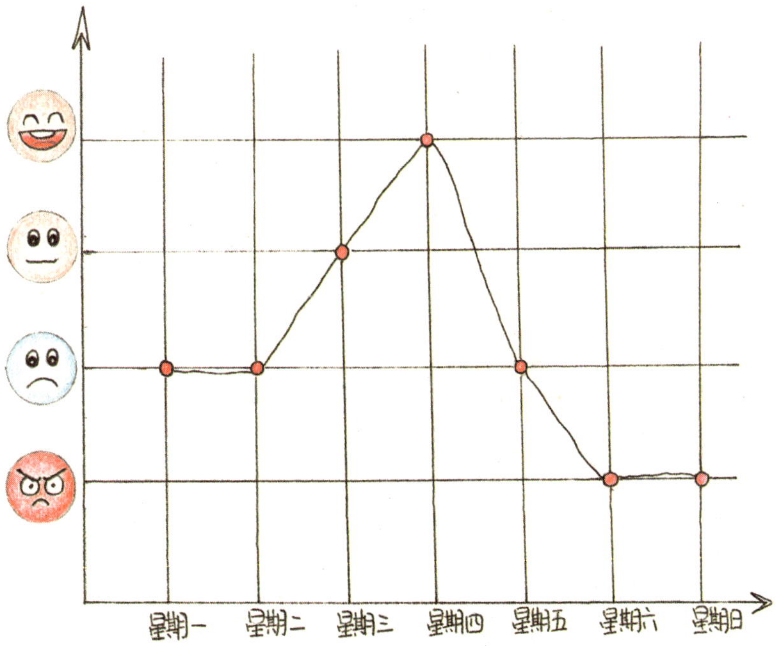

表情曲线图

3 “我”的发展

专家箴言

自信来源于能力，能力来源于经验，经验来源于体验。

心灵成长不能提速！

相信孩子，解放自己。

批评看事物，赞赏看眼睛。

培养情商第一课，学会等待。

3.1 心灵成长不能提速

每一孩子就像一颗神秘的种子，

养育孩子更像是生态化种植的农业，

而不是标准化生产的工业。

家长需要准备好培育适合自己孩子的“土壤”，了解“种子”的不同属性、掌握播种、施肥、除草、杀虫的时机才能收获丰硕的果实，因材施教的同时也要做到因时施教，在种子自己生根、发芽、开花、结果的时候助其一臂之力。

培养孩子自我成长的过程就像大树生长的过程，自信自尊、独立自主、敢于负责、面对困难积极乐观、充满激情、思想灵活而坚毅等等与自我相关的优秀的品质，如同大树的树叶、果实、花朵一样，成为大树闪亮的部分。

有一些少年大学生，天资聪慧、学业成绩优异，年纪虽小，便提前升入大学，另人羡慕不已。但他们却不能独立料理自己的生活起居、难以融入群体、在处理人际关系方面表现幼稚、不能正视学业成绩的起伏，产生很多心理焦虑和困扰，影响学业、事业的发展，还有个别人中途辍学，甚至出现反社会的行为，让含辛茹苦培养他们的父母感到挫败与痛心。一个人知识可以从头来读，但是一个人的身心发展到一定程度了却不能退回去从头再来。无论孩子智力是否超常、学习成绩怎样，培养人，就要培养一个身心健康的人。让他经历心灵成长的每一个阶段吧！欲速则不达。

每一个孩子长大成人的过程，都会伴随着层出不穷的惊喜、惊险与惊奇，让父母们目不暇接。“有了孩子就有操不完的心”、“不同时期有不同操心的事儿”是父母们的共识。孩子的成长有规律可循，但孩子就像树叶一样存在着差异，“世界上没有两片相同的树叶”，问题的背后就是成长的需求。

3.1.1 自我是怎样形成的

面对“我是什么样的人”的提问，成年人会回答：我是诚实的、友善的……我是个急脾气、我是个慢性子……我是学生、医生……甚至还会罗列宗教信仰、健康、道德观念等，这些令人难以捉摸的概念统称为自我。

精神分析大师梅勒（Mahler, Pine & Bergman, 1975）把新生儿比作蛋壳里的小鸡，无法从环境中分化出自我，需要从抚养人那里获得满足和认同。

2个月大的婴儿通过吸吮手指、挥动手臂，初步感知到自我的存在。对9～24个月婴儿做一个非常有趣的红点测验，就是让母亲悄悄的在婴儿鼻子上点上红点，抱她到镜子前，研究婴儿自我再认。年龄小点的婴儿对镜子里的自己反应跟看见其他伙伴一样，18～24个月婴儿才会明显意识到自己脸上的异样，去摸自己的鼻子，这时候他们才知道镜子里的小孩就是自己。

孩子会无条件的接受刺激、吸收信息 过去人们常常把婴幼儿比喻成可以任意描绘的白纸，但越来越多的教育家认为，这种说法虽然形象地描绘了孩子具有吸收性心智的特点，但也忽视了孩子天生的气质倾向。我个人更喜欢把孩子比喻成一扇没有安纱窗的窗户，对于外界的刺激和信息，他们会不经过滤、筛选，全盘吸收。我们向他们表达的所有“事实”，无论是我们希望他们学习的，期盼他们能够学会的，还是我们无意间表达的，希望他们避免的，孩子都会照单全收。如果留下的是美好印记，孩子将终生受益；相反，涂抹与修改也会留下印记，修复的痕迹是难以掩盖的。

童年的经历如同雕刻刀一般在孩子幼小的心灵留下痕迹，父母们怎样雕琢这块璞玉呢？雕刻家要会提前估测玉石结构，根据玉石特点去下刀，每一块玉石不一样，雕刻家设计的造型也会有不同，并且一个技艺高超的玉石工艺师，可以利用好玉石中的瑕疵把它变成画龙点睛之笔，如鸟兽的眼睛和嘴。此时期形成的品质将伴随孩子的一生。

3.1.2 安全依恋关系预测孩子未来

在生命的头一年中，婴儿和与自己亲密接触的人形成了情感纽带，这种依恋是一种双向的关系。2岁前形成良好的依恋关系可以建立安全感，对儿童自我概念的形成，成年后的社会能力、智力有着预测作用。

人见人爱的宝宝本来对任何人都微笑，谁抱都可以。可是在6~8个月期间，他就不再接受随便什么人的拥抱，对所有不属于亲近范围的人都板着小脸，无忧无虑的笑容变成了不安和焦躁。从早到晚黏着妈妈，10个月大的奇奇每当看见妈妈穿上外衣拿起包准备出门，他都会不满甚至哭闹。15个月大的萱萱只要看见妈妈一离开，会追着妈妈到门口，呜咽着恳求不要把她留在家里，这种现象叫分离焦虑，14~18月达到了顶峰。

心理学家安斯沃斯（Ainsworth）对1~2岁婴儿与其父母或其人家照料人的依恋安全性进行测量，又称陌生情景的测验，包括3个连续的情景环节：自然情景中，有玩具时妈妈（照料人）与婴儿的互动，实验人员观察婴儿是否将妈妈作为探索的安全基地。然后，妈妈暂时离开，陌生人进入，此时观察婴儿对与妈妈分离的反应，以及在有陌生人在时的反应。最后妈妈返回，观察婴儿与妈妈重聚时的反应。如此反复循环8次，每个环节3分钟。

研究表明，依恋类型可分为安全型和非安全型两大类共四种：安全型依恋大约占1岁的宝宝65%，表现为妈妈在时宝宝会独自游戏，妈妈离开后有明显的不安，妈妈返回时，他们有温暖的回应，如抱抱等身体的接触，妈妈在场，对陌生人没有排斥反应。其中非安全型又有三种：抗拒性占10%，这类孩子紧紧的靠在妈妈身边，妈妈离开时他们会相当的压抑，妈妈返回时他们会表现的很矛盾，他们既想接近妈妈，但还在生气又不愿意让妈妈靠近；回避型占20%，他们同妈妈分开时很少表现出抑郁，甚至当妈妈主动逗引时他们仍然很冷漠，妈妈来与走无所谓；混乱型占5%，他们奇怪的混合了抗拒型和回避型两种模式，当母亲回来时，这些婴儿看起来不知所措，对于是否接近表示犹豫不决。

安全型依恋关系的深远意义　美国著名心理学家安斯沃斯根据长期的跟踪研究提出，在12~18个月建立了安全型依恋的婴儿2岁时有更好的问题解决能力，有更复杂和创新性的游戏，爱笑、爱交流、积极情感多，烦躁、愤怒、哭闹的消极情感较少，在同龄人中受欢迎。而混乱型的婴儿到了学前期和学龄期表现出更多的敌意和攻击行为，从而被同伴

排斥。这种负面的行为和情绪会导致孩子产生交往与学业上的挫败感。

不要放弃养育孩子的权利 生活中常出现类似的案例：我妈妈跟我讲她在我哥哥13个月大的时候去搞社教，一去就是半年，见不到孩子，等回来的时候，哥哥根本不认识她，那时的妈妈梳着两根长长的麻花辫，哥哥却喊她姐姐。哥哥成人后做的第一个选择就是去了离家千里之外的深圳，在那里工作生活安家落户至今，他也很爱妈妈和爸爸，但是在与妈妈的交流沟通中始终隐藏着不和谐之音。

还有一个远房亲戚，我叫她大姨，一共有三个儿子，她生下老大后总是生病，于是把大儿子给了亲戚帮忙照看，孩子长大到6岁时回到原生家庭，但与母亲总是有些隔阂。而今这位大姨已经近八旬，大儿子照顾她付出的最多，她都不理会，还总是挑剔，三儿子只是做做表面文章，她却赞不绝口。

今天，随着时代的发展，人才流动是常态，但是也造就了庞大的留守儿童队伍，他们心灵深处的缺失是难以填补的，我们不能改变现实，但我们可以改变自己，尽力去做我们能够做到的。

育儿技巧

与孩子建立良好的依恋关系

我们可以从以下几个方面与孩子建立良好的依恋关系：

1. **家长要敏感并负责任的照顾婴儿。**父母对婴儿要及时的、积极地关注，在生理方面给予1岁以内的婴儿充分的满足，让他们感觉自己生长在安全的地方，获得安全感，感觉到“我是可爱的”。在这样环境里长大的孩子，会信任他人。如果缺乏这种满足感，长大后容易形成偏执的性格倾向，时刻需要一个依赖的对象，需要别人的照顾，不信任他人或过分地需要别人的夸奖。忽视、过度武断和不一致的抚养行为，会让婴儿产生“我不受欢迎，我讨人嫌，我一无是处”的感觉，容易形成非安全性依恋。

2. 和谐家庭环境能够增加安全感。紧张的、不和谐的夫妻关系也会导致非安全性依恋。

3. 请包容婴儿的“不懂事”，不要出口伤人。婴儿的气质类型会影响照料人的情绪，照料人又将情绪带入与婴儿的互动中。如淘淘是一个困难型气质的孩子，表现活跃、易怒、生活没有规律，白天晚上睡颠倒，哭闹时难以安抚，这让大人很疲惫很烦，于是产生负面情绪，大怒、大声斥责又让孩子的情绪和行为表现的更加烦躁，从而进入恶性循环，影响了依恋的质量。家长在生气时，坚决杜绝说“再不听话，我就不要你了！”“把你扔出去！”这些语言会让孩子产生紧张、焦虑情绪，虽然不良行为有了暂时的缓解，但大大影响孩子对安全感的建立，对父母的信任。

4. 接触陌生人时要顺其自然。既不勉强孩子迅速表现出亲近行为，也不刻意回避与陌生人接触。

5. 别让自己过度依恋孩子。很多父母在孩子出现分离焦虑的时候抱怨孩子过度依恋自己，其实依恋是一种相互的关系，婴儿对父母产生依恋的同时父母也对孩子产生了依恋。例如，许多孩子上幼儿园的初期，妈妈们焦虑不安，孩子在幼儿园里面哭，妈妈在外面哭，送孩子后一步三回头，总是在担心孩子吃饱没有、睡午觉没有，甚至中午饭都吃不香。妈妈对孩子过度的依恋也会让孩子形成不安全的依恋关系。

6. 多抽出时间陪伴孩子。3岁前不建议上全托幼儿园，如果孩子由长辈照看，晚上和周末父母尽量自己来照顾和教育，与孩子多沟通。异地工作的父母也要利用好网络、电信等手段，及时地与孩子沟通，与孩子间建立有效的链接，让孩子感到来自妈妈、爸爸的温暖。

7. 诚实面对孩子，信守承诺。当妈妈有事外出，千万不能偷偷溜走，而是要如实告知孩子外出原因，以及何时归来。不用说几小时，因为孩子听不懂，但可以以孩子的生活节律为标准，比如，告诉孩子“妈妈在你吃晚饭的时候/洗漱准备睡觉的时候/做游戏的时候回来”。而且一定要信守诺言，言出必行。

家庭延伸

提高孩子安全感的亲子游戏

安全感，是亲子情感关系的纽带，是一切人际关系的基调。真正有安全感的孩子能够坦然面对分离，不会对妈妈的离去死缠烂打或无动于衷，因为他们相信，妈妈一直都爱自己，妈妈只是暂时离开自己，不是抛弃自己，到了一定的时间，妈妈还会再回到自己身边。

与宝宝一起玩游戏，模拟分离的场景，让宝宝慢慢适应妈妈短暂离开，逐步提高安全感。

1. 1岁以内的宝宝，玩开门关门的游戏。妈妈和宝宝面对面对视，妈妈将双手手掌横放在两人面部中间，当做一扇门，当门关上的时候，宝宝看不到妈妈的脸，当门打开的时候，宝宝会再次看到妈妈的脸。根据实际情况，妈妈可以逐步增加关门的持续时间。

2. 1岁以上的宝宝，玩捉迷藏的游戏。妈妈和宝宝轮流当藏起来的人。游戏的重点不在谁能最快找到对方或谁能躲到谁也找不到的地方，而是让宝宝反复体验躲藏、等待、寻找过程中的不同感受，比如紧张、害怕、担心、高兴等等。

3. 2、3岁的宝宝，玩模仿游戏。可以让宝宝带上妈妈的围巾，提着妈妈的手提包，扮演妈妈上班去或外出购物去。妈妈可以根据宝宝的表现推测孩子对上班、外出的理解和猜测。妈妈还可以根据宝宝平时存在的问题加入具体情节，比如，模仿宝宝的语言和动作说出宝宝的心思“我害怕妈妈再也不回来了”“没有人陪我玩太无聊了”“我想去看看妈妈单位什么样子”“我真羡慕妈妈，能每天穿得漂漂亮亮去上班”，也可以演示如何应对这些情况，比如怎样自己安慰自己，怎样寻找有趣的游戏玩等等。

3.1.3 说“不”，自我概念的萌发

北京师范大学心理学教授陈会昌自1995年开始，历时15年，追踪208名北京儿童的成长历程，总结出“两颗种子”的概念。陈教授研究发现，每个孩子身上都有两颗种子，其中第一颗是自我控制力，也就是我们常说的听话、守纪律，做别人让你做的事情；另外一颗就是个人主动性，指的是内在兴趣、内在动机，自发性，首创性，做自己想做的事

情。如果这两颗种子能在一个孩子身上茁壮而均衡的生长，那么这个孩子就能和谐发展。

如果将两颗种子分别作为横纵轴，会出现四种发展结果，高自控、高主动的孩子是和谐发展的理想型，遗憾的是由于种种原因，在现实生活中这样的孩子比较少；高自控、低主动的孩子是对他人言听计从的小绵羊；低自控、高主动的孩子是无法无天、让人头疼的破坏大王；低自控、低主动的孩子是无所事事、心不在焉的游手好闲型。

美国著名心理学家艾里克森认为，在1～6岁期间，人的发展经历了两个重要阶段，如果两阶段过渡良好，那么孩子将形成自主、主动的积极品质，如果过渡不好，孩子将会怀疑自己、感到羞耻，产生害怕自己给他人带来麻烦的内疚感。

1～3岁是自主性发展的重要时期 在此期间，孩子的运动能力得到很大发展，能够越来越熟练的支配自己的身体，也逐渐有自己的意愿和想法。常常说“我”、“我们”和“不”。此阶段也是宝宝人生第一个逆反期，和1岁前的好脾气、小可爱反差很大，让人感觉“有主意”、“拧”、“倔强”，亲子冲突迅速加剧，让爸爸妈妈烦恼不已。

很多爸爸妈妈反映，这个年龄阶段，如果是宝宝不想干的事情，怎么说都没有用，夸也不行，甚至打也没有用。

妈妈怕1岁7个月的宝宝拿不住水杯，不许宝宝站着喝水，只让宝宝坐着喝水，宝宝就生气，把水杯一甩，就走了。妈妈怀疑是不是逆反期出现了。

妈妈发现“转移注意力”这招对2岁的宝宝越来越不好使了。原先如果宝宝特别想要某种东西，妈妈只要拿个更有意思的东西逗引，很快就能把宝宝的注意力转移过去，但是现在宝宝会先被新颖事物吸引，没多久就又会回到原来那个要求上面。

2岁2个月的宝宝老不穿袜子，光脚在地上跑。妈妈说："不穿袜子会感冒。"也威胁过："你再不穿袜子，妈妈就不跟你玩了。"姥姥还为此打过宝宝的脚。但是宝宝还是不穿，大声喊"不会感冒！"，或干脆装着听不到。

简单的说，宝宝就是希望按照自己的心意决定和自己相关的事情，既包括吃喝拉撒等日常事务，也包括那些爸爸妈妈让自己做或者不让自己做的事情。

一个2岁多的宝宝，上亲子课时到前面取教具，想退着走回妈妈身边，结果坐到别人的妈妈怀里，第二次又发生了同样的事，惹得教室里的妈妈们开心的大笑，孩子表现得非常不好意思，以后再也不愿意进教室了。这个案例中的宝宝本想倒着走也能回到妈妈的怀里，给大家一个出色的表现，结果两次失败，遭到大人们的"嘲笑"，所以感到非常的羞愧和沮丧。

如果孩子能够独立的照顾自己的衣食起居，按照自己的心意完成和自己相关的事情，那么孩子就会相信自己的能力，相信自己有能力控制自己、把事情做好，逐渐独立起来。反之，孩子就会怀疑自己的能力，不相信自己能够控制自己，也不相信自己能够控制事情的发展，并因此感到很羞耻。

2岁左右孩子进入人生的第一个反抗期　孩子从学习如何控制自己的生理机能，到探索身体的能力及限制，比如，控制大小便也是发展自我的一个关键能力。如果有家长的支持，受到尊重，他会获得一份自主的感觉，有自己可以控制局面的感觉，觉得自己对周围有一份影响力。有的孩子当要求得不到满足时，用"哭闹"、"满地打滚"在与成人抗争，

去争取自己的权利，也是示威给成人看看“我的影响力”。

开始，孩子们从父母的嘴里发现了这个简单但是带有权利的词——“不”！于是他们对想做的、不想做的事情都用“不”来回答，每天说的最多的一个字就是“不”，以前自己明明会的本领也开始说“不”，洗手？不洗。吃水果吗？不吃。甚至连自己都能够控制的大小便，也出现反弹，偶尔要尿到裤子里，给你找点麻烦。

姥姥不让宝宝玩手机，可宝宝会顶嘴说：“我不，就玩！”姥姥只好和宝宝商量：“就玩5分钟啊？”如果宝宝情绪比较好，还好说，如果碰上宝宝不高兴的时候，就会小嘴一撇，说：“不，我还想玩。”姥姥劝：“不能老玩，要不眼睛就瞎了，宝宝最乖了。”宝宝就会故意唱反调“我不乖”，表示对姥姥的反抗。

“不”是对自我的强烈确认；“不”是对自我意愿的深刻表达。我能自己站、自己走、拿到自己想要的东西，我要摆脱你们的束缚，自己决定自己的事！孩子的自我意识就在此时觉醒了。

3～6岁是主动性发展的重要时期 简单的来说，孩子有了自己的愿望和追求，希望通过努力能够达成自己的愿望，也希望通过自己的努力影响他人。虽然孩子非常希望自己像成人一样，但是想做的事情往往会超出自己的实际能力。所以很可能出现“认死理”、“帮倒忙”、“瞎搅和”、“调皮捣蛋”、“弄巧成拙”等现象。如果孩子经过努力能够部分或完全达成自己的愿望，距离成为一个有梦想、有目标、有追求的人就近了一步。反之，如果孩子的愿望和努力被成人忽视，或只得到成人的嘲讽、否定，那么孩子也会慢慢失去做梦的能力，以及追求梦想的能力，不相信自己的目标和梦想是有价值的，自我否定，变得束手束脚，宁可按照成人的吩咐，在划定的范围不敢越雷池半步，以免他人带来麻烦，给自己带来挫败感。

若孩子在这个成长阶段中得不到家长的鼓励，经常受到恶意的批评和嘲笑，容易产生羞愧和惭愧的感觉。长大成人后可能经常觉得自卑，觉得自己无用、不可爱；需要依靠别人；经常做出不恰当的道歉；不知道自己要什么；不能拒绝别人的要求，害怕有新的经验，害怕面对别人的愤怒。

育儿技巧

巧妙应对孩子说“不”

越来越多的家长知道，第一个反抗期是孩子发展自主性和主动性的重要阶段，管多了怕打击孩子的主动性，管少了又怕孩子变得无法无天，恣意妄为，所以面对以“不”为口头禅、和自己“对着干”的宝贝，感到非常头疼。这时，建议家长们既要尊重孩子说“不”的权利，也要让孩子了解说“不”的义务和结果。

1. 不要和孩子说反话。有些家长使出权宜之计，故意和孩子说反话，让孩子落入圈套，最终遵从自己的意愿。这样做，也许能暂时达到目的，但是后患无穷。一方面，孩子非常聪明，几次之后就会识破家长的小伎俩，发现自己上当受骗，会感到异常气愤，从而更加强烈的反抗，或者学着以其人之道还治其人之身，让亲子沟通变得更加曲折和艰难。另一方面，这种做法没有把孩子的注意力引导到评估事件本身的现实性和价值上，没有给孩子思考和建立内在评价标准的机会，更没有发展孩子根据思考结果自我约束的能力。这种做法只能将孩子的注意力转移到是否在对抗中获得胜利上面，以僵化而刻板的态度，为了坚持而坚持，为了说“不”而说“不”。

2. 换位思考，反思指令。很多家长以为自己已经足够了解和尊重孩子，对孩子的要求都是为了孩子好，其实并不然。就像前文提到的，妈妈为了怕孩子拿不住水杯让孩子坐着喝水这个例子，乍看上去妈妈是为了保护孩子，让孩子万无一失的喝到水；但另一方面，妈妈也怕孩子把水杯摔坏，把水撒得到处都是，为了避免这些麻烦从而要求孩子以唯一的、最把握的方式喝水。真正理解和尊重孩子，就要站在孩子的角度上思考问题、尊重孩子的正当需求，就要分清楚自己对孩子的指令到底是为了孩子还是为了自己。家长不要为了图自己方便，为了维护家长的脸面和权威而限制孩子，忽略孩子的正当需要。

3. 多出选择题。在这个时期，尽量不要和孩子说“你现在必须这样做，你做还是不做？”而是告诉孩子“你可以现在做也可以5分钟以后做/你可以这样做也可以那样做，你想选择哪种？”尽量给两个答案供孩子选择，而且这两个选择都是安全的，都符合亲子双方的需要。比如，宝宝拒绝洗手，妈妈可以准备两种洗手液或两种香皂供选择；宝宝拒绝穿衣服，妈妈可以同时拿出两套保暖度相近的供孩子选择。

4. “不”是权利和义务的混合体。告诉孩子，可以说“不”，但是需要承担说“不”的后果。当孩子不理会妈妈的建议，坚持用坐着以外的姿势喝水时，妈妈可以告诉宝宝“妈妈很担心宝宝会把水弄撒，如果弄撒了，宝宝要帮妈妈擦干净。”当宝宝真的把水撒到地上，妈妈给自己和宝宝取两块抹布，一起擦干即可。此外，当宝宝说“不”影响到习惯养成，或对自己及他人造成危害的时候，家长需要履行管教的责任，进行干预。

孩子反复说“不”是在家长面前强调“我的存在”，家长一定不能跟孩子对抗，否则战火会逐渐升级。家长可以非常冷静地说：“我听见你的回答了。你想做……”只是听见，没有评判是对是错。用语言将孩子引导向正确的行为，给孩子一个具体建议，并不是“你要按照我说的做”。对孩子强调的不合理的“不”采取淡化的态度，回答“哦”或“我知道了”就可以了。

家庭延伸

育儿手记

记录人：________　　**记录日期：**________

请简要回答以下问题：

近半个月中，孩子经常对哪些事情或要求说“不”？

____

____

请选择其中一件按下文逐条分析：

请站在自己的立场思考自己的需求和感受：

____

____

请站在孩子的立场思考孩子的需求和感受：

____

____

请分析孩子说“不”是否会对自己或他人造成实质性的、具体的伤害？如果有，这种伤害是什么？

____

____

在这个具体问题上，孩子可以得到尊重的正当需求是什么？孩子需要接受管束的具体行为是什么？

____

____

所以，我们可以对孩子说：______________________

____

请想一想，除此之外，是否还有更好的引导方法？（请参见第五章合作相关内容。）

____

____

3.1.4 自我控制从学会等待开始

如果说两颗种子中那颗个人主动性的种子在说“不”中萌芽，那么另一颗自我控制力的种子则在学会等待、在懂得延迟满足中发展起来。

有趣的糖果实验　美国斯坦福大学经典的糖果实验是这样的：实验者发给4岁被试儿童每人一颗好吃的软糖，同时告诉孩子们：“如果马上吃，只能吃一颗；如果等20分钟后再吃，就可以得到更多。”有的孩子急不可待，马上把糖吃掉了；而另一些孩子则耐住性子，有的闭上眼睛或头枕双臂做睡觉状，也有的孩子用自言自语或唱歌来转移注意消磨时光以克制自己的欲望，从而获得更丰厚的回报。

研究人员在十几年以后跟踪这些孩子发现，那些能够为获得更多的软糖而等待得更久的孩子要比那些缺乏耐心的孩子更容易获得成功，他们的学习成绩要相对好一些。在后来几十年的跟踪观察中，发现有耐心的孩子在事业上的表现也较为出色。也就是说延迟满足能力越强，越容易取得成功。

不同程度的满足大有学问　人类欲望的满足情况，可以分为几种：延迟满足、适当不满足、超前满足、即时满足、超量满足。随着物质生活的大幅度提高，今天许多父母要么给宝宝“即时满足”、要啥给啥，要么“超前、超量满足”。

我认识的一位爸爸，给儿子买了三辆可以驾驶的电瓶小汽车，每台近2000元。我问，为什么买三辆？他说电瓶车是孩子的最爱，但是隔周周末要分别去姥姥家、奶奶家，因为电瓶车太大，不方便带来带去，孩子玩不到非常不高兴又哭又闹，所以一狠心一下买三辆，走哪里都有的玩儿。

家长的举动是缓解了孩子的哭闹，试想未来的时间里，家长是否总能在第一时间满足孩子的全部愿望？“超前满足”是愚蠢的行为；“超量满足”则是浪费的举动。家长在心理上认为宝宝小，现在我们有这个条件，宝宝有需要一定要满足他，不能苦着孩子。请父母们千万不要忽略，经常的“即时满足”，对孩子是无益的，有时甚至是有害的。宝宝想要什么，父母马上给予，经常处在这样的情况下，父母的动作稍慢一点儿，宝宝就大呼小叫，性格急躁，缺乏耐心。今后做事情容易有始无终。宝宝无法感受幸福，对很容易得来的东西不知道珍惜。

好的教育提倡“延迟满足”和“适当不满足”。适时的学会等待，目的要培养孩子自我调控的能力。某歌唱家16岁的儿子打人事件给广大家长上了很好的一课，有才华、有能力、有社会地位，什么都不缺就缺少了一点儿自我调控的能力。能够自我调控情绪是衡量情商高低的指标之一，可以帮助人更好的把握时机。

育儿技巧

学会等待

让孩子学会等待、接受“延迟满足”对发展孩子的自我约束能力、提高情商水平非常有好处，但并不是越严酷越好，而是需要循序渐进，结合生活实际自然而然的开展。

1. 0~1岁的宝宝，及时满足生理需要。1岁之内的宝宝，很小很娇弱，父母要尽量满足他们的生理及心理的需要。当宝宝实在无理，“延迟满足”要控制在以秒计算的时间内。最好不超过1分钟。如果时间过长，会让宝宝产生没有人关注我的错误观念，不利于建立安全依恋关系。

在行为探究方面，可以适当调整。这个年龄段的宝宝喜欢扔东西。一件小玩具，宝宝扔出去了，却又拿不到时，宝宝大喊大叫，让父母帮忙。妈妈可以一边说“宝宝，等一等。”一边去捡玩具，这样可以分散宝宝的注意力，然后停顿几秒后再递给宝宝。

2. 1～2岁的宝宝，体验中等待。宝宝想喝奶，但奶是刚从冰箱里拿出来的，太凉，他却有些迫不及待。您可以尝试着这样做："宝宝，你摸摸，奶太凉了，喝了会肚子疼，你等一等，温热了再喝。"果汁故意冲调的热一点儿，让孩子摸一下，热，等一下晾凉了再喝。

3. 2～3岁的宝宝，树立规则。2岁以上的宝宝，开始出现自我意识，他们也能听得懂大人讲的道理。"等"字的含义，他也基本明白。"延迟满足"的时间可以从几分钟延长至一二天。这时父母要有意识地带他多体验。带上宝宝去超市，当宝宝看到里面有那么多好吃的，禁不住想拿起来就吃。您可以试着这样说："宝宝，超市里面不让吃，只有妈妈付过钱，你才能打开包装吃的。你看这里面穿制服的叔叔，就是管着不让人随便吃的。"虽然宝宝还小，但对宝宝讲清道理，宝宝逐渐就会变得懂事，学会等待。

宝宝刚喝过一杯热奶，却又想要吃一支冰淇淋。可以跟宝宝说："宝宝，刚喝了热的，再吃冷的，他们两个该在你的肚子里打架了，肚子就会疼了。这样好不好，这会儿不吃了，晚饭后妈妈带你吃肯德基儿童套餐，还能有小玩具呢！"给宝宝一个更好的选择，但是需要等待。

4. 3～6岁，心中有他人，期盼美好时光。家人生日，餐桌上放着诱人的生日蛋糕。您可以尝试这样做："今天是爸爸的生日，咱们一起等爸爸下班回来吃。"然后和宝宝一起等一等。

孩子非常想要一件玩具，您可以说："等到过圣诞节的时候，妈妈送给你这个礼物。"

3.1.5 处理伙伴间冲突三字经

愤怒是人之常情，小伙伴间的冲突也是常态，作为旁观者的家长却常常烦恼不已，在“孩子被人打了心疼，孩子打人了内疚”之间纠结：

是用“武力”战胜对方，给他点“颜色看看”？

是教会孩子向成人求助，请成人来评判是非？

还是放手不管，让孩子在冲突中自我成长？

在现实生活中，恐怕没有比处理孩子之间的冲突更能考验家长平衡发展孩子身上自我控制力和个人主动性这“两颗种子”的智慧了。

如何教育才能让孩子在冲突中既能保障自己的权益，又能约束自己避免采用害人害己的暴力行动？这是一个值得家长们深思的问题。其实，冲突不完全是坏事，它可以促使家长和孩子进行多角度思考、学习沟通技巧，提高问题解决和与同伴交往的能力。

一段“孩子打架、家长助威”的视频引起了大家的高度关注。很多网友其实并不赞成视频中，家长通过“训练”孩子打架，让他们变得更加坚强的这种做法，但同时，他们又会担心，没有经过“打架特训”的孩子，在遇到暴力欺负时，会受到伤害。宝宝受到暴力欺负时，究竟是该忍受还是应该还击？家长该如何教育孩子应对暴力欺负？“腾讯网育儿频道”针对这个话题向我约了专家评论。

案例透视

盛夏季节，两名7岁左右的女孩和男孩不知为何双手抓着对方的脸和衣领，扭打在一起，正在摄像的成年男子不断叫喊着：“踹！踹他！……别跑，踹！打!……打服一个！”当小女孩第一次将小男孩打倒在地后，摄像的男子仍然在煽风点火：“起来，打她，你不是挺厉害的吗？怎么能让她打呢？”有些恼羞成怒的小男孩试图还手，被小女孩“飞踹”后裸露的双膝跪在水泥地上，痛哭不已。而成人却笑得很开心，还振振有辞：“爸爸小时候就是这么打出来、练出来的”。面对路人的质疑，这位成年男子的回答更令人咋舌：“不打不行，非得打服一个不行……打破就打破了，没事……这（女孩）是我姑娘、这（男孩）是我外甥。”

当大家质疑“怎么会有这样的家长”的时候，我们问一问自己：有多少父母不是以“我小时候……”的方法来教育孩子的？又有多少父母不是以“这是我生的孩子，我想怎样教育就怎样教育，谁也管不着！”的借口来“教育”孩子的。

父亲的本意是“教育”孩子“坚强” 这位父亲认为通过这种“训练”能让孩子变得“坚强”，以后遇到类似情况时，会踹，会打，会还手，直到“打服一个”为止。这种观念和做法很可能是这位父亲对以往生活经历的“总结”，并且屡试不爽。也正因为如此，遇到旁人的质疑，他才会依然自信满满。燕赵都市报记者随后进行跟踪调查了解到，视频中女孩的父亲为河北省任丘市一家饭馆的老板，来自内蒙古，他的教育

观明显受到地域文化和个人经历的影响，后来在河北创业开饭店，我们可以想象他曾经历了怎样的一番艰辛。

视频中被打男孩的妈妈看到视频虽然有些心疼，但也赞同妹夫的教育方法，“因为孩子从小性格懦弱，但是在和表姐一起长大的这些年中，性格有了很大的改变，现在班上已经没有人敢惹，有时候几个人都打不过他一个。”

这两位家长的态度和行为给孩子传递了这样的信息：面对冲突，“拳头”是最好的解决办法。动用武力能够快速把握主动、控制他人、获得利益。

没有常胜不败的将军，打赢的孩子就快乐吗？ 通过武力尝到甜头的孩子，这种观念和行为将会得到强化，并在以后类似的情况中“如法炮制”，习惯的使用武力来解决问题。

我堂弟的孩子，一个活泼的小男孩，今年刚上幼儿园小班，过了几个月见面，我问堂弟，孩子是否适应幼儿园的生活？堂弟苦涩地说：“真没想到，孩子上幼儿园不哭不闹，就是老师老找家长！”“啊？为什么呀？”“老师说，小宝总打人。我真没想到，我从小都是被欺负的，没想到我儿子还能打人，说实话，开始还沾沾自喜，后来发现儿子不爱去幼儿园了，怎么问也不说，他妈妈给他换衣服的时候发现后背青一块儿紫一块儿的，追问才说是个子大的小朋友打的。哎，山外有山呀！”

当遇到比他（或她）体力更强、下手更狠的人，和过去的成功经历相对照，孩子会感到更大的挫折。这种经历会打造一种“欺软怕硬”的孩子，这种孩子往往在群体中不受欢迎。即便是那些“常胜不败的将军”，也会由于伙伴们的敬而远之被孤立于群体之外，“不带你玩”、同伴的回避和疏离会让这类孩子感到寂寞和痛苦。

在这场厮打中，最终女孩取得了胜利，但从她的脸上没有看到一丝自豪和快乐，反而显得木然和不知所措。因为孩子也知道，这不是一场获胜者会得到嘉奖和表扬的体育竞赛，这实在是一次不光彩的经历。

我们的孩子“伤不起”！　虽然我们并不知道两个孩子冲突的起因，但在父亲反复“教导”下（“踹！你俩踹！……打!”），两个孩子从相互厮打到拳脚相加，战事不断升级，尤其在女孩“飞踹”失败、男孩爬起试图反击失败之后，两个孩子的情绪都已明显失控。人失去理智是一件多么可怕的事，今天只是拳脚相加，明天等到他们长大的时候，可能就会用上身边的“武器”。有多少夫妻在冲突中不仅限于口角，摔东西、相互扔东西，乃至升级到家庭暴力，变本加厉地伤害彼此。又有多少恶性事件只是因为一时的冲动，顺手抄起身边的“凶器”，不仅伤害了对方，自己也抱憾终生。

最终男孩失败了，在厮打的过程中，我们可以看出他的运动不是很协调，并且在面对攻击时更倾向于采用比较回避的态度（大哭）。在整个过程中，除了身体，他的心灵受到了更大的伤害：没有得到近在咫尺的亲人的理解和抚慰，会让他对亲近的人失去信任；“反击”之后依然失败，会让他对自己产生怀疑和鄙视；在已经罢手的情况下仍然遭到痛打，会让他对他人产生愤恨和敌意。如果以后类似的经历较多，男孩很可能对强势的人，尤其是女孩，采取回避和否定的态度，这可能会影响到他日后和女性的交往，甚至择偶。

在这场争斗中，只有两败俱伤，没有赢家。

要教孩子打架吗？　很多家长都有这样的疑惑：

“我从未教过孩子打人，可是他怎么就会打人，下手还这么狠呢？跟谁学的？”

“这个孩子真窝囊，怎么教也教不会！”

“孩子被打了、被抢了，只会呆呆的看着，也没什么反应，看着让人着急，但总不能教孩子打人吧？！”

“孩子很‘独’，什么都当成自己的，稍不顺心就又叫又打，不抢到手绝不罢休，教育了很多次也没用，让我很没面子。我该怎么办？”

孩子的行为是在生活中模仿周围的人，尤其是父母，并通过反复的实践获得的经验。我们常说：这真不是教出来的！

先静静的回忆一下你与配偶、长辈、亲属、朋友，及陌生人发生过的冲突，在生活中总是会发生各种各样的摩擦，也许是公共汽车上的无意踩脚、也许是开车在路上一次小小的刮蹭、也许夫妻之间的一次争吵、也许是单位同事不友好的态度……你会有什么样的反应？马上沾火就着，身体攻击、语言威胁、咒骂；还是息事宁人，装作没听见没看见、迅速回避、忍耐；还是做个说教者，与之雄辩讲道理，必须分出个谁对谁错……当你认清了自己的态度倾向和习惯，你会更加理解自己的教育倾向和行为。

12岁以前，孩子主要通过模仿周围的人尤其是家长的行为、根据家长的教导来解决冲突；12岁以后，孩子主要根据家长长期以来有意无意灌输的是非观念来作价值判断。如果他看到父母经常使用争吵、冷战，甚至武力解决家庭冲突，不仅让孩子感到痛苦，产生偏差观念，觉得连父母都是有敌意的，周围的人更不可信赖，还会让孩子有模仿不良行为的机会。而如果家长能够更多的采用沟通、协商、合作解决冲突，那么孩子也会受到正面影响。

今天的“受气包”就是明天的“窝囊废”？ 但在现实生活中，很多家长面对孩子之间的冲突往往反应过度，这主要是因为我们从成人的角度来推测和理解孩子的行为。在成人的眼中，“动手”意味故意攻击和侵犯。自己的孩子“动手”就是在“欺负人”；自己的孩子被“打”就是“受欺负”。有的家长见不得孩子受半点委屈、听不得孩子哭；有的家长觉得孩子“动手”会让自己难堪、或使孩子占不到便宜反而自己吃亏；有的家长将孩子几次的“受欺负”和“窝囊废”联系起来，害怕孩子将来不会成功。

一位妈妈工作较忙，平时都是请保姆来照顾2岁多的宝宝。一天，保姆带宝宝回到家，高兴地说：“咱家宝宝可厉害了！别的小朋友要是抢他玩具，他就咬人家！看到比他大的孩子我就上去说人家孩子，总之不能让咱家孩子吃亏。”

很多家长非常警觉，生怕自己孩子吃亏，尤其是保姆和老人更是如此，因为他们承担着一份责任，恐怕回家不好交代，一次又一次替孩子冲锋陷阵。迟早有一天，孩子将脱离父母的双翼，独自经历世界的风雨。社会提倡和谐，交往讲求共赢。我们不提倡用非“狼”即“羊”的二分法，我们提倡使用不伤害自己和他人、双方协商共同解决问题的方法来处理冲突。对于还没有是非判断能力的孩子来说，父母的这些“教诲”将影响他们看待世界、他人和自己的方式。

不要剥夺孩子成长的权利，我们来了解一下，孩子在不同年龄阶段发生冲突的不同动因。

冲突不是件坏事　冲突中出现攻击性行为可以分为两类：工具性攻击行为和敌意性攻击行为。工具性攻击行为指仅以攻击作为实现某种目的的手段，如为了争抢玩具而推倒对方；敌意性攻击行为，指以伤害他人、使他人感到痛苦为目的的攻击行为，如殴打、辱骂、嘲笑等。

0～6岁的孩子之间的攻击行为多数是工具性攻击行为，是在交往中的互动活动，更像是一种游戏，冲突后仍然可以见面没有仇恨，经常以肢体上的相互挑逗来吸引对方，就像我们俗话说的“贱招”。极少数升级为“欺负”和“格斗”。

2~4岁幼儿“动手”的频率越来越高，在4岁达到顶峰，之后频率逐渐降低。他们的“动手”往往发生在争夺玩具、玩伴妨碍自己，或以为玩伴攻击自己的时候。

这个时期家长与孩子互动的方式非常重要。

有的爸爸喜欢跟儿子“闹”，故意去招惹孩子，孩子本能的用手打、咬、踢、甚至揪爸爸的头发，爸爸哈哈大笑，高呼“我儿子会打人了！”孩子听到的是嘉奖；爸爸还用头去顶孩子的小肚子假装还击，孩子错认为这就是你来我往的游戏。还有，很多大人看到喜欢的小孩子，尤其是胖孩子，愿意捏捏小脸蛋、拧拧小屁股，有的家长“示爱”的方式是轻轻“咬”上一口粉嫩的小肉肉。孩子就是在这种互动中学会了交往的方式，当他们把这种“示爱”的方式用到其他小朋友身上，麻烦就出现了。

3~5岁儿童“动手”行为逐渐减少，一方面是因为他们逐渐学会用友好的方式解决冲突和争端；另一方面，“动手”逐渐转变为“动口”，即言语攻击，比如故意说气人的、难听的话，嘲笑、诽谤、取外号等。

6岁左右，孩子开始表现出针对人的敌意性攻击行为。在学龄期和青春期，“动手”这种外显的、容易被发现并引起报复的攻击行为不断减少，男孩会用难听的话、恐吓、欺负等方式攻击他人，而女孩则隐蔽得多，除了说难听的话，还会用排斥、不接纳、说坏话、散布谣言等方式攻击他人。

因此，对孩子来说，和同伴发生冲突是家长的引导良机，是绝佳的学习和锻炼机会，这将激发他们的潜能，使他们获得无价的经验。

处理冲突的流程是等待——描述——总结　孩子之间发生冲突，中国家长一般有以下四种表现：

1．如果孩子没有“吃亏”就装作没看见；如果孩子“吃亏”就立刻冲上去教训对方，即使对方是小孩子，也要给自己的孩子“报仇”、“解恨”。

2．站在孩子旁边“支招”。

3．做“裁判”断定谁对谁错，给孩子讲道理，让错的孩子给对的孩子道歉。

4．不干预，只要孩子不危害自己和他人就行，直到“问题解决”，无论孩子又开始一起玩儿，还是不理彼此，事情过去就过去了。

对应的四种结果：

第一种，你会渐渐发现孩子身边的玩伴越来越少，甚至没有孩子愿意和自己的孩子玩儿。

第二种，家长只要在，孩子一般不会“受欺负”，但只要家长不在，孩子就不知所措，左顾右盼寻求支援。

第三种，孩子有时非常不配合，拒不认错、宁死不屈；有时打过人后马上承认错误，“妈妈我错了，以后再也不打人了。”态度诚恳，但是转眼又犯。

第四种，家长自认为这就是在培养孩子独立解决问题的能力。哪种方法好？有没有更可取的呢？

在红黄蓝的幼儿园里，我们要求老师学会等待，当小朋友之间发生小摩擦时，只要不伤及儿童身体健康，老师不会过早干预，而是细心在一旁观察。当事件结束后，老师会耐心地询问孩子们事件的起因、经过、结果，以及身体和心理感受。老师不会责怪任何一方，但会告诉孩子如此解决问题的利和弊，并鼓励孩子以后遇到类似的小摩擦时，运用灵活、巧妙的处理方法，并教会孩子伙伴间要友好相处、遵守规则的道理。

这种做法比前第四种家长的做法多了三个步骤：等待观察、描述经过和总结反思。

等待5秒——父母要给自己留出观察的时间，5秒只是一个形容，意思是给自己留出观察的时间，才会做出相对理智和准确的判断，而不是冲动的判定打人的孩子就是错的。

描述经过——父母引导孩子首先描述自己的感受，目的是培养孩子的自我觉察能力，关注自己的身体和心情；再描述冲突经过，锻炼孩子的观察能力和记忆力，留意冲突双方语言行为方面的细节；最后鼓励孩子把事件描述得完整、连贯、富有感染力，提高孩子的语言表达能力。此外，通过描述，还有助于孩子消除愤怒、平复心情，使孩子更容易从双方的角度审视事件。

总结反思——让孩子在父母的启发下进行反思总结，例如“今天我们通过‘动手’解决问题，这种方法有什么好处，又有什么坏处？我喜欢这种方法吗？这种方法适合我吗？以后怎样才能做得更好？”从而提高孩子的思考水平和找到适合自己的处理冲突的方法。

父母的教育是否成功取决于孩子长大后是否能够成功的融入社会。因此，随着社会的发展、时代的变迁，家长对孩子的教育也应与时俱进。如果将来孩子生长的环境是恃强凌弱、拼拳头、斗狠的，那么“案例透视”中父亲的教育方式和观念无疑是有市场的。但在尊重人权、强调团队合作、遵守法制、与世界接轨的社会发展浪潮中，我们需要的尊重感、认同感、价值感不能靠拳头获得，把孩子培养成擅用沟通、协商解决争端和冲突的国际人、世界人，无疑会让孩子走得更稳、更远。

育儿技巧

平息低龄儿童冲突的三字经

处理冲突的原则是让孩子认识到，我和你是平等的，一方的谦让不意味着软弱，更不意味着另一方可以予取予求，谦让是向对方展示自己的善意、开放和大气。

根据低龄儿童认知水平、语言理解和表达能力水平，家长可以用以下三个字来引导1～4岁年龄段的孩子处理交往中的冲突：

1. **轮**。两个孩子争抢一个秋千，请您的孩子与小朋友商量："你荡10下，我荡10下。我们一起来数1、2、3……你先玩儿，然后我玩儿。"如果想一起玩儿的人比较多，我们还可以排队，按顺序来玩儿。

2. **换**。"用我的小汽车换你的小飞机"，双方通过交换获得想要的玩具，并且共同约定换回来的时间。

3. **妥**。"我有10块糖，你想要，我把我的一半让给你"，一定要强调"一部分"，让孩子知道保护和捍卫自己的权利，"这次我谦让你，下次你谦让我"，通过双方的让步平息冲突。

提高大龄儿童解决冲突能力的三字经

年龄较大的孩子认知水平相对较高，能够约束自己的行为、推测他人的动机、自主选择，但情绪控制能力较弱，容易冲动行事。我们同样也用三个字来引导4~12岁的儿童：

1. **泄**。恐惧、烦躁、愤怒、悲伤等消极情绪会使人的判断力和控制力下降。在情绪爆发的时候，不要急于解决问题，让孩子离开现场，通过哭泣、倾诉、奔跑、打沙袋的方式将消极情绪宣泄出来。待情绪平复后再解决问题。

2. **变**。美国著名心理学家艾利斯认为，同一件事，如果看待的角度发生变化，情绪和行为反应也会不同。比如，同样是发生肢体冲撞，将“这是在挑衅我，如果我不还击，以后会被当成软柿子捏”转变为“他撞疼了我，可能是对我不满，也可能是不小心，让我来问一问”。人的观念不都是正确的，积极而灵活的观念无疑会更有利于解决冲突。家长可以从孩子的反应中推测孩子的观念，也可以通过开诚布公的沟通来直接了解，这需要家长的细心和耐心。

3. **谈**。冲突发生时，允许孩子各自用平实文明的语言表达负面情绪和此刻真实的想法，进行协商。例如，“你抢了我的玩具，我很生气，我很想打你，但你是我的好朋友，我不能那样做！我希望你把玩具还给我。”这样能够帮助孩子把关注的焦点放在问题上，而不是情绪上。日常生活中，鼓励孩子表达自己，能够提高孩子的表达和协商能力。

家庭延伸

育儿手记（1～4岁年龄段）

请您根据孩子的年龄阶段和具体情况尝试使用书中所介绍的方法帮助孩子学习如何平息人际冲突，并简要记录事情的经过和您的感受。

孩子的年龄________岁　记录人是孩子的________

冲突事件的起因是：

____

____

家长选用的方法是：

□ 轮：学会轮流、排队，学会等待。

□ 换：彼此交换玩具，并共同约定换回来的时间。

□ 妥：将自己的一部分给对方。这次我谦让你，下次你谦让我。

家长干预的经过：

1．等待观察：________________________________

____

2．孩子的叙述：______________________________

____

3．家长的教育引导（肢体语言和口头语言）：__________

____

对照您以往的处理方式，孩子的反应有什么不同，效果如何：

____

育儿手记（4～12岁年龄段）

请您根据孩子的年龄阶段和具体情况尝试使用书中所介绍的方法帮助孩子学习如何平息人际冲突，并简要记录事情的经过和您的感受。

孩子的年龄________岁　记录人是孩子的________

冲突事件的起因是：

____

____

家长选用的方法是：

☐ 泄：先暂离现场，宣泄情绪，再解决问题。

☐ 变：反思和调整僵化观念，转变感受和行为。

☐ 谈：鼓励孩子说出自己的真实感受和想法。

家长干预的经过：

1．等待观察：________________________________

____

2．孩子的叙述：______________________________

____

3．家长的教育引导（肢体语言和口头语言）：__________

____

对照您以往的处理方式，孩子的反应有什么不同，效果如何：

____

____

3.2　童年定位自我价值

自我价值是一个人主观的进行自我评价的结果。如果自我评价的结果是积极的、正面的，那么这个人就会自信、自尊、自爱，这三“自”不仅是成功的基石，还是生命的重要防线、人生幸福的保障。

儿童对自己和自己能力的评价是自我最重要的组成部分，这将影响着他们行为和心理健康的所有方面。这种评价首先来源于家庭；其次是朋友、学校；然后才是社会、媒体、重要的历史事件。

一个对自我价值有积极评价的儿童和青少年，面对逆境、困难时，会调动自身的资源，用自己优势能力以及积极的品质来应对，达成良好的结果。

3.2.1　自尊、自信、自爱是自我价值的核心

自信是成功的基石　成功基于不断的行动和努力，而行动的动力源于自信。自信的孩子不易受他人评价的影响，更能够根据自己的判断做决定；自信的孩子更开放，更愿意尝试新领域、吸收新信息。

自信源于三个方面：成功的体验或能力的增长、他人的赞赏，以及自我的鼓励。自信是自己信赖自己的能力，相信自己拥有取得成功的能力。成功能带来成就感，成就感越多越强，人就越有自信。因此我们要

创造各种机会让孩子体验成功，并及时的表扬、肯定。

对于婴幼儿来说，自信最早来自成功的体验，如果能够自由的操作外物或自由地控制自己的肢体，那么孩子就相信自己是有能力的。如果父母给予的评价是正面的、积极的，那么孩子也会相信自己是有价值的、被人爱的。

到了幼儿阶段，孩子才有能力对自己进行初步的认知和评价，从男孩女孩这种外部特征到简单的个人喜好。在这些因素的基础上，待个体成熟以后，逐渐形成独立的、相对稳定的自我认识和评价。

但是生活是现实的，不可能总是能获得成功，不是所有的孩子都能得到掌声和赞美。形成自信的基础是能力，能力的形成靠经验，无论成功与失败的经验都可以提高能力。所以，家长朋友要放手孩子，让他们多做事情，建立经验，发展能力，从而树立自信。

当众表演就能增强“自信”吗？ 有的家长以在众人面前表演作为培养宝宝自信的手段和衡量自信的标准，其实这样做家长容易伤害孩子。3岁的宝宝活泼可爱，有一天，家里人在饭店聚会，在等着上菜的时候，小宝宝感觉饿了，就问“什么时候上菜啊？”这时家长就说你唱三首歌，菜就来了。于是宝宝就咿咿呀呀的唱了三首歌，博得大家的掌声，家长也觉得非常高兴。这时宝宝又问“怎么还不来呀？”家长想趁热打铁让宝宝多表演几个，就说“你再多唱几个，菜就来了。”宝宝看了看家长，扭头就走，小明星罢演了！

案例中的家长常犯的第一个错误，就是“贪得无厌”。

家长需要学会见好就收，如果一而再再而三的要求表演，孩子会逐渐失去兴趣，而且也不符合孩子注意力发展的现实水平。

家长常犯的第二个错误，就是要求孩子进行即兴表演，却事先没有给孩子做准备的时间。如果家长是要培养孩子的临场发挥能力，而且孩子也比较喜欢这种挑战，那么无可厚非。如果这种要求让孩子感觉到局促、畏缩，那么就需要注意了，在表演之前的一段时间里，家长应该有意识的让孩子每天练习一两次。当孩子充满信心的站在舞台上，并且获得观众的认可和欢迎的时候，孩子会越来越喜欢表演，也会慢慢不再畏惧表演，并且在表演之前的练习中越来越起劲。

第三个容易出现的失误是秋后算账。我在“红黄蓝慧心父母成长课堂”全国巡讲的过程中，一些园所在讲座前给孩子提供展示的机会，让他们表演个节目，这时家长也会在台下站脚助威。演出中总会有孩子由于当天心情欠佳不肯上台，或是表演中出现纰漏，下了台以后，有的家长还会当众训斥孩子，这是非常不可取的。在孩子情绪欠佳的时候，最需要的是理解和安抚；当孩子表演出错的时候，需要的是安慰和鼓励。如果在表演之后非但得不到鲜花掌声，而是一顿批评，那么孩子以后对表演很可能会丧失信心和兴趣，因为参加表演可能挨骂，而不参加表演，当然就不会被骂了。

我还记得我上幼儿园演出时一次难忘的经历：那个舞蹈的主题是表现小朋友快乐游泳戏水，每人一个道具游泳圈，中间怎么跳的我全不记得，只记得最后下场动作设计的最出彩，孩子们把游泳圈立在地上往后台方向用力一拍，孩子们一边喊着“啊……”，一边追着滚回侧幕条的游泳圈下场。每次演出演到这儿都会得到观众热烈的掌声。有一次，出了意外，我一不小心把游泳圈打歪了，一下子滚到了台下，引得全场哄堂大笑，把我吓傻了，呆呆地站在那里，差点哭出来，老师在侧幕条里使劲儿地大声说：“别怕！别怕！站那别动！”台下的观众捡到游泳圈，风趣地一抛，正好套在我的脖子上，全场响起更热烈的掌声，老师喊：“行礼！下来吧！”事后，大家都夸我歪打正着的“出色的表演”，这种场上场下的互动，在20世纪70年代还真是新鲜事儿，为节目增添异彩。如果没有老师的鼓励，失误和羞愧的记忆将深深地烙在心里。我永远记得和感谢我的幼儿园启蒙老师，她是曾获得全国劳动模范称号的任浦英老师！

自尊是生命的重要防线　生命中不可能总是一帆风顺，每当遭遇重大挫折和不幸，每当面对重大抉择徘徊在人生的十字路口，我们都会在心底，禁不住用下面的问题质疑自己：

我是一个有价值的人吗？

我有很多优点吗？

我做事情，可以和大多数人做得一样好吗？

整体而言，我对自己满意吗？……

高自尊让个人对自己始终抱有积极的态度，能够促进个人向积极的方向发展，可以预测未来生活的品质，高自尊的人未来很少出现抑郁倾向和行为问题，而低自尊的人前景堪忧。

案例透视

无望、无助、无价值是最破坏性的信念

马戏团为什么用一个很小的桩子就可以拴住几吨重的大象呢？原来马戏团里表演的象在很小的时候就用链子拴在这个桩子上，它力气很小怎样也挣脱不开，日复一日，马戏团一直保持这样的做法。后来虽然小象长大了，有力气了，但是它深深相信自己是无法挣脱绳索的，因此也不会去尝试。

心理学家研究控制生活对个人的影响。他们将养老院里的老人，分A、B对照组，给他们送去同样的花。对A组说："你们拥有它，可以欣赏它，也可以照顾它，浇水、施肥都可以，总之它属于你了。"对B组说："这花放在你屋里，你只能欣赏，不能照顾它，它由专人来负责。"同样的花，不同的话。实验结果表明，A组老人比B组的老人健康，B组老人的血压等生理指标、死亡率都高于A组。

当你可以做的时候，却不给你这个机会，会让你很不舒服，一个人对周围人、事没有了希望，感觉没人能帮助他，自己不被认可，这些负面的信念会慢慢吞噬一个人的心灵以及健康。

那些选择结束自己生命的人，那些麻木的戕害他人或自己生命的人，那些选择放弃自我、放任自己随波逐流、不计后果的人，无一例外，都是冲破了自尊这道生命防线的人。

是这道防线，把冲离人生正轨的洪流阻挡在外；是这道防线，为我们争取片刻休整的机会，鼓起重新再战的勇气；是这道防线，护佑我们脆弱而明媚的生命之火，让它生生不息。

每个孩子生来就有追求自尊的需要。我们会经常感觉4～7岁的孩子处于一个自我膨胀的阶段，经常听他们这样评价自己，"我学习好、我很聪明、大家喜欢我、我长得漂亮、我跑得快、我是好孩子"，他们愿意在所有方面都获得积极正向的评价，他们希望在各个方面都有良好的表现，渴望得到他人的喜欢。他们的自我评价与家长和老师对他们的评价也相关，因此给孩子一些准确的正向的评价可以帮助建立自尊。8岁起，孩子的自我评估与他人对他的评价越来越接近。

自尊水平在人生不同阶段也会有所起伏。罗宾斯（Richard Robins, 2002）和他的同事对超过30万9～90岁的人进行总体自尊的调查，发现男性和女性的自尊都在9～20岁时有了明显的下降趋势，而后在成人初期到65岁之间又会逐渐恢复或增加，到了老年阶段，自尊再次开始下降。

自爱是人生幸福的保障 自爱就是爱自己，就是在爱别人之前先要学会爱自己。爱，就像是杯里的水，只有满了才能溢出来。要想爱别人，首先斟满自己的杯子。如果强迫本来就不满的杯子把水倒出来，那不是付出，而是压抑自我、强迫自我。自爱能让一个人蓄满自己的杯子。这样，你所持有的才是真爱，你所付出的也才不是假爱。

很多人纠结在为什么自己付出了那么多，对方不但不领情，还要逃离自己？那是因为这些人在童年缺少被接纳、被爱的感受，迷失在“爱”的沼泽里：自以为是的爱、别有目的的爱、掏空自己的爱、践踏自己的爱、斤斤计较的爱……面对爱人，或过度的要求、或不敢接受、或反复要求对方确认“你说你爱我”或将其紧紧攥住，生怕有任何闪失……用这样的爱去爱别人，不但会伤害别人，让别人背上沉重的负担，还会让自己精疲力竭、伤痕累累、心灰意冷，从而封闭自己，不相信真爱，不愿意再付出也不想再涉足爱。

孩子没有能力分辨什么样的爱是真爱，也不知道如何爱自己，只能从父母身上观摩学习，看父母之间如何彼此评价、如何彼此关爱、体会父母如何爱自己。能够真心爱自己、爱别人的人一定是得到过丰沛真爱的人。

爱孩子之前，父母首先要学会爱自己 爱自己，不只是孩子需要学习的，也是成人需要不断学习的。

爱自己，首先是接纳自己的全部，无论相貌和性格，无论优点还是缺点，它们没有对错、优劣，都将成为自己的特点。爱自己，就是重视和关怀自己，注意倾听自己的心声，体验自己的感受，满足自己的正当需求。爱自己，就是按照自己的意志而不是别人的标准来做决定。爱自己，就是不仅享受做决定的过程，同样有勇气承担决定所带来的一切后果。爱自己就是关心自己的幸福和利益，积极发表意见，主动争取权益，不允许他人任意主宰。爱自己，就是爱自己的身体，就是珍惜自己的名誉，不做伤害自己的事情，也不允许他人随意伤害、恣意践踏。爱自己，悦纳自己，对自我的肯定，对自己充满信心。

3.2.2 帮助孩子提升自我价值

一个真正自信、自尊、自爱的人，必然是一个悦纳自己的人，是一个内心平和的人。发自内心的安全而温暖让这样的人不会为了逃避责罚而撒谎狡辩，不会为了讨好别人而压抑自己，不会为了证明自己的价值而打压他人，不会因为他人的无心之言暴跳如雷，更不会轻易怀疑自己存在的意义和价值。自信、自尊和自爱让人相信自己，相信他人，激发潜能，抵抗挫折，顽强的自我生长。

要想让孩子建立积极的自我评价，获得自信、自尊、自爱，家长首先要相信孩子、尊重孩子、真爱孩子。因为孩子的自我评价源于家长对孩子的评价。

家长可以用尊重、肯定、接纳的态度，赞赏的言语，鼓励和支持的行动，为孩子积累储存快乐和成功的自我体验，让孩子对自己的外形、能力、性格感到满意。

相信孩子，解放自己　从喂饭开始父母就走上了包办代替之路。

因为怕孩子吃不饱影响身体发育、怕孩子掉一地一桌浪费粮食，于是喂饭成为中国养育孩子的一种常态；

因为着急赶时间、怕孩子穿的慢、怕孩子着凉，于是帮助孩子穿衣服、穿袜子；

因为要保证孩子的休息睡眠、怕孩子整理的不好自己还得“重返工”，于是帮助孩子整理玩具、图书、文具，一直到了上幼儿园的年龄，发现自己的孩子“落后”了，家长才开始着急，现学习现培养。

我们以为孩子大了自然能学会自理的技能，但是我们错过了孩子心灵成长的时机。培养自理能力绝不仅仅是一种生活能力的培养，更是塑造心理品质的绝佳机会。让孩子做力所能及的事情，目的是建立自信，不怕慢、不怕错，过程中及时的鼓励，慢慢地形成“我能行”的信念。一个成年人如果剥夺你做事情的权利，你会感觉怎样？你会感到别人不相信我有能力，慢慢也会真的相信我是没有能力的。孩子也是一样，所以解放自己，相信孩子，放手让孩子成长吧。

鼓励孩子去“探险” 在不涉及生命安全的前提下，鼓励孩子大胆尝试、突破自我，迎接挑战。人生路上不会一帆风顺，风险无处不在，就看你自己会不会用眼睛去识别，有没有能力去应对。宝宝1岁多会走路了到处摸摸看看，登高爬低，喜欢拉抽屉、开柜门，这就是他们的探险，尽量不去限制。再大些的孩子可以做的就更多了。

一天，家里没盐了，我给了6岁女儿钱，让她自己下四楼步行400米去超市买盐。每次去超市都是我带她，今天让她自己去。虽然不用过马路，但是路边还是会有临时停车的，我心里还是忐忑不安，于是悄悄地跟在她身后，看着她进了超市，在门口静静地等待。时间从来没有过的这样慢，怎么还不出来？会不会从其他出口出去了呢？应该不会，每次我带着她都走这个出口。终于孩子出来了，扬着笑脸，看到我既兴奋又惊讶，“咦？！妈妈怎么在这儿？”我连忙说，妈妈不放心，在这等你。孩子高兴地说：“没事的，交钱的人多，我在排队，这是找回的钱和盐，下次你不用跟着我，我一直贴着楼走，我会躲着汽车的。”后来8岁的时候，我又尝试着让她自己乘公交汽车。

随着孩子的长大，我带领孩子一起去旅游。体验不一样的城市、旅程，体验不一样的民族及文化；体验不一样的风土人情与美食，这些经历都会让孩子更加独立，更愿意接受挑战，喜欢体验不一样的人生。

“知足者常乐”还是“高标准严要求” 人们常说“知足者常乐”，但在孩子的问题上，家长们始终有着更高的标准和要求，只看到孩子的失败，看不到孩子的成功。许多家长和老师爱用转折的句式去评价孩子“你最近表现得很好，但是……”，“这个孩子很聪明，就是好动、坐不住，注意力不容易集中。”“这个孩子学习很好，但是体育不好，动作不协调。”还有好一些的家长知道要保护孩子的自尊心，把转折句改用递进句式“你如果……就更好了。”“孩子你很聪明，如果不粗心不马虎就更好了”。家长就像《渔夫和金鱼》里的老太婆，欲望无止境。孩子得80分想90分；当孩子考试得99分的时候，妈妈会说，你怎么那么马虎，要不就得100分了；当孩子终于得100分的时候，妈妈又问全班多少个得100分的。总之，一定要找出孩子问题，好像只有发现问题，才能进步。这样做会让孩子的心里有一种挫败感，他们感觉自己永远都与目标有一个差距和空间，永远距离山顶一步之遥。我们要想尽办法让孩子感受到真真切切的进步，哪怕是一点点，也要充分肯定。

让孩子感到自己有决策权 给孩子选择权、话语权，尊重孩子的想

法和说法。比如，从自己选择玩具、文具、衣服，到家中添置什么大件、选择旅游目的地，孩子是家庭的一分子，家庭的大事小情会影响到孩子，孩子也有能力影响事情的结果。让孩子参与和支持家庭中的各种事项是重要的，在参与的过程中，孩子的自信更容易培养出来。

少用批评多用赞赏的语言　孩子成长过程中，带有一份彷徨和恐惧，他们深知自己还小，本领远不及大人。因此，在他成长的过程中需要不断的鼓励和肯定，才能建立起对自己能力的认识和信心。无论孩子经历怎样的失败，其中一定有值得肯定之处，行为再怎样不当也会有能力的表现。先对其积极的部分加以肯定认同，再帮助他把现有的能力用在家长希望的地方，并让孩子看到有所提升之处。

教孩子学会悦纳自己　悦纳自己就是愉快地接纳全部的自己。要教孩子悦纳自己，家长要首先悦纳孩子，用实际行动来践行自己悦纳孩子的信念。

让孩子知道，这个世界上没有完美的人。每个人都有优点和缺点，都有长处和不足，都有优势和劣势。而且这些都是相对的，人外有人、天外有天，随着比较对象的不同，比较的结果也会不同。

让孩子知道，不完美没有关系。父母对孩子的爱是无条件的，不会因为某一次的成功与失败而有所变更。每一个人都有自己独特的价值，不会因为长相、能力、性格的不完美而折损这份价值。我们仍然可以在不完美的情况下喜欢自己，获得成功，体验快乐和满足。

让孩子知道，真正的悦纳自己不是觉得自己什么都好。相反，是有自知之明，客观的知道自己什么地方好，什么地方还不够好。对于不够好的地方，无须掩饰、否认、拒绝，坦然承认就好。这样它们才不会降低自己的快乐，拖沓自己前进的步伐。然后按照自己的原则和步调，不断地完善自己，信心满满地前进。

3.2.3 神奇的标签

在全国巡回讲座后接待家长咨询的时候，家长朋友们常常会这样描述自己的孩子："我的孩子随他爸，胆子特小，不敢跟不熟悉的小朋友一起玩，上课也不主动发言，在家挺活泼，一见外人，就躲到后面去了，您看！"边说还边指着藏在她腿后的宝宝。家长在不知不觉中给孩子身上贴上了"胆小、畏缩"的标签。

父母对孩子的评价就像一个个醒目的标签，贴在孩子的心上、脸上，直接影响孩子对自己的评价，影响孩子的自我价值感。

孩子是一棵向日葵，阳光在哪里，笑脸般的花盘就朝哪里生长。恰当地运用标签就像温暖的阳光，指引着孩子成长的方向，不恰当的标签和运用不当的标签则像一个隐形的罩子，让孩子迷失了阳光的方向，也最终迷失了自己。

标签是如何产生的　给别人贴标签的方式有两种，第一种，我们根据有限的事实，对事物进行归纳总结，得出一个总体性评价。比如，一位新同事给你的第一印象很好，虽然后来你们接触并不多，但是你始终认为他是一个很不错的人，这种现象在心理学上被称为首因效应。第二种，根据记忆和经验进行推测，把心中的某些原型投射到眼前人身上。比如在生活中，我们会发现即使是初次见面的陌生人，我们也会有感觉，莫名的喜欢或厌恶。如果仔细回忆，你会发现我们是把这个人当成了某个曾经伤害过我们或关爱过我们的人。

标签的自我实现功能　19世纪70年代，担任斯坦福大学心理学教授的菲利普·津巴多(Philip George Zimbardo)进行了一项颇具争议的斯坦福监狱实验。实验中，24名师范学院学生被随意指派充当“囚犯”和“看守”。所有的参加者仅花了一天的时间就完全进入状态。“看守”们变得粗鲁，充满敌意，还想出多种对付犯人的酷刑和体罚方法。“囚犯”们要么变得逆来顺受，要么开始反抗。情况变得越来越糟糕，致使原定为期两周的实验不得不提前结束。用津巴多的话来说，在那里“现实和错觉之间产生了混淆，角色扮演与自我认同也产生了混淆……我们所看到的一切令人胆战心惊。大多数人的确变成了‘犯人’和‘看守’，不再能够清楚地区分角色扮演还是真正的自我。”

所以，如果我们也被人长期贴上某种标签，我们也会慢慢相信自己就像标签标注的那样，即认为自己是什么样的人、能做什么、不能做什么。

标签的双面功能 标签能够帮助我们在最短的时间内对事物做出大致的判断和预测，这种可预测的感觉让人感到安全和可控。北方人豪爽、南方人温婉；中国人吃苦耐劳、德国人认真刻板、法国人浪漫时尚、巴西人热情奔放。这样的标签，能够帮助我们迅速确定和此类人进行交往的方式。另外，一旦高估了某个标签的普遍性，我们也难免碰壁或失误。

标签又像一副有色眼镜，它会改变我们的关注点。情人眼里之所以会出西施，是因为透过有色眼镜，我们只会寻找和关注那些符合标签的事实，同时忽略那些不符合标签的事实，对它们视而不见。

我们相信自己身上的标签，也会用这些标签来控制自己的行为。如果我们相信自己是个诚实、善良的人，就不会轻易伤害别人、欺骗别人。同样的，如果我们相信自己弱小、愚笨、脾气暴躁，就会遇事躲到他人身后、不愿意出主意想办法、不相信自己有控制脾气的能力。

负面标签的限制作用 家长总认为把孩子的缺点指出来，孩子才能有进步的机会，其实不然。因为改变是痛苦的，是要付出艰苦努力的，但是一旦承认身上的“负面标签”就不需做出任何改变，很多孩子在感觉前途无望的时候都会破罐子破摔，道理就在这里。负面标签可能成为孩子的“挡箭牌”，让孩子放弃上进的动力。“我是个内向的人”标签会让人为自己在人群中的退缩行为找到合理的借口，并且不给自己进行调整和改进的机会，“既然妈妈都说我胆小，那我可能是胆小的，我就不用去表演给大家看了。”

我有一位女同事，家里有她和弟弟两个孩子。她学习好，可偏偏弟弟比较好动，学习不太上进，成绩不佳，爸爸妈妈又愿意比较两个孩子，总对弟弟说，你就不能像你姐姐一样好好学习……巧合的是姐俩还就读于同一所初中，曾经教过姐姐的老师转一轮又教弟弟，老师也不断的比较、强化弟弟不如姐姐、弟弟不上进的标签。结果可想而知，你们都这么说我，我就这样了，弟弟对学习采取了自暴自弃的做法，上课不听讲，甚至把脚放在课桌上，故意和老师作对。虽然现在时过境迁，姐弟俩都成家了，弟弟跟父母的关系还是不太好，很少回家照看老人，经常说的一句话就是：“你们都说我姐好，有我姐呢！让她管你们吧！”

正面标签的绑架作用 正向标签给人带来积极的影响，明确了自己的成长方向，成为自我激励的动力。但正面标签如果运用不当，也会成为限制信念的一个枷锁，我们要当心不要被标签束缚住了：“我是好人，我是诚实的，所以我不能有一点隐瞒。”“我是一个好孩子，所以我不能发脾气。”“我是乖孩子，所以我不敢轻易提出要求。”不要把标签织成网，让孩子变得束手束脚、唯恐出错、唯恐毁掉在别人心目中的良好

形象。千万别用标签逼孩子追求完美，“我弹琴最棒了，所以我不能比别人差。”孩子会非常恐惧在这些方面被他人超越，更无法面对在这些方面遭受的挫折，“完美”距离“玩儿完（OVER）”就不远了。不要把约束自己变成压抑自己，否则过犹不及。

我的一位同事，从小学习成绩优异，考试成绩名列前茅，被父母贴上了“好孩子，争第一”的标签，因此在学校表现得非常要强，不甘示弱。在艺校学习舞蹈时非常刻苦，基本功很扎实，但总因为身高的问题，不能担任领舞，只能当群舞演员。她无法面对这种挫败，唯恐父母看到自己不是领舞会有多么的失望。在每学期给家长汇报演出之前，她肯定会出现些问题，比如韧带拉伤了、脚踝扭伤了，以此来逃避登台演出的机会。

如何正确使用标签　标签的作用具有两面性，要想正确而恰当的使用标签，我们要学会用积极的视角、发展的观点看待孩子。

人人都有可塑性，孩子的可塑性更强。实验研究表明，小白鼠在丰富的环境中，大脑的神经元连接数会增多、脑重会增强、血液循环会增强。这告诉我们不仅孩子的行为是可塑的，连孩子的大脑都是可塑的。

谚语有云“三岁看大、七岁看老”，对这句话更加准确的理解应该是，三岁能够表现出孩子天生的气质倾向，也就是老话中常说的“禀性难移”中的“秉性”，而六七岁孩子的人格基本形成，展露出雏形。但是研究表明，气质没有好坏优劣之分，只要因势利导，同样能取得好成就，而且在家庭教养方式等因素的影响下，气质也会产生一定程度的变化。而性格更是后天教育的产物，家教方式、教育方式、社会环境、父母的价值取向都会对性格产生深远的影响。

社会是不断前进的、生活是充满选择和机遇的，适应周围的环境是人的本性，没有人会一成不变。形成一个新的习惯需要一个月，改正一个旧的习惯需要三个月，变化是存在的，只是难易程度不同罢了。想要摘下孩子身上的不当标签，首先要摘下父母头脑中对标签的偏差认知，用更加客观、积极的视角去看待孩子，促进孩子的发展。

帮孩子摘下负面标签　我们要摘下孩子头上的多种负面标签，比如，不听话、内向、胆小、爱撒谎、懒惰、尿床、多动症、缺心眼、黏人、不懂事、耗子扛枪窝里横、窝囊等。摘标签的方法包括以下四种：

1．关注事实，记录和描述事实。描述本身就是一种强化。当孩子偶尔出现一种和标签不符的正面行为时，一定要给出反馈，无论孩子出于什么样的目的。当孩子出现不良行为时，一定要就事论事，不要给孩子上纲上线，扣上沉重的大帽子，强化负面行为。

2．创造机会让孩子展现不同的侧面。孩子在家总尿床，我们可以在带孩子外出过夜的时候，晚上少给孩子喝水、多叫孩子起夜，创造一个“没有尿床”的夜晚，并且用这个经历来肯定孩子、鼓励孩子。

3．以身作则，为孩子树立正面的榜样。很多时候，孩子的需要没有错，错的是满足需要的方式和手段，这时家长可以拿自己做榜样，潜移默化的影响孩子，让孩子知道可以怎样做。

4．表达对孩子的美好期望。当孩子在陌生人面前表现得很羞怯时，不要说，“你真没出息！”，而是说，“碰到陌生人，谁都会感到不自在，但是我们要对别人表示礼貌，所以妈妈希望下次我们再见到这位阿姨的时候宝宝可以说‘阿姨好！’如果宝宝觉得说比较困难，那么对阿姨笑一笑、点点头也是好的。”

谨慎使用正面标签　“乖、听话、懂事”“安静、不哭不闹”这些标签需要慎用。对于已经贴上某种正性标签的孩子，家长需要思考以下几个问题：

1．孩子是否喜欢这个标签？

2．面对现实生活事件，孩子是否会因为这个标签而感到困惑？

3．孩子是否因为这个标签而变得束手束脚、小心翼翼、唯恐犯错？

如果答案是否定的，我们需要做的是尊重孩子，不要再用这些名词捆住孩子的手脚，就事论事的赞赏孩子即可。

家庭延伸

家长自我检测问卷

填写人：__________ **填写日期：**__________

这份自测问卷将帮助家长体会他人如何影响您自我概念的形成。

一般来说，人们参加能够展露自己才华的活动，回避可能出糗的场合。对于唱歌、演讲、独立承担某个项目、与陌生人交朋友等不同的活动，有些人会跃跃欲试、倍感兴奋，而有些人则会手脚冰凉、手心冒汗。

现在，请您思考并简要回答以下问题：

您对哪些活动有兴趣、有自信，愿意主动去做？

____

请选择其中您最喜欢的一项，并回忆与此项活动相关的美好回忆：

____

____

经过回忆，您会发现，对这种活动的信心基本来自以下几个方面：尝试的机会、成功的经历、快乐的体验、他人的赞赏和肯定。

如果您感兴趣，还可以以同样的思路思考那些让您感觉没有信心应对、不愿意去尝试的事物。您会发现它们大多和缺少尝试的机会、失败的经历、痛苦的体验、他人的否定有关。

而且，越是您信任、尊重、爱戴的人，对自我概念影响越大。

3.3 并不可怕的青春期

看着眼前可爱懵懂的半大孩子，“青春期”在家长们的头脑中可能还是个遥不可及的词汇，更无法想象何谓“成长的烦恼”。俗话说“防患未然，有备无患”，孩子将来是否能够平顺穿越青春期的池沼，很大程度上取决于家长们在青春期来临前所做的准备。提前了解孩子在青春期的心理变化，着眼未来、立足当下的给予心灵营养，审时度势的调整教育方法，能让家长们更加从容、自信的面对孩子，面对未来。

介于成人和儿童的混合态　这个时期的孩子有时心花怒放，阳光灿烂，满脸春风，有时愁眉苦脸，阴云密布，痛不欲生，甚至暴跳如雷。此时的孩子不再是你以前的乖宝贝，时常让你有种不认识感觉，一不小心就踩到地雷的感觉。此外，我们跟他们难交流，不知他们的所思所想，害怕他们学坏，还会有一种脱节和分离的感觉。

步入青春期的少年身体发育迅速，体内有一种不能遏止的力量在迸发，从生物学上讲是人体由不成熟发育到成熟的转化时期，从心理上讲是一个孩子由儿童到成年的过渡时期，所以也可以称为“准大人期”。

身体发育先于心理发育，身体迅速发育让孩子强烈要求独立，又因为心理发展的相对缓慢孩子仍然保持孩童般的依赖性。

青涩、懵懂，这个时期的孩子时而认为自己翅膀已经丰满，可以独自飞翔，对生活采取消极反抗的态度，否定以前发展起来的一些良好本质，认为那样做很“傻”甚至很“幼稚”，抵触父母和学校老师的要求规范，以此来证明自己的存在和独特的思想。时而又觉得自己还不够强大从而畏惧外面的世界，还是躲在妈妈爸爸臂膀下最温暖、最安全。他们有时还会撒娇地说：“妈妈抱抱我！”或坐在你身边让彼此的肌肤亲昵一番。记得一定要满足他们哟！千万别一把推开，转过脸怕孩子看到自己微翘的嘴角，嘴里还故意恶狠狠的说“都多大了，还来这个！”我们已经习惯中国传统教育模式“口是心非”，用最含蓄的方式表达情感，其实心里特别想抱抱久违的宝贝。

10～12岁的孩子最脆弱　此时的孩子会有一些很重要的转变，如果家长不理解不懂得配合这些转变，总用“你已经长大了！”来要求他，孩子就会出现争吵、冷漠、抗拒、隐瞒等行为，这些对亲子关系有很大的负面影响，代沟也从此开始。多给孩子一些安慰和支持，千万别挫伤孩子的自尊，让他对自己充满信心。

反抗是青春期代名词　青春期又被称为继2岁之后的人生中第二个反抗期，这个时期的孩子会被贴上“叛逆”的标签，又称心理断乳期。

在青春期不仅身体上性特征有了明显的变化，而且在心理上也会发生更大的变化。这些迅速的变化，会使有些青少年产生困扰、自卑、不安、焦虑等心理问题，甚至产生不良行为。我们常常感叹好好的孩子怎么突然变了，让父母难以琢磨不可预测。孩子不再喜欢跟随家长去朋友家做客，送他上学也是只让送到离校门口较远的路口。孩子有了自己的主见和观点，不肯沿袭以往的做法，内心有一份冲动，请家长把它看做成长过程中不可避免的一部分接纳它。

内心的挣扎与彷徨　青春期就是在这种相互矛盾的心理状态中挣

扎，他们需要很长的一段时间，通过反复的尝试、碰撞、回视、反思，才能慢慢地走向成熟。在这段时间里，需要老师和家长极大的耐心和开放的胸怀，静观他们的“表演”，适当的时候给予肯定和赞扬。请不要吝惜，因为如果孩子能够得到父母、老师的充分肯定，他们的内心会变得坚强起来，不会太过在意别人的眼光而歪曲自己，不会为了所谓的“哥们义气”做出傻事，更不会为了汲取可怜的“认同感”，受坏人蛊惑，饮鸩止渴。从外界获得认同以后，他们会逐步将注意力转向自己的内部，聆听自己内心的声音，探寻自己人生的追求和走向。这个时期还是由他律转为自律的时期，是人生重要的十字路口。孩子往哪里走，需要我们正确的引导，珍惜这个时期吧，因为它太美好，也太短暂了。

ABC 育儿技巧

和青春期的孩子面对面

对孩子来说，青春期不亚于一场由大陆板块运动诱发的地震海啸，能剧烈撼动孩子的自我概念、瞬间颠覆孩子的自我评价。这时，家长发自内心的尊重和理解、无条件地接纳将是帮助孩子安全穿越海啸的“诺亚方舟”。

1. 朋辈效应 “朋辈”包含了朋友和同辈的双重含义。如果将家长对孩子的影响力用坐标来表示，横坐标是孩子的年龄，纵坐标是父母的影响力，那么曲线是从高到低的过程，到了青春期，影响力几乎为零。而同学、朋友、甚至网友成了他们倾诉心声的对象，同龄伙伴的言谈与喜好会深深地影响着他们。父母也特想跟孩子交朋友，但真正能做到的并不多。我们要真正理解孩子的所思所想，用情感和行动做他们真实的“朋友”。

在这个时期要多用“我”和“我们”开头讲话，少用“你”。因为“我”和“我们”听起来是一种合作和共同体的感觉，而“你”是一种对立的感觉。想成为孩子的朋友，就要放下身段、走下神坛，和孩子平起平坐。

2. 让孩子感到被尊重。过马路的时候，妈妈拉着孩子的手，孩子会拒绝甩掉，因为你的动作让他感到不被尊重，他在想“我都长大了，还拉着我过马路，让别人看到了多丢人啊”。如果妈妈这样告诉孩子：“妈妈年纪大了，过马路车来车往很紧张，需要你的帮助。”那么孩子的反应肯定是不一样的。

想跟孩子说话的时候，不是叫孩子过来，而是家长走过去。多聆听、多了解，这些行为和语言会减少代沟。

3. 静观其变。孩子偶尔惹个小麻烦，如给异性同学发个短信表示好感被公之于众、用“武艺”与同学比试高低、一时考试失利无颜见爹娘，老师因为孩子的表现很气愤地找家长，甚至是孩子短时间不告知家长自己去了哪里（我们不要轻易给孩子下离家出走的定义），让家人着急担心……都不要大惊小怪，因为极端的情绪，无论愤怒还是怜爱都会让孩子感觉不被理解、不被认同。平淡处理，相信孩子自己一定能找到最好办法，征得同意后再助他一臂之力。青春期，应是精力充沛，活跃好动，而少年老成的学生，从心理学的角度来看，实际上是不大健康的，可能是家长管教过严，损伤孩子自主性的结果，需要家长多多关注。

4. 接纳情感。多讲讲自己青春期的趣闻甚至囧事，上课气

老师、恶搞同学、打架、男女生传纸条等，会让孩子觉得他们的做法和想法是正常的，是这个年龄阶段必须要经历的，同时也会拉近父母和孩子的距离。孩子喜欢“同病相怜”的感觉，如果你不去向他靠拢，他就会在同龄人里找自己的“病友”，如果有“病毒”相互交叉感染，后果难以控制。

5. 学会示弱。家长可以适当向孩子示弱，表示我年龄大了，记忆力远不如你们了，时代发展迅速，接受信息的速度不如你们。家长虚心向孩子请教，会让孩子有成就感和被尊重感，从而拉近彼此的距离。有一次，我对14岁的女儿说：“我讲课正在做PPT，我不会做Flash动画，你有空帮我吗？”孩子欣然答应，还主动告诉我做视频链接的新方法，这样一下子拉近了我们的距离。

6. 降低要求。假如你不允许孩子上网玩游戏，他的反应强烈，双方陷入僵局，这时可以稍微降低些要求，调整规则，可以允许孩了在写完作业的情况下，每周上网2次，每次不超过1小时。让他自己参与制定规则并且写在纸上张贴出来，提醒彼此。

家庭延伸

“沟通一刻”亲子互动活动

在青春期，很多家长感觉孩子变得少言寡语，喜怒无常、难以沟通。不知不觉，亲子之间的交流局限在学习成绩以及吃饭、睡觉这样的生活琐事里，对话也渐渐简化为“吃了吗？”“该睡了！”“这次考试排了第几名？”这样的封闭式问句。

在貌似“成人”的外表下，看似冷酷、坚强的青少年，其实还有很多困惑和彷徨，非常需要与父母沟通，在父母的帮助下化解心结，借助父母的智慧解开疑惑。所以在青春期，父母更要主动营造轻松平等的沟通氛围、和孩子寻找共同话题，保证亲子沟通管道的通畅。

1．**沟通一刻，一定要坚持。**我与14岁的女儿一直在坚持，基本保证每天有15分钟的沟通时间。出差时用电话、短信、QQ沟通，更会增加亲密感。形成习惯后，孩子自己会主动找你，学着小品里的对话，“妈妈今天聊两毛钱的？”“昨天你不在家，今天补上！”

2．**地点选择很重要。**大的客厅不太适合，家人的进进出出会让孩子没有安全感，孩子的卧室兼书房是学习和休息的地方，环境还可以。总之，选择比较小的，两个人身体距离较近的，比较私密的空间，会让孩子感觉比较安全。我和女儿的“秘密小屋”就是洗手间，写完作业，没事了，孩子边洗漱边聊。

3．**谈论多元话题。**她会与我分享开心的、不开心、郁闷、愤怒的事，有同学、有老师等等，有时还有点八卦，或者就一个社会热议的话题展开讨论，分享不同的认识，还可以谈谈孩子最新关注的明星、动漫、书籍、电影、游戏、网络新词等等，越聊这些孩子越高兴。我做一个很好的倾听者，适当的时候给予反馈，表示认同，孩子找到了倾诉的对象，分享她的喜怒哀乐，我也及时了解了孩子的心理变化，帮助她梳理和处理不悦和焦虑，同时让我更了解这一代孩子的喜好。

建议家长们也试一试吧。

3.4 五重信念迈向成功

每个孩子都是独特的，我们无法代替他成长，
只有他们自己有足够的力量才能破土而出，
只有他们自己有足够的力量才能抵御风霜，
让我们帮助孩子建立自我成长的力量吧！

3.4.1 信念一：点燃激情，放飞梦想

激情是一种伴随终生的优秀品质，激情是一种自我肯定的态度。有了激情会让自己在遇到困难时提升抗挫能力，有了激情可以让自己的才能发挥得淋漓尽致，有了激情可以放飞自己的梦想，有了激情可以让自己活得更加精彩。激情不仅是慷慨激昂的呈现方式，激情也可以是默默的、持之以恒的坚持。激情会帮助孩子沿着兴趣的轨迹更深入的探究，激情可以帮助你成为感染他人的核心人物。

破坏性探究的时期　我还记得老人常说“7岁、8岁讨狗嫌”，孩子就像一座宝藏，看不懂藏宝图会令你粉身碎骨。7～12、13岁这个时期的孩子有了一定的行动能力，自己能够去做自己想做的事，对周围世界充满兴趣，喜欢去触碰成人限制的禁区。在我们这么大的时候，没有哪个男孩子没上过树、没上过房……即使这些不可理喻的行为会换来父母的

责骂甚至痛打，孩子们仍然乐此不疲，而越挫越勇。我还记得哥哥把当时家里唯一的电器——半导体收音机拆了。那还了得？！我妈追着打他一直到全院的人都出来拉架。后来，不知从哪里，他搞来了无线电零件、焊锡、电烙铁，自己琢磨组装了一个矿石收音机，虽然只能收到一二个台，但让他兴奋不已。如今他已成为一位非常有才华的网络工程师。

模仿能力超强的时期　7～12、13岁的孩子动力性很强，善于观察、善于模仿，尤其是错误的、不正面的信息他们会非常好奇，如果家长一味压抑这种能力只会把它挤到偏离的轨道，我们完全可以利用孩子善于模仿的特性给予正确的引导。他会很快的模仿老师和同学的讲话和行为，并把老师的话当做“圣旨”。

在家里，父母要非常注意自己的言行。要求孩子在学校不要和同学打架，但是回到家，你却冲着太太大喊：“为什么不做饭？饿死人呐！”孩子看到后就会到学校冲着同学大喊：“你为什么拿我笔！”反过来，如果你的孩子是被问到的一方，孩子有可能学爸爸，采取高控制型的对抗挑衅，也可能学妈妈采取委屈求全型的忍辱负重。

我们还要给孩子做示范和树立榜样，家长自己首先要成为一个对生活、对工作、对他人充满激情的人，还可以给孩子多看一些富有激情和梦想的人物的生平和传记。

有活力、有激情、有梦想的时期　我们要保护孩子的梦想，哪怕是无稽之谈。这时候他们开始与别人竞争和比较。如果老师和家长鼓励孩子学习，表扬他和其他孩子一样有能力，孩子将会受到激励而变得更有活力。如果反之，孩子或者会产生自卑心理，不信任自己，长大后不愿参加竞赛类活动，不喜欢竞争，或对自己和他人要求完美，或不会自觉的自己做事，拖延时间。

育儿技巧

鼓励幻想，放飞梦想

学前阶段，没有条条框框的束缚，孩子的幻想往往漫无边际、五彩斑斓，有时甚至荒谬可笑。“我是奥特曼”、“那儿有只大灰狼，我把它打死了”、“我要当明星”、“我要当警察”……但请不要轻易否定和嘲笑孩子的想法，因为其中蕴涵了充沛的激情、自由的想象、细腻的感受、初步的思考。

理想和幻想其实没有本质的区别，都是目前没有实现，非常渴望的。当今时代有句至理名言：只有想不到的，没有做不到的。只要家长细心观察、耐心引导，可以从中发掘出理想的火花。所以当孩子诉说完自己的想法以后，家长可以用具体化的提问，进一步和孩子沟通，帮助孩子梳理和分解自己的想法，让模糊的信念变得具体、形象。我们可以说“还能再具体地描述一下吗？我们试着把它写下来，画下来。”

“思想可以漫步在河外星系，但是实现梦想要从脚下开始。”家长还可以寻找孩子的想法与现实生活的交叉点，作为向理想迈进的小阶梯，带动孩子形成良好的行为习惯和个性品质。比如，可以对想当明星的孩子说：“明星都是非常注重自己仪表的，他们每天都认真刷牙，所以牙齿很白，他们每天都会把衣服穿得整整齐齐，而且他们对别人也非常有礼貌，会和别人点头、微笑，所以会有很多人喜欢他们。”可以对想当警察的孩子说：“做警察需要身体结实、强壮，这样才有力气抓坏人，所以他们每天都好好吃饭；警察虽然很强壮，但是从来不欺负别人，相反，他们还会帮助比自己弱小的人。”

此外，多和孩子探讨“长大想做什么职业？为什么？有什么好处？”一类的问题，多讲一些领袖的故事，英雄人物的超凡能力和动人的事迹都会激励他建立正向的力量。

但需要提醒家长们注意的是，要充分理解学前儿童的不稳定性，他们的理想可能会变得很快，所以不要急于给孩子定向，更不要因为孩子没有符合自己的期望就给孩子扣上负面的“大帽子”。比如，早上听孩子说想当钢琴家，晚上就把钢琴老师请回家，结果没几天孩子没兴趣了，家长就责怪孩子没常性、怕辛苦。

有一天，女儿对我说，“妈妈，我想养匹马。”“啊？这怎么可能呢，我们没有地方养，我们在城市里，住的是楼房，它睡在哪里？吃什么？即便是通过专业驯马机构收养，我们没有时间去看它，那要花好多的钱！太不现实！”我的一连串回答对孩子的想法来说是坚决的否定和打击，孩子变得很消沉。我经过深思，心想一定还有更好的办法，于是我试着先向孩子道歉，表示刚才不够冷静，然后说：“我们现在一起探讨一下你要养马的事情。我知道你非常喜欢马，我也非常喜欢，马是通人性的，是人类的朋友。你想了解马的习性吗？我看出你对动物充满了兴趣，也想自己饲养一个小动物来了解动物，观察它们，陪伴它们，看着它们在你的照料下长大的过程，你真是一个有爱心的孩子。你看有这样两种选择：一个是在电子虚拟世界里养一匹马（电子宠物），或者选择一个可以在家里养的小动物，比如小兔子，怎样？”果然女儿很欣然地采纳我的建议，我们在手机上下载了养马的游戏软件，在游戏中精心的

饲养着她的马，梳毛、配马鞍子、训练等等，现实生活中，还养了小蚂蚁和小仓鼠。只要条件允许，我还会满足她接触真马的要求，去远郊景点游玩的时候骑马，带她去过几次马术场。保护孩子的兴趣，让孩子自己选择，然后陪伴孩子查找相关资料，比如如何饲养马匹，我相信她长大后没准就是一个动物学家，即使不是一位动物学家，至少也是一个对这方面充满兴趣、知识丰富的快乐人。

我们只要发现孩子身上有一丝火花，就去点燃它，让它成为孩子的一种优良品质——激情。

3.4.2 信念二：让孩子知道“我能行！”

赞赏是一剂良药 前面提到的罗森塔尔效应也称之为期望效应表明，教师真心对这些学生抱有积极的信念和态度，这种心理暗示使教师向学生无形的传递了鼓励、期望和赞赏，而学生接受到这些积极信息，增强了自信，对自己充满希望，树立了良好的自我价值。

赞赏对孩子建立自信起着至关重要的作用，孩子的自信源于生理发育、自我意识的觉醒，他人的赞赏，尤其是家长、老师的评价决定了幼儿和儿童对自己的评价和看法，如果父母给予的评价是正面的、积极的，那么孩子也会相信自己是有价值的、被人爱的。

赞赏是把双刃剑 赞赏能够对孩子产生积极影响，也能对孩子产生消极影响。赞赏对孩子的积极影响包括：

1．强化和巩固好行为。如，形成良好的社交和生活习惯。进而能够辨认是非，坚持做正确的事情，比如，不仅能做马上就能得到结果的事情，还会为长远的目标努力。

2．增强自信，树立积极自我形象。能够认识自己的优势，对自己的能力和未来有信心，相信自己是有价值的。

3．能够欣赏别人的优点。只有得到过别人真心赞赏的人、对自己有信心的人才能真正赞赏别人。

另外，不恰当的赞赏还会对孩子产生以下消极影响：

1．孩子受表扬当时很高兴，但是好行为保持时间不长，很快就消失了。

2．有时，受到表扬，孩子的行为表现反而比之前更糟糕。

3．自信较低，非常在意别人对自己的评价，敏感、回避、畏缩。

4．自信心不稳定，容易受他人评价或周围环境的影响，当自己比别人出色时信心满满，当感觉别人比自己出色时，信心一落千丈。

5．不能正确的对待他人的优点。嫉妒心强，看不得别人比自己强，听不得别人被夸奖。

6．不能正确的看待自己，认为“我是最棒的，没有人比我强”，看不到或不能接受自己的不足。

案例透视

决定双刃的是赞赏的方式

同样是赞赏，为什么会产生截然相反的结果，奥秘就在赞赏的角度和方式上。平常我们都是怎样夸孩子的呢？让我们来解析一下常见的赞赏对孩子的影响。

都说好孩子是夸出来的，所以很多父母们常常把一句“你真

棒！”“真乖！”“真是个好孩子！”挂在嘴边。——这是笼统而抽象的赞赏。“我哪里真棒？既然我是个好孩子，为什么你们还总批评我呢？”这样的赞赏常常让孩子感到疑惑，也无法学习到正确的行为，尤其是小孩子根本不知道怎样做才能继续得到赞赏。

孩子拿着刚刚拼插好的玩具举到爸爸眼睛下面，家长们只是用眼角瞟了一下，心想已经拼好过许多次了，这是你能做到的，用手一推，随口一句“挺好的”“不错”——这种赞赏，孩子听到和感觉到的是敷衍。很多家长感觉区区小事，没有什么值得表扬的，做到是应该的。

孩子得了第一名，家长说“你太棒了，得了第一名，妈妈真为你骄傲！”或者“你弹得比他们都好！”——这是以别人的表现为基点的赞赏。如果还有强者，那就不一定了。这种赞赏并暗示着你的成绩是妈妈炫耀的资本，妈妈喜欢好成绩，如果孩子拿不到好成绩，妈妈很有可能就不会这么高兴了。

强调过程比成绩更重要。人生中没有办法把每件事情都做得成功，但是缺乏持之以恒的态度，没有坚持不懈的过程，等于放弃成功的机会。所以，在关注结果的同时，不要忘记赞赏过程中的坚持和努力：“我看见你一直坐在那里近一个小时，都在认真仔细地画画，你的专注力超强。做什么事情都是一样的，只要你肯像这样用心去做，一定会有好成绩！”

“你终于能按时起床了。”“你看，只要你认真做，还是能做成的嘛！”“这次做得不错，如果颜色再鲜艳点就更好了。”——这是暗含否定的赞赏，表扬后面有转折，会让孩子感觉还有许多不足，丧失了激励的作用。

"你真乖，帮妈妈把杯子拿过来。"——这是别有目的的赞赏，接受赞赏就意味着付出代价，有代价的赞赏还不如不要赞赏。

ABC 育儿技巧

正确地赞赏孩子

真正的赞赏能够向孩子传递正面的信念，帮孩子塑造积极的自我形象，增强自尊自信，当孩子需要迎接挑战、自我突破的时候，这些鼓励和肯定将会支持他迎上去，而不是逃避放弃。

所以鼓励孩子一定要多多益善，无论是惊天动地的大事还是微不足道的小事，这需要家长有意识的、持之以恒地捕捉孩子的闪光点；赞赏的事情要真实具体，有据可查，角度要客观，程度适中，既不夸大也不缩小，不要让孩子觉得受之有愧、倍感压力；比较的基点要始终放在孩子自己身上，用现在的他和过去的他比，让他切实感到自己的进步和变化。

下面，我们来举例说明赞赏中的三个技巧：

1. **赞赏看眼睛，批评看事物。**没有不犯错的孩子，孩子就是在探索和尝试错误中不断成长。孩子考试考砸了，家长如何使用赞赏呢？

家长可以指着卷子用惋惜的口吻说："哦！这些题做错了，错的挺多，都是因为一点点的疏漏，不够细致，真的很可惜呀。"眼睛始终盯着卷子边说边摇头。然后回过头，看着孩子的眼睛，真诚地说："你是一个细心的、认真的孩子，你知道怎么改、怎

样是正确的吗？我相信你下次一定能做对的，是吗？”边说边看着孩子的眼睛、不停地点头。家长用动作和语气来暗示孩子可以做到。这样做既能帮助孩子知道错在哪里，又不伤害孩子的自尊心，同时鼓励孩子的优点，提出进步的方向。

2. **赞赏后面慎用转折词。**我们习惯先表扬孩子，然后再加上一个转折词，“这个孩子真聪明，但是……”随着教育观念的改变，一些老师习惯采用假设法，在学生学期评语中常常看到“你是一个……的好学生，如果你能怎样就更好了”的词句。让孩子感受到你们要求好的标准太高，我无法达到，至少我现在没达到，依然感到自己的无力、无能。

家长应该把赞赏看的单纯些，不要掺杂其他的目的。

3. **用过往的成绩来激励孩子前行。**家长和老师要善于发现孩子以往好的行为，用他自己过去的好的经验、好的成绩、好的体验去激励孩子克服眼下暂时的困难。例如，孩子考试成绩不理想，沮丧的回到家，家长可以说：“你以前考过90分、100分，你是可以做到的，回忆一下，上次是怎样做到的、怎样复习的，我们再试试，一定能行。”孩子表现出紧张情绪，“你上次参加全园的演出，在国家大剧院大舞台上表演的那么精彩，这次也没问题！”

3.4.3 信念三：儿童哲学思想启蒙

教育的主要目的就是要教年轻人从正确的事情中寻找愉悦。

——柏拉图

心态，培养坚持到底的意志品质，鉴于孩子的年龄特点，不应停留在摆事实讲道理层面，要让孩子自己找到更多调整自我情绪的方法，找到多个可以选择的角度，坚持下去的动力源于自我的内在力量。

案例透视

有这样一个故事：一头驴子掉进了枯井里。主人非常焦急，用尽所有办法都无法将驴子从枯井里救出。主人决定放弃这头驴子，并自我安慰地想："这么一头又老又瘦弱的驴子不要也罢。"于是，主人请来一些邻居帮忙，想把枯井填平把驴子埋掉。驴子明白了主人的用意，在井底哀嚎着。过了片刻，井底的驴子停止了哀号，主人好奇地向井底张望，发现驴子不停地将身上的"泥沙"抖落脚下，用蹄子拼命踩踏，一点点垫高井底。最后，"奇迹"出现了，主人认为无可获救的驴子自救成功了。

人生成长的道路是曲折的，沟沟坎坎、崎岖不平，难免会陷入"枯井"或被石头绊倒，于是我们咒骂石头是绊脚石，而背负在身上的"泥沙"，积累下去终将把自己压跨，我们要像驴子一样，学会把绊脚石变成踩在脚下的垫脚石，学会辩证地思考才是大智慧。凡事有好的一面也一定有坏的一面，一件再失败的事情也一定有值得吸取的经验和价值。

我常常听到家长这样说自己的孩子：非常难哄，认准的事儿必须做，哭起来能哭一个小时，软硬不吃，十头牛都拉不回来……不知不觉，孩子被家长贴上"倔、犟、拧"的标签。

在任何系统内，最灵活变通的人拥有最佳的成功机会，也是最能影响大局的人。从小培养孩子学会用辩证的方法看问题，学会灵活变通的思考问题显得尤为重要。如何培养灵活变通的思想呢?

建立相反框架 如果给你100把钥匙去开一把锁，试了好久都打不开，你会有什么感觉?“这得试到什么时候?失败的概率是99%”，越想越沮丧。如果换个角度想，每试一次距离成功就近了一步，成功的概率会越来越高，也许不用等到都试完就能找到打开锁的钥匙。

通过游戏让孩子感知到凡事具有两面性的特点。家长与2岁的宝宝就可以开始玩“反义词”游戏，家长对孩子讲头发是黑的牙齿是白的，逐渐掌握黑对白；大象的鼻子是长的，小兔的尾巴是短的，长对短等，丰富孩子反义的词汇，并理解其中的含义。

感知事物的相对性 丰富了孩子的反义词汇之后，开始让孩子知道事物之间的比较是相对而言的，没有绝对的高低好坏。让孩子和妈妈比个子，妈妈高宝宝矮，妈妈和爸爸比个子，妈妈又成矮的了，爸爸高，那么爸爸要是和姚明比呢?

扩大目标 同一件事物可以指向多个目标。带孩子去上亲子园，家长认为主要目的是学习，让孩子学本领。还有其他的作用吗?让孩子结交同龄小伙伴，学会交往，家长朋友之间能分享育儿经，还有让孩子适应集体教育环境和方式，给孩子安全足够的空间练习爬、学习走……

上归类、下归类和横归类 上归类是总结、归纳成类。例如，汽车、火车、轮船都是交通工具。苹果、鸭梨、香蕉都是水果。将孩子一些散点的行为归纳成一个品质，有助于增加孩子的自信。例如，你在聚精会神的玩拼插玩具、你专心地看动画片，你在认真的画一幅画，你是一个做事专心的孩子。

相反，下归类，是将大的整体分解成各个细节。例如，将汽车构造下归类为外观、内室、引擎，外观还可以再向下分颜色、喷漆材料、车灯等。将一个大理想、大目标拆分后逐步完成。用下归类方法，让我们更清晰明了，用在给孩子制订学习计划方面，让孩子感觉有实现的可能，从而增强信心。如果遇到问题和困难，也会更容易找到解决的答案。

横归类，在同一层次、同一类别中寻找同类的事物，汽车按用途可以分成公共汽车、私家车、运输车、工程车等，运输车里还有运送钱的、搬家的、运送食品的等。横归类可以将两样看似毫不相干的事物连接起来，帮助我们找到其他选择，找到双方的共同点，得到对方的认同。如果横归类遇到阻力时，需要先向上归类，找到同时可以包容不同意见的类别。

灵活运用上、下、横归类的方法解决现实问题：孩子纠结在想吃芒果而家里没有怎么办？这时先理解孩子，跟孩子共情，“妈妈知道你很想吃芒果，芒果是黄黄的，芒果吃在嘴里酸酸甜甜的、软软的，它是一种热带种植的水果（先上归类马上接下归类），你知道热带还有哪些水果吗？香蕉、菠萝……它们也都有自己的味道，也都很好吃。爱吃水果的孩子皮肤好还不爱生病，真好！让我们一起找找家里现在有什么水果？”这样，孩子被你一步步地从纠结中带出来，走向广阔的思想空间。

鼓励寻找第三个答案 记得小时候我们全家看电影，我最愿意问妈妈一句话：“这个人是好人还是坏人？”妈妈干脆地回答：“好人！”或者“坏人！”而爸爸会说，人除了好人和坏人之外还有其他的人。这句话在当时的年龄我是难以理解的，今天我明白了一个道理，事物不是仅有是与非两个方面，还可以从其他的角度去解析，也就会有更多的答案。

一个答案是本能触发的反应，不是选择。

两个答案，是与否，对与错，权衡利弊，好像都有道理又都有问题，纠结在中间，进退两难。

当你想出第三个答案的时候，第四个、第五个就会自然而然的接踵而至，这样就有了选择的机会。如果有三个以上的答案，就可以进行比较，哪一个最有价值，哪一个对当下的情况最有帮助。

作为家长，我们不但要学会在生活中寻找第三种答案，更要有意识的带领孩子找到解决问题的多种办法，学会发散思维、创造性地解决问题。

当我们纠结在孩子“听话”好还是不好的时候，我们是否考虑还有第三个选择，让他与我们合作。（详情请参阅第五章相关内容）

当孩子跟我们较劲在买不买玩具的时候，是否能想出第三个选择，我们一起去游乐场，那里有更多、更新颖的、更大型的玩具。

宝宝想玩小朋友手里的玩具怎么办？约好去动物园但是突然天下起雨来，怎么办？妈妈带宝宝到办公室，突然被领导叫去，留宝宝跟陌生的叔叔阿姨在一起很紧张，怎么办？我们可以带领孩子一起思考还有没有其他的解决办法，让孩子学会不是只有哭和求救才是办法，还可用等待、交换、转移、替代等灵活变通的方式去解决问题。

一个答案只有一种结果，两个答案让你进退两难陷入困境，三个以上答案才会有选择。选择之后，我们要为自己的选择承担责任，即便是失败也不必后悔和自责，因为这不过是一个选择失误而已。

积极诠释重定意义 每一件事情，无论再糟糕，都蕴藏着积极因素，用它们来诠释同一个事件，你会发现事情会大不同。

宝宝心爱的玩具小熊坏了，“小熊的胳膊折了？妈妈知道你很伤心，让我们当一次医生，来给小熊‘治疗’一下吧。”心爱的玩具损坏让孩子伤心，但是给了我们一次动手修理的机会。

最好的小伙伴因为搬家，转到别的幼儿园了，孩子伤心不已。在接纳和认同孩子舍不得、伤心、失落的感受后，引导孩子发现这种变化给我们一个机会认识新朋友，还可以让我们有机会见识小伙伴新搬的大房子，一起分享彼此的新玩具。

一次测验没考好，孩子非常沮丧。可以这样引导孩子：“你应该感到幸运，这次考题帮助你找到了自己还没有掌握的漏洞，真正搞懂学会了，以后就不会在同样问题上丢分。”

学习不仅是为了考取好学校、上了好的学校将来找到好工作，如果把学习比作每天都要吃饭，吃饭是为了保证身体健康，身体好才能快乐、幸福的生活。

3.4.4 信念四：立体丰盈的思想蓝图

孩子思维的发展是从具体形象思维逐渐转变为抽象逻辑思维的过程。我们大多数成人也是喜欢具体的、有画面感的呈现方式，画面感会调动你的多种感官，视觉、听觉、嗅觉、味觉和触觉，从而产生感性记忆，有情感的记忆才会深刻才会长久。

我记得小的时候，几乎每家墙上都会有一个大大的镜框，里面镶满家庭成员的合影和孩子成长过程中具有里程碑意义的黑白照片，百天、周岁、入队、参军、全家福……它每天都在暗示每一个家庭成员，我们拥有一个幸福的家，让我无形中学会珍惜、学会关爱亲人。而今我们的照片都保存在电脑里，变成了封存的记忆。偶尔打开，一段段鲜活的记忆，令人心动的情感才会被激活。

当向孩子灌输正面而抽象的观念的时候，当鼓励孩子追求一个目标的时候，当帮助孩子建立积极的自我形象的时候，当培养孩子良好习惯和优良品格的时候，比如，想让孩子知道“爸爸妈妈相信你能得到不迟到的小红花”、“你在运动会上坚持跑完了全程，爸爸妈妈真为你骄傲”、“爸爸妈妈会一直爱着你”、“虽然你现在跳绳只能连跳5下，但只要每天都练习一会儿，你一定能比现在做得更好”，想让孩子相信“我一定能在幼儿园找到好朋友”、“我能帮妈妈收拾桌子”……不要让这些信息仅仅停留在口头上，仅仅是一串单调的语音符号，而是让它变成一张图、一幅画，不需要多么精巧的构图，也不需要多么细腻的笔触，只要它形象而具体，能够引发联想，让不同的感官活动起来，让灵敏的心弦颤动起来，那么它就能深深地扎在孩子的心中、长久的留在孩子的记忆里，成为指引孩子前进的路标。

3.4.5 信念五：积极向上的自我激励

当我们希望孩子尝试新事物，追求新目标，突破自我的时候，这样的话语常常冲口而出：“你胆子怎么这小，这有什么可怕的”、“这有什么难的，……不就行了嘛！”“谁让你……了？如果我是小朋友，我也不喜欢你呀”……这些话语不但不能推动孩子前进，反而会成为孩子前进的绊脚石。

无论是大人还是孩子，对自己不断的重复正向的、精练的语言，才能帮助自己建立正面的思想力量。父母的语言必须是正面的，有一个具体的指向，才能引领孩子迈向理想目标。

“我是一个爱学习的孩子，我喜欢读书！”“我喜欢音乐，我唱歌很好听！”“我是一个讲卫生的孩子，每天进门先洗手！”“我很独特！我很有创意！我很醒目！我做得到！人人都喜欢我！”

育儿技巧

自我激励四大法宝

情商五大能力之一的自我激励是指为了某种具体的目的，调动和调节情绪的能力。运用积极、正面的语言是进行自我激励的好办法。家长需要在生活中正确示范，引导孩子反复练习，最终让孩子在生活中自如应用。

1. **回顾总结法。**晚上临睡前处于放松状态，妈妈轻声用语言描绘正面信念，讲述孩子一天好的行为，并归纳总结。比如“今天宝宝在游乐场，说玩最后一次滑梯就回家，玩完一次之后就主动和妈妈说‘我们回家吧’，宝宝真是一个说话算话的好宝宝。”

2. **自我激励法。**鼓励和引导孩子将自己的目标，无论是想做的事还是想成为的人，大声地说出来。早上是使用此法的最佳时刻，用响亮的声音说出正面宣言：“我今天要自己走进幼儿园，不要妈妈抱。”“我是一个爱笑的孩子，今天去幼儿园不哭。”“我是一个乐于助人的孩子，今天要帮助老师和小朋友做事。”

3. **图像表现法。**目标越具体，越形象，实现的可能性就越高。运用图像来丰富我们的思想，把期望孩子具有的行为和想要达成的目标用可视化的方式呈现出来，画成画、拍成照片、写成孩子能读懂的字条，裁减报纸、杂志、图画书的彩页，贴在房间显眼的位置。

4. **动作反馈法**。语言不仅用词汇、语音来表达，肢体语言也是语言的一部分。我们都知道情绪会影响肢体、表情的变化，愉快的时候嘴角上弯，生气的时候会皱眉，焦虑的时候坐立不安，恐惧的时候紧缩双肩。相反的，动作也能影响心情。莱尔德（Laird，1974）曾经做过一个有意思的试验，让作出微笑表情的人和作出皱眉表情的人看同样的卡通片，结果发现，作出微笑表情的人认为卡通片更有趣。所以当我们引导孩子进行正面的自我暗示时，“我是一个细心的孩子！”“我要多吃蔬菜，身体健康！”“我要跑步、我要打球，成为班级里的运动达人。”还可以让孩子同时做出小心端杯子的动作、大口吃菜的动作、跑步打球的动作。改变肢体动作改变心情。

家庭延伸

积极诠释

家长带领孩子找出一些令人不愉快的事件，从中找到正面的积极的意义。

例如，家里邀请同学来过生日，突然停电了。

A. 真扫兴！

B. 可以开烛光晚餐，别有情调。

C. 我们来玩捉迷藏吧。

头脑激荡

“曲别针可以用来做什么？一块砖可以做什么？一个废纸箱可以做什么？”

全家共同参与话题讨论，发散思维，不设限，一个人记录，小一些的孩子可以用图示来表示，最后用上归类的方法归纳成类。

明星墙

利用家中一块空的墙面、柜子，专门开辟一个区域，题为明星墙。谁是明星？不是歌星、影星，而是孩子，孩子就是明星。这些图式将形象化地印在孩子的心里，成为自我激励的动力。

1．把孩子经过努力，非常不容易得到的奖状、奖章等奖励，展示在这面墙上；

2．展示重要的、取得成绩的文字或能够表现努力过程的照片；

3．全家一同旅游时充满幸福感的合影；

4．把自己的目标画下来或写下来，提醒和激励孩子朝目标努力。

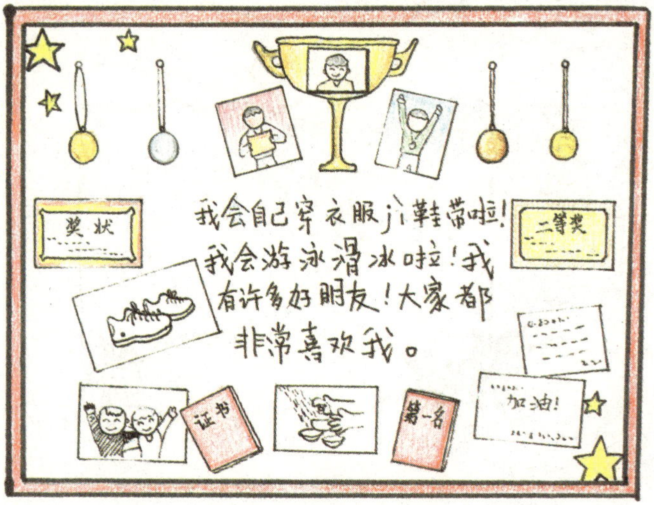

明星墙图片

快乐的小鱼

我们已经很久不用文字去赞赏身边的亲人，“快乐的小鱼”是指用一张印有小鱼水印的彩色复印纸，或是一张造型独特的便签纸，把它比喻成一条“小鱼”，是因为它传递着家庭成员间的正向情感。爸爸妈妈可以在“小鱼”上写出赞美的语言，随时赞赏孩子好的行为，内容要有针对性，要上归类提炼总结到一个品质，要用真挚的情感。比如，“看到你自己叠被子，自己的事情自己做，妈妈真高兴！”“妈妈看见你自己能安静的写作业，你是一个爱学习的孩子！”当孩子接过你的“小鱼”，一定会有一种温暖的感觉在心中流淌。

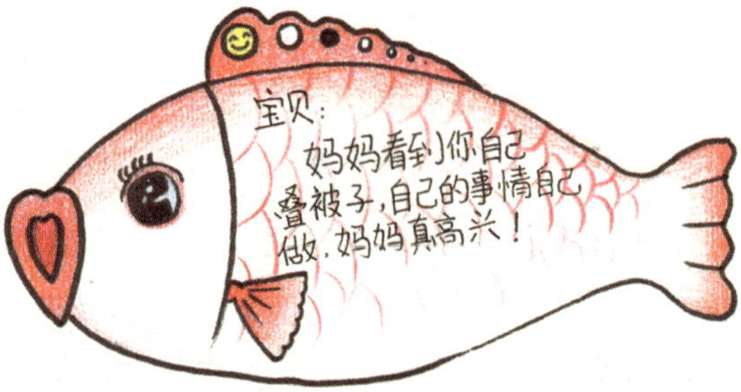

可爱的小鱼

4 学的能力

专家箴言

从自己来到自己学，有着异曲同工之妙，从主动尝试到主动学习，有着殊途同归的内核。

礼貌，不仅仅是一种礼仪风范，更是人际交往的润滑剂。

今天孩子的行为就是明天社会的文化。

每一个孩子都是一颗种子，都是独特的。

取长补短，扬长避短，短亦可变长。

4.1 发现独特学习模式

一提到“学习”二字，您会联想到什么？

各种各样的学校，幼儿园、小学、中学、大学、重点名校……

各种各样的考试，小升初、中考、高考、托福、雅思……

琳琅满目的书本、厚厚的教材、雪花般的试卷……

各种各样的特长学习，钢琴、舞蹈、英语、绘画……

古今中外无论家长所坚持和推崇的教育模式为何，没有人会怀疑“学习”的重要性。学习知识改变命运是千万家长的共识。

一提到“学习”二字 ，您会产生什么感受？是快乐、满足、自豪、自信？还是不堪回首、如鲠在喉、敬而远之、紧张、头疼、恶心？社会在发展，时代在飞速的进步，从小到老，每个人都需要学习。熬过了中考、高考，英语等级考试，还要参加各种职业认证为就业增添筹码，到了工作岗位，还要参加入职、专项技能和提升培训，退休了依然要学习养生、健身、炒股、上网……学习之路漫漫，任重而道远。

学习就像日子一样肯定要过下去，学习已经成为每天都要做的事情，如果我们能让孩子快快乐乐、自觉自愿、如鱼得水地去学习，就比战战兢兢、不情不愿、如履薄冰地去学习要好得多。

每个孩子都是独特的，每个孩子都有自己与生俱来的天赋。我喜欢把孩子比喻成神秘的种子，这些种子从不会自带产品说明书，只有与它们日夜相守的培育者才能慢慢了解它们：有的种子抗涝，有的种子耐旱，有的生长期长，有的生长期短，有的艳丽夺目，有的素雅清新。相信每一个热爱养植物的人都有这个体会，同样一种培育方法，可以使一些种子发芽开花结果光彩照人，也可以把另一些种子扼杀在土壤中。

孩子的学习模式也与种子的成长有着类似之处，每个孩子的气质类型不同、学习方式不同、每个孩子的长项与短板不同、每个孩子感兴趣的领域不同，究竟您的孩子擅长什么？孩子面对新事物采取什么样的学习模式？究竟什么是影响孩子学习效果的真正原因呢？

4.1.1 取长补短，扬长避短，短亦可变长

长久以来，我们的文化中一直推崇“取长补短”，就是吸取别人的长处弥补自己的短处。这是非常科学先进的观念。但是不知从何时起，似乎演变出另一层意思，就是短处是不好的，人之所以有短处，是因为不够努力，只要笨鸟先飞、下足苦工，就能够将短处变得不再短，甚至转变为长处。高考是3+X，数、语、外，政、史、地，物、化、生，哪科短腿都不行，一门擅长不如门门平均，总分才是硬道理。对于学前的孩子，钢琴、舞蹈、绘画、英语、演讲、算数……哪个都割舍不下，如果放弃一门就好像为孩子的将来埋下了一个隐患一样。一些孩子的“长”被大加赞赏，更多孩子的“长”被忽视，但是那个“短”却一定要紧紧揪住，家长和老师们穷追不舍，一定让其赶超为“长”才能松口气。

人是多层次、多侧面的　在生理遗传、后天经验、教育条件等多方面因素的制约下，有所长，也有所短，比如有的人能顺利解决复杂的学

术难题，却唱起歌来五音不全、跳起舞来僵硬木讷，但这些林林总总才构成了一个完整而真实的人。

每个人都有自己独特的长处和短处，取长补短的精髓在于将自己与他人的长处和短处进行互补。而具体到个人身上，就需要扬长避短，也就是发扬自己的长处、回避自己的短处。同时要把握其中的度，如果只承认发挥自己好的方面，而排斥、掩盖不足的方面，会引发激烈的心理冲突，让人迷失，面对自己的短板时焦虑不安。

人是在不断发展中的　人会生长发育，有发展的潜力，能根据环境的要求发生变化，所以人的不同侧面可以不断变化。更加神奇的是，人具有迁移的能力，能将某领域中学到的知识和能力迁移到另一个领域，促进另一个领域的学习。所以不但人的“长板”能增长，“短板”在“长板”的带动下也能增长。

短板亦可变长　有人说“垃圾是放错位置的资源”，有时候，决定个人成就的不是长板，恰恰是短板，短板用在适宜的地方就会摇身一变成为长板。

案例透视

2008年北京奥运会，让全世界认识了一位美国小伙子“飞鱼”迈克尔·菲尔普斯，他在本届奥运会圆了自己的八金梦,打破施皮茨一届七金的纪录,创造了两届夺14金的神话。

在幼儿园时，老师们就时常向他妈妈抱怨：“小迈克不能安安静静地待上一秒钟；迈克的双手总停不下来；迈克总是不停地傻笑，或是推搡周围的小朋友只为了引起别人的注意。你这个孩子实在看不出将来会有出息。”迈克的妈妈戴伯拉是个开明的母亲，更是位出色的老师，她说，“我从来不放弃我的学生，我更不会放弃迈克。”小迈克一度服用治疗多动症的处方药。小迈克的功课大多得C，有时还有几个D。但是他对感兴趣的课程，都会干得很出色，比如体育课和手工劳作课。

迈克的妈妈懂得倾听，懂得观察，平时静坐一分钟都不可能的小迈克，为了接受游泳测试那短短5分钟，竟然能乖乖等上4个小时。妈妈发现了小迈克的优势智能，并给予培养，10岁的时候，菲尔普斯就成为全美同年龄组的冠军。

我作为育儿专家受邀担任央视“宝贝一家亲”节目的嘉宾，在等候录制的时候，镜头外的一件事，让我对“短板”有了更深刻的认识。

因为工作的关系，我平常很关注中央电视台少儿节目。其中有一个“小咕咚”的人偶形象很是可爱，它的个头和孩子们差不多高，童音稚嫩，伴随音乐动作惟妙惟肖。我一直很纳闷，看身材，应该是年龄特别小的孩子扮演，可能刚上小学吧，既要长时间顶着厚重的玩偶服装，又要表现得灵活自如、憨态可掬，还要记住那么多台词，小孩子怎么能吃得消呢？

在《宝贝一家亲》录制现场，见到了“小咕咚”，这才恍然大悟，原来“小咕咚”是由一位1米1的“袖珍人”扮演。“小咕咚”心态阳光，自强自立，凭借自己的不懈努力、专业素养和出色表现，在人才济济的北京走出属于自己的一片蓝天，在竞争激烈的中央电视台成为少儿节目不可或缺的“台柱子”。

人的短板如果发挥到适宜的地方，也可以变成长项，同样会绽放异彩。

4.1.2 孩子有惊人的学习潜能

每个孩子都是座宝藏，深不可测，宝藏大门有两道锁，第一道的钥匙握在父母手上，是发现和培养孩子的潜能；而第二道的钥匙在孩子自己的手上，是自我激励发挥潜能，也就是在第三章中所强调的，激发孩子自我发展的内在动力。

案例透视

案例——无土栽培的奇迹

1985年在日本筑波世博会上，展出了一棵长有13000个果实的西红柿树。这棵参展的西红柿树，是由一颗极普通的种子发芽之后通过水耕法培养起来的。水耕法就是使幼苗脱离泥土，放在水槽里，把普通肥料以适当的浓度溶化在水里作为植物的营养成分，然后进行水温和水流的管理，并充分供应氧气。在这种条件下，西红柿的生长不必受土壤的限制，可以靠自己的力量自发生长。

这棵无土栽培的西红柿树引来无数惊叹，一是无土栽培完全颠覆了人类传统种植的概念；二是13000个果实让这颗西红柿树成为人类西红柿栽种历史上的“英雄”。在1984年10月科研工作者播种的一批普通种子中，它是里面最壮的一棵苗，到1985年1月，经过4个多月的生长，它仍没有结出果子，因为叶子太多，光照不够，但是过了夏天，它开始不断结出果实。开展的那天，它的枝叶覆盖面积达5平方米，闭幕那天，增至14平方米。到了展览会后期，西红柿果实数量突然猛增，闭幕当天，宣布共结果实13000个。

一颗普普通通的种子尚有如此巨大的潜能，何况是孩子呢。

相对于成人，儿童的发展潜能更惊人。当婴儿呱呱坠地，就像是一个坠入地球的小外星人，和地球人几乎无法沟通交流。但是，短短的三年，就掌握了母语的全部语音和基本语法，语音纯正，交流无障碍。如果孩子出生在双语甚至多语种家庭，他所掌握的语言就更多了。孩子的模仿能力特别强，电视里的广告语、爸爸的口头禅学的惟妙惟肖；很多宝宝似乎有“过耳不忘”的本事，不经意冒出一句惊天妙语，惹得父母连连惊呼“没人教过呀？！”

由于没有条条框框的束缚，儿童感受力更强、更纯粹。在前文中，我们曾经介绍过海啸女孩蒂莉·史密斯，她凭借着在科学兴趣小组中掌握的地理知识准确的识别出海啸来袭的前兆，由于她及时预警，海滩上100多人幸免于难，创造了这片海滩在此次海啸中没有死亡和重伤的奇迹。我常常不禁会想，如果蒂莉不是10岁，而是20岁、30岁，她会不会产生片刻的迟疑，“我的判断对吗？”，她还会不会在妈妈表示不相信的时候变得歇斯底里？她还会不会在看到饭店工作人员将信将疑的神情时重新跑回海滩，大声狂喊“海啸就要来了！”那么，如何打开发现潜能、激发潜能这两把锁呢？

4.1.3 发现和激发孩子的潜能

宝藏通常被埋得很深，除了具备慧眼，还要费力地挖掘才能发现，把宝物当做废物抛弃的也大有人在。

多元智能的观点 20世纪80年代初提出“多元智能”的哈佛大学心理学教授霍华德·加德纳认为，智能是一种心理潜能，在一定的文化和教育环境下被激活，表现为解决问题或创造出有价值的物质或精神产品。根据他的观点，人脑是进化的产物，正常健康的大脑让每个人生来就拥有基本相同的心理潜能，也就是还没有被激活的、表现出来的智能。这些潜能是否能够被激活，或者被激活到什么程度，取决于社会文化大环境和家庭微环境，取决于教育者的价值观、教育条件、孩子个人意愿和选择等多方面因素。因此，你无法奢望自小脱离人类社会的狼孩有过人的语言和数学逻辑智能；即使是霍元甲再世，如果生在“万般皆下品，唯有读书高”的氛围里，没有接触武术的机会，没有学习武术的条件，那么也无法成为一代大师。

顾名思义，“多元智能”意味着智能不是单一的。其中，语言智能和逻辑-数学智能在我们的文化中一直备受肯定，因此在这两方面表现突出的孩子在学校取得学业成就的概率更高；音乐智能指音乐的表现力、创作力和欣赏力，是音乐家必不可少的；身体-动觉智能指使用整个身体或身体某个部位的能力，不难看出，舞蹈家、外科医生、木匠都需要它；空间智能指辨别、运用广阔空间或狭小空间中物体的能力，是飞行员、雕刻家、外科医生、建筑师等需要的；还有两种和情商联系紧密，一个是人际智能，指理解他人目的、动机和愿望，与他人一起有效工作的能力；另一个是自我认知智能，指理解自己的能力、找到符合自己特点的工作和学习模式，以及调节自己生活的能力。

因为每个人的智能组合不同，你可能擅长其中某几项，而他可能擅长另外几项，所以每个人都是不同的。而且同一个人的智能组合也不是一成不变的，还会为了适应环境不断发生变化。

给孩子发展多元智能的机会 很多家长在咨询中这样说，“我们家孩子对什么都不感兴趣，看书翻两下就扔一边了，做什么事都没长性。”“我家孩子对数不敏感，我总教可他还是不会。”“我们家孩子可喜欢搞破坏了，不知道珍惜东西，什么到他手里没一会儿就被拆个稀巴烂。”“我们家孩子不喜欢看书、写字，就喜欢画画。画画能有多大出息？有多少人以后能靠画画过上好日子？将来高考又不考画画，整天干这些没用的事情，真是让人着急。”不是孩子缺乏智能，而是我们习惯于只关注孩子是否具有我们期望的、符合学校教育要求的那几种智能，习惯于漠视和低估孩子其他方面的智能。

其实每个孩子都有自己独特的优势智能，就好似孩子天生的“长板”，配以恰当的引导，成效必将卓著明显，如果教育得法，还能够通过迁移作用，激发自身“短板”的潜能。

小依依才3岁，运动发展超好，足跟对足尖走能走3米（48个月儿童运动能力的评估标准是，足跟对足尖向前走1米），小依依精细动作发展稍慢一些。我针对这个孩子的情况设计了个性化指导方案，让小依依自己做一把“尺子”，用这把“尺子”来丈量自己走的长度。“尺子”怎么做呢？第一步，让依依用手按虚线去撕纸条，把纸条粘起来，并对照皮尺画上刻度，目的是锻炼依依握笔画短直线的能力。依依掌握后，逐渐加大难度，教依依使用剪刀剪纸条（42个月儿童运动能力的评估标准是剪直线），然后再画上刻度。起初尺子做的短，依依很着急，但是父母坚持每天在固定时间让依依去做“尺子”，通过撕、粘、剪、画不断延长尺子的长度，从而达到练习精细动作的目的。最终，依依大动作也发展了，精细动作也提高了。

一位家长在咨询中说，孩子最近特别喜欢捡石头，在户外玩，每次回来从兜里都能翻出一堆来。我问她：“看到这些，你做了什么？”妈妈说：“我告诉孩子，家里那么多玩具你不玩，外面捡来的东西太脏了，赶紧把它扔掉。”我继续引导家长：“你有没有跟孩子聊一聊它们都是从哪里捡来的？你有没有启发孩子观察一下捡回的石头有什么不同？你有没有问过孩子你捡了多少块？有没有从网上搜索一些地质图片对比捡回的石头……”看着这位妈妈逐渐发亮的眼睛，最后我激励她说：“说不定，一位地质学家就在你们家诞生了！”

不要把孩子的行为看成无聊，不要把孩子的想法看成无稽之谈，不要把孩子的涂鸦看成废品。发现孩子的闪光点，创造条件去无限放大！

育儿技巧

发现孩子的优势智能

说到多元智能，相信很多家长已经按耐不住心中的疑问：“我怎么才能尽早知道我家宝宝的优势智能是什么呢？”加德纳认为，最可靠的办法就是根据智能的实际表现来评估。

在学龄前，只要细心观察孩子，成人就能大致判断出孩子独特的智能排列情况，比如孩子听到音乐就能准确的随着节奏摇摆，孩子能模仿学唱歌曲，还能填上自己喜欢的新歌词；孩子对色彩敏感，听着故事就能勾勒出一幅美丽的图画……这些行为表现都是展现优势智能的信号。

此外，还有多种测查儿童心理发育商和多元智能的方法，在评估时，家长需要注意几点：首先，评估不是定性的考试，孩子的智能在不断发展中，所以不要把某段时间的评估看得太重，不要轻易给孩子贴上类似“语言智能发展落后”的负面标签，把评估结果看做目前在某个领域“待提高”即可。其次，除了亲自观察孩子的智能表现，还可以根据其他重要抚养人描述的事实来综合评估孩子的情况。再次，对于同一种智能可以从多个侧面进行相互印证。比如，在评估空间智能的时候，可以让宝宝在不太熟悉的环境中指出来时的路，可以让宝宝拼拼图，可以让宝宝试着摆弄魔方，还可以让宝宝用积木等材料搭建自己所住的楼房。

4.1.4 气质类型对学习效果的影响

气质，也是我们平常所说的脾气、秉性，是天生的，从孩子降生到这个世界上时就表现出来，比如有的孩子安静老实、易安抚，有的孩子活泼好动、常哭闹。

6种与学习相关的气质类型　在教育实践中，我总结积累的经验，归纳了6种与学习活动密切相关的气质类型，希望能够帮助家长从中找到自己孩子的影子，找到提高自己孩子学习效果的教育策略。现实生活中，孩子的气质多为混合型，某种气质特点多一些某种少一些而已。

1．易养、学习型。这种气质类型的孩子饮食和睡眠习惯很有规律，情绪反应温和、较积极，醒后常笑，他们容易适应新环境，容易获得成人的关怀与注意。他们注意力集中、持久性强、不容易分心，无论是家长还是老师都喜欢这样的孩子，他们非常符合我们的文化和社会价值观。

2．缓慢、羞怯型。这种类型的孩子安静退缩、对新事物适应缓慢，有时采取回避的态度，看起来总带点消极的心境，动作少。也是我们俗称慢热型的宝宝，如果坚持与他们积极地接触，他们也会逐渐做出良好的反应，渐渐地对周围产生兴趣，慢慢地活跃起来。对于这样的孩子家长不要催促，要多赞赏孩子的点滴进步，经常用愉快的情绪影响孩子。

3．难养、叛逆型。这种类型的孩子在睡眠和饮食方面相当不规律，很久才能适应新的环境，情绪反应强烈，固执、消极、控制欲强，心境相当消极，容易表现出不寻常的紧张反应，如大声哭叫，焦虑暴躁。家长和孩子的关系一般比较紧张，但是家长要多欣赏孩子的积极方面，努力克制自己，为孩子设定行为规范，多和孩子协商沟通，设定孩子可以完成的学习任务，引导孩子产生自信、满足等积极情绪。

4．低控制、低效能型。即使这类孩子有很高的智商，他的学习效果也会因为本身的气质类型受到影响。他们自我调控的能力较弱、容易被其他因素干扰，所以家长要温和地引导孩子自己多做事情，建立孩子的责任感，完成任务时要给予表扬，不要盲目追求成绩与速度。

5．独处、自我型。这类孩子要求很少，喜欢独处，不会很快地适应环境变化，也很难变得活跃。提高他们的社会交往技能，才能让他们在社会群体中感到愉快放松。初期，家长需要帮助孩子做决定，增强孩子的自我关注能力以及敏感性。

6．急躁、敏感型。这类孩子好奇心很强，对周围事物充满兴趣。

可是这类孩子又很苛刻、难以满足，而且性情急躁，抗拒变化。家长应清楚明了的设定行为界限，要投入更多情感，努力去理解他们，鼓励他们的自发性。如果教育适当，孩子会具有非凡的创造性、洞察力以及同情心。

气质与生俱来，应因势利导 有位爸爸这样苦闷的描述自己的儿子：“我觉得5岁的儿子很“面”，闷闷的，反应比较慢。从幼儿园回到家里就喜欢玩他的电动小汽车，一玩能玩好久。今天看着小汽车四处跑，明天跟着小汽车后面爬，后天在小汽车屁股后一蹦一跳地追。从来就不会主动问一问，多看点书，或是把白天在幼儿园学的东西复习复习。所以我总是说他，但他妈妈总嫌我太啰唆。我非常想知道怎么做才能让孩子变得机灵、灵活、“闯荡”一些。”

从家长的寥寥数语中，我们不难看出，这个5岁的宝宝具有明显的缓慢、羞怯型气质，而这位爸爸急躁、敏感型的特征较明显。两个人不合拍，在爸爸眼中，孩子“面”、“肉”、“慢”、不机灵、不主动。爸爸的眼睛也忽略了孩子过人的专注力、温和稳定的情绪状态、较高的配合度，以及深藏不露的“汽车世界”大探险。如果这位爸爸不及时调整自己的视角和期望，那么亲子之间的矛盾很可能会愈演愈烈。

气质没有好坏优劣之分，也不会决定未来的成就。同样是音乐大师，贝多芬慷慨激昂、莫扎特活泼多变、巴赫凝重宽厚、肖邦精致细腻。可谓百家争鸣、各有千秋。所以关键还是在了解孩子，因势利导。

4.1.5 学习风格对学习效果的影响

学习风格指个人进行学习活动时喜欢使用的、习惯使用的、效果也比较好的方式。根据个体差异，我们来介绍几种常见的学习风格。

根据知识、经验的吸收路径可分为视觉型、听觉型和触觉型

有趣的是我们一般不知道自己使用的是何种方式，因为这个过程是潜意识行为，而且没有一个人只用一种方法，一般会随外界的变化而在这三种方式中来回“游走”，不过我们都会有一个优先采用或比较喜欢采用的方式。了解自己的这个特征对与人交往、学习新事物都有帮助。

视觉型的人看世界 此类人常说“看见、看来、展示、想象、模糊、清晰”等词语，眼睛喜欢往上看。比如，去一个酒店入住，视觉型的人会关注“这个房间的光线真好！浴室的瓷砖真漂亮！”有人听课必须要看着老师的脸才能记住老师所讲的内容。我有一位同事和我聊起她年轻时的学习经历。她说，我年轻的时候，记忆力非常好，背书特别容易。看过一遍课本，然后把书合上，书上的每一个字就像照片一样留在我脑子里，不只能背诵自如，还能说出每个字、每段话具体在书的哪一页、哪个位置上。她是以图像化的方式记忆。同样是视觉型的人，有的喜欢看小说，从中感悟文字的寓意深远，产生无限遐想；有的人喜欢看原著改编的影视剧，直观生动、人物鲜活、身临其境。面对视觉型的孩子，要多提供让孩子自己看书、画画的机会和空间，引导孩子在观察中学习。

听觉型的人听世界 此类人常说“听到、听起来、声音、请问”等词语。容易受外来声音的影响而分心。同样去酒店入住，听觉型的人会说："这个房间不隔音，隔壁的人很晚才回，吵得我睡不好。马桶冲水的声音真大！听朋友说这家酒店不错，但实际太差了。"有的人喜欢听评书联播，非常入神一集不落，他们能从语音信号中接受并处理信息，在大脑中勾勒出对应的多彩的、生动的画面。有的学生在课堂上，不用抬头看着老师，就能把重点记到笔记里。听觉型的人喜欢听别人的意见后再下决定，喜欢欣赏音乐。对这类的孩子，家长不仅买书，还要给他读出来，不仅要带孩子看还要多用语言描述。更有趣的是，你会看到有的人拨一个新电话号码，尤其是比较长的手机号码，或输入一个卡号密码时，视觉型的人看着纸上记录的数字不出声音就把号码拨出去，而听觉型的人嘴里要不自觉地边读出声音边拨号码。

触觉型的人感受世界　此类人常说"感到、抓紧、溜走、觉得"等词语。还是同样走进酒店房间，触觉型的人会用手摸摸床单说："床单的面料纯棉含量高，很细腻。"躺在床上试试说："床垫软硬正合适，真舒服！"这类人一般情感丰富、多愁善感，常常用"我感觉""舒服"或"不舒服"去描述事物。比如，买东西更注重质地和手感。在幼儿园里有的孩子喜欢某一个老师，就喜欢在老师身边蹭来蹭去，喜欢拉着老师的手，上课的时候坐在靠近老师的位置会让他特别专心。有的学生会因为喜欢某个老师而喜欢某个学科，拼命地学习这门课程，当换掉这个老师的时候，孩子会显得非常不安，甚至放弃这门功课。

不难看出，三种不同类型的人在学习时，所偏爱或擅长使用的信息吸收通道是不一样的。视觉型和听觉型以"听讲"来吸收知识的方式非常适合学校教育中的集体教学。而参与性比较高的小组分享、实验体验活动更适合触觉型的人。当学习内容的呈现方式符合个人所偏爱的信息吸收通道时，无论是理解、吸收知识的速度，还是记忆效果都会更好。

家长要通过一些“线索”来了解孩子偏于哪一类，多给孩子创设这样的学习环境，同时也要让孩子尝试其他的路径，拓宽学习通道。

从思考速度可分为沉思型和冲动型　面对家长或老师的提问，有些孩子会迫不及待地将手举得高高的，争先恐后地回答，而有些孩子则像没有反应似的，只会用晶亮的大眼睛直勾勾地看着家长或老师，或者总是比别的小朋友慢半拍，等别人说完以后才能表达出来。

在这种情况下，很多人认为那些争抢回答问题的孩子更加聪明伶俐，其实并不尽然。沉思或冲动也是一种学习风格，差异表现在思考的速度上。冲动型的孩子反应快，但是准确率一般稍低，因为他们不会全面细致的考虑问题的各种可能性，甚至连问题还没有完全弄清楚，就急于给出答案。而沉思型反应较慢，但准确率相对较高，他们将时间用在理解问题，以及全面周到地考虑问题上面。

因此，家长除了要考量孩子反应的速度，还应该注意孩子做出回答的准确性，注意孩子是偏重回答的速度还是偏重回答的质量。

从思考方向可分为深入型和跳跃型　有的孩子在思考问题时喜欢一步接一步、一环扣一环地进行，分析完一种可能性以后再运用同样的方法思考其他可能性，步骤清晰、顺序明确，这是逐步深入型。而有的孩子喜欢在思考问题的时候运用发散型思维，同时考虑多种可能性，进行多维度、多角度的思考，这是发散跳跃型。

深入型的孩子总是喜欢琢磨“为什么”，在他们的头脑中，每一个“所以”的前面都应该有一个“因为”，任何事物和行为都应该有个明确的结果，他们喜欢寻找现象和事物的原因和解释，他们喜欢顺序、步骤，按部就班、循序渐进、逐步深入地观察世界和解决问题。“打破沙锅问到底”、“钻牛角尖”的孩子就是典型的深入型孩子。在跳跃型孩子的心里，任何事物都不是完全独立的，都是有联系的，他们喜欢联想，喜欢跳跃，也许上一句话还在说事物A，下一句话就说到事物 B上去了。他们会把八竿子打不着的东西放在一起，所以在分析原因、进行申诉的时候，很可能让人感觉他们在“东拉西扯”或“讲歪理”。同样是在玩拼图，深入型的孩子会从某一个点开始，而且以这个点为基点逐步展开，而跳跃型的孩子可能从几个不同的地方开始，同时以多个基点展开。

我们还可以想象，如果老师在黑板上一环扣一环地演示解题过程，可能让深入型的孩子听得津津有味，而让跳跃型的孩子感觉云里雾里，神游四方。

当然了，孩子的学习风格分类标准不同，还有其他类型。比如，有的孩子是百灵鸟型，清晨学习效率高，而有的孩子是猫头鹰型，夜晚效率高；有的孩子喜欢和朋友一起相互切磋、群策群力，而有的孩子更愿意一个人沉静思考、单打独斗；有的孩子在学习时要求环境安静祥和，而有的孩子喜欢一边听音乐一边学习，不但不会分神，还能让自己思维活跃、更加专心……

寻找适合孩子的学习方法　了解孩子的学习风格以后，我们就不会轻易下定义说孩子不爱学习，而要运用更切合孩子需求的方式进行教育教学。对于孩子偏爱的学习方式，我们要一分为二地看待，既肯定其积极的一面，满足其个体发展的需求，同时又要鼓励孩子尝试平衡自己的偏爱方式，促进孩子全面、多角度地发展。

我们一直强调因势利导，“引导”孩子，“培养”孩子。其实制约最终教育效果的首要因素不是丰沛的金钱、大把的时间、丰富的环境，而是对孩子独特性的认识。只有真心地尊重孩子，才能客观地观察和了解

孩子的气质、特长、偏爱的学习风格，才能真正把握孩子的特点，才能知道该在哪里引导孩子。教育的出发点和落脚点永远都是孩子。

家庭延伸

家长自我检测问卷

请家长思考以下问题，并简要写出答案、分析原因。

1．请您观察孩子对哪项事物专心致志超过10分钟？孩子对哪项事物反复重复、乐此不疲？

2．对照气质类型的描述，请观察评价一下孩子最突出的气质特征是什么？

3．您孩子的学习风格大致属于哪一种？视觉型、听觉型、触觉型……

4.2 兴趣是最好的老师

让科学家们百折不挠去钻研的，是其对科学的兴趣；
让艺术家们忘我痴狂去创作的，是其对艺术的追求；
让运动员们成千上万次去磨炼的，是其对梦想的超越；
让企业家们锐意进取去创新的，是其对事业的奋斗；
让先烈们抛头颅洒热血去奉献的，是其对革命的信仰。
无论是什么领域，无论是什么学历，无论是什么家庭背景，
要想取得成功，首先要拥有对某一领域的兴趣与爱好，
激活兴趣的四大动力系统，让孩子对学习充满探究精神。

联合国教科文组织提出“学会学习、终身学习”的理念，我国也提出建设学习型社会的思想。可是一提到学习，首先想到的是正襟危坐、手捧书本的样子，联想到学校教育。从新生命诞生之时，从咿呀学语到真正能说出一个有意义的字，从蹒跚学步到奔跑自如，学习就已经悄然开始了，将这种与生俱来的学习本能保持下来是激发学习兴趣的基础。

广义上讲，学校教育只是学习的一个特定的范畴，在学校里学习成绩好的孩子也不一定都是智商过人，他们更像是一群形成良性循环的人，在学习中遇到困难时，相信自己有能力跨越，并且想方设法寻找身边的资源去解决问题、击破难点，在取得阶段性好成绩后，感到由衷的

快乐与满足，从此增强迎接挑战和面对困难的信心，帮孩子建立这种良性循环机制是提高学习兴趣的保障。

4.2.1 激活兴趣动力系统一：珍视孩子的好奇心和理智感

好奇心和理智感是与学习兴趣密切相关的两种本能。就像饥渴和寒冷会让人做出本能反应一样，好奇心也会驱使人去关注、观察、询问、操作那些新鲜的、不熟悉的事物。

出生就有的好奇心　新生儿在吃饱喝足以后，会睁着圆溜溜的大眼睛、静静地打量周围的人和事物。待孩子具有一定手眼协调和运动能力后，他们的眼睛会追踪一定范围内运动的物体。如果妈妈给孩子的手、脚戴上能够发出声响的小铃铛，孩子会非常喜欢晃动自己的手脚，制造声响，脸上满是惊奇和兴奋的表情。年龄稍大的孩子，看到新玩具，会马上凑过去仔细看，还会忍不住抚摸、摇晃、敲打、丢扔。

红黄蓝双井亲子园的一位会员爸爸曾经这样描述自己女儿的好奇心："我女儿快两岁半了，她非常喜欢红黄蓝亲子教室，更喜欢教室墙上安装的一排排小柜子，里面装满了五颜六色的玩具。每次在上课前都要让我抱着她，一个个地打开柜门给她看，每打开一个柜门，她还会指着柜子里的东西问'爸爸，这是什么呀？'她很享受这个过程，就好像打开一个个礼物宝盒似的。"

有一种研究幼儿认知能力的实验方法，叫做"习惯化"。当将一种新鲜的刺激呈现给幼儿时，幼儿会非常专心地观察、忘了做其他事情，但是当把这种刺激反复呈现给幼儿时，慢慢地，幼儿会熟悉、记住了这种刺激，并对它"视而不见"。这时，如果给幼儿呈现另一种新鲜的刺激，而幼儿又重新出现之前“全神贯注”的表现，这说明幼儿已经能够分清这两种刺激是不一样的。这种现象的存在也从另一个侧面证明了幼儿好奇心的存在。

随着孩子的经验一天天丰富，他们对新事物的探索不再只局限于看、操作，不满足于仅仅知道“这是什么”或是“这是干什么用的”，他们希望了解更深层次的东西，探究事物背后的意义，那就是“为什么”。

日益萌发的理智感 理智感是人类特有的一种高级情感，在进行智力活动中能够体验到：面对未知事物时感到惊讶、疑惑、好奇、焦躁不安，希望能探其究竟、找出答案，在找到答案后感到快乐、欣慰、自豪、满足。

好奇心和理智感是人与生俱来的本能，是推进学习活动的天然动力。要保护孩子这种天然的学习动力，就要在他们表现出好奇心时，耐心对待、认真解答，允许孩子探索自己感兴趣的事物；就要在他们体验到理智感的时候，尊重他们的感受，创造机会让他们体验从疑惑到豁然的过程。

4.2.2 激活兴趣动力系统二：尊重孩子的自主性和主动性

孩子能不能自己学，能不能主动学？答案是肯定的，能！

从自己来到自己学，有着异曲同工之妙。

从主动尝试到主动学习，有着殊途同归的内核。

只有相信自己能支配与自己相关的事物，才可能在面对困难时不打退堂鼓、不找各种理由逃避，才能在以后的学习中勇于面对和迎接挑战。

只有拥有属于自己的梦想、主动追求和实现自己的目标，孩子才能够在以后的学习中同样试着产生梦想、设立学习目标，在这些目标的指引下前进。

在“我的发展”里，曾经讲过孩子自主性和主动性发展的意义。以下我将列举几个案例，从秩序感和习惯的养成、对成人的模仿、伙伴交往几个角度来分析孩子的自主性和主动性对学习兴趣的影响。

案例透视

秩序感让孩子感到自主可控

莹莹家附近有一家汽车4S店，店门口放置了两只高4米的长颈鹿雕塑用来招揽生意，莹莹非常喜欢它们，还给它们起了名字，家长也很配合孩子，每天去幼儿园的路上，都要绕到这里，孩子看过后就会高高兴兴地上幼儿园。一天，妈妈为了赶时间，更改了路线抄近路走，被莹莹发现了，哭闹着非要走4S店门前的路。最后妈妈争执不过，还是顺了莹莹的意，绕回到4S店门口看长颈鹿，莹莹不哭了，但是反复问：“你刚才怎么不走这儿呢？”

看似孩子在“纠结”、“认死理”，非要“顺（自己的）意（才行）”，这“结”、这“理”、这“意”很可能就是孩子心中主动萌发出来的愿望和目标。如果我们打破了孩子长期以来已经形成的秩序感，也会让孩子感到不舒适。当然，我们不是让父母事事都要顺着孩子的心意，但是我们可以在时间和精力允许的时候配合孩子。建议莹莹妈妈告诉孩子“你喜欢的路线有意思，但是花的时间长，如果妈妈赶时间的话，就需要选另一条路线”，或者和孩子商定“你喜欢这条路线，因为有趣，妈妈喜欢那条路线，因为省时间，这样吧，咱们轮流来，这一次依你，下一次依我”。

孩子渴望像大人一样 茜茜很喜欢看大人用电脑，每次看到都要凑到旁边来，还要模仿着敲击键盘，大人阻止就哭闹，所以常常妨碍大人做事情。渐渐地，耳濡目染之下，茜茜已经学会自己开机，还能像模像样地假装打字，玩起ipad比大人都熟练，父母既感叹孩子的聪明和模仿能力，又怕孩子染上“网瘾”，很是担忧。

模仿成人的活动会让孩子获得成功、支配、有力量的感受。孩子的很多愿望具有脱离实际的特点，而且不能考虑可能带来的后果，对潜在危害估计不足，因此更需要家长的约束和管教。在看电视、玩电脑的问题上，父母首先要以身作则，约定时间，如果家长无节制，孩子也不会遵守家长看电视、玩电脑的限制。

孩子渴望被伙伴接纳 嘉宝在幼儿园上混龄班。有一天，妈妈去接孩子回家，在操场上看到这样一幕：嘉宝追在一个小姐姐后面殷勤地喊“姐姐、姐姐”，可是小姐姐根本不答理嘉宝，还说“我不喜欢你”。嘉宝嘴撇向一边，很难过的样子。妈妈见状立刻走上前，并把带来的巧克力给嘉宝当做小礼物，鼓励她送给小姐姐。嘉宝马上走到小姐姐身边，递上巧克力说：“姐姐你吃吧。”小姐姐看了看巧克力，很有礼貌地接过来，说：“谢谢你！”回到汽车上，妈妈怕嘉宝受伤害，就故意以轻松的口吻问嘉宝：“你喜欢姐姐，是吗？”“是。”“那她喜欢你吗？”孩子没有正面回答，眼睛看着窗外，只是淡淡地说：“妈妈，咱们回家吧。”

孩子成长过程中的学习目标，也包括顺利开展人际交往，获得他人的接纳和喜爱。这样，孩子的自我评价也会随之悄悄成长，感觉自己拥有好朋友、受人欢迎的孩子也会更加相信自己的交往能力，更愿意和他人交往。

育儿技巧

发展孩子的自主性和主动性

家长们常有这样的体会，孩子长到一定年纪就有自己的主意、不再言听计从了，因此有点困惑、有点担忧、有点失落。其实这是孩子自主性和主动性发展的必然。而尊重孩子的这种发展需要，在生活中培养孩子自主、自立，恰恰是为孩子在学习之路上铺垫自主和主动的基石。家长朋友们可以从以下方面调整教育行为：

1. **正视孩子自立、自主的需求。**在孩子寻求自立和主动的过程中，亲子之间常常因为意见不统一而发生争执，甚至发生激烈的家庭“冲突”，让爸爸妈妈很生气，还会怀疑是不是自己平时对孩子太过放松，所以在孩子面前才这么没有威严、没有话语权。

家长们需要透过这些“冲突”，看到孩子发展自立、自主的动力和意愿。

同时需要注意，不要害怕损害了孩子自立、自主的发展而不敢管教、疏于管教，甚至放任自流。一个成熟的人，一定是能够约束自己，因时因地调整自己行为、作出恰当反应的人，也一定是遵守社会一般规范，能够体谅他人的人。父母在管教时要把握的关键点是，让孩子学会如何在满足自己需要的同时不能侵害他人的需要、利益和权利。

父母的威严不能靠武力堆砌，父母的话语权不能靠威胁获得。如何有效地管教孩子，如何让孩子愉快地和我们合作，我们将在第5章“管的艺术”中和大家细细剖析。

2. 降低事事追求完美的标准。家长可以在保护孩子自立、自主愿望的前提下，逐步提高对细节的要求。

1～3岁是锻炼孩子自立、自理能力的绝佳时机。有的成人嫌孩子自己吃得到处都是、自己擦不干净屁股、自己穿衣服七扭八歪，穿反鞋子，于是孩子的事情由成人一手包办，料理得天衣无缝。

有位当护士的姥姥很骄傲地对我们说：“我家孩子会系鞋带了，但是我从来不让他自己系，怕他系不好把自己绊着。”其实这种“爱”孩子的行为会极大地阻碍自理能力的发展，影响主动和自主品质的形成。不要责怪孩子饭吃得满身满地；不要怕孩子洗澡洗不干净；不要怕孩子穿衣服穿得七扭八歪、窝窝囊囊。我们要肯定孩子的努力，鼓励说：“孩子今天开始自己穿衣服了，妈妈真高兴！”并着重强调“开始”两个字，然后可以提出一个小小的、以孩子的现有能力绝对能够办到的“改进建议”，比如“宝宝穿好衣服后，对着镜子看看自己漂亮的样子，看看有什么地方可以再调整一下”。

3. 多给孩子自己做主、做决定的机会。这样能够促使孩子主动预测、做出选择，体会决定和结果之间必然的关系和延迟的现象。

生活中，家长可以让出部分控制权，比如孩子明天去幼儿园穿什么衣服、什么鞋子，让孩子自由选择睡前故事，去超市时让孩子自由选择自己最喜欢的一种零食或一件玩具。

亲子园有位会员妈妈就允许孩子在出家门前自由选择穿什么鞋子。孩子有两双式样相同、颜色不同的鞋子，一双是嫩粉色，一双是嫩蓝色。孩子看了看说："今天我要穿一只粉鞋子，一只蓝鞋子去上课。"妈妈同意了孩子的要求，虽然鞋子的颜色并不完全一样，但是搭配孩子穿的蓝粉相间的小裙子，也非常美丽协调，还有些"明星范"。

当然，有的孩子在自己挑衣服的时候给父母制造了很多麻烦，我将在第5章"管的艺术"中详细说明相关案例和处理方法。

4.2.3 激活兴趣动力系统三：在快乐的感受中学习

弱化"学习是个苦差事"的信念 "学海无涯苦作舟"、"头悬梁锥刺股"，这些耳熟能详的古训和典故都告诉孩子从小要刻苦学习，同时给孩子传递了另一个负面思想，学习是个苦差事。

苦是用舌头来分辨的味觉，也被用来描述枯燥、艰难、无趣，令人厌恶、绝望等感受。

人都是趋利避害、向往快乐而逃避痛苦的。有人说逃避痛苦产生的推动力是追求快乐的四倍。我认为有一定道理，平常我们之所以能忍受痛苦，是因为我们知道有些痛苦必须承受，而且尚在能够忍受的范围内，同时我们会为了尽快逃离它而越发努力。

但在一定程度上，"苦"是学业失败者的个人妄想和避风港。同样是回忆自己的求学之路，谁会更容易叫苦？是学业成功的人还是学业受挫的人？是在学业上走得长远的人还是在学业上半途而废的人？

“中国达人秀”节目成为2011年年度收视率颇高的栏目，其中的明星都是普通人，最让我感动的有两位，一位是沉迷于科学实验的16岁“闪电侠”卢驭龙，他的表演引发全场惊叹，他的母亲在讲述他为实验受重伤的经历时几乎泣不成声。另一位是表演“口弦”的汤康敏，为父亲圆梦学习几近失传的民族乐器，在谈及学习这项危险性极高的绝技时也不禁落泪。这些“大孩子”追逐自己的梦想，不惜付出那么多的辛苦。我认为那些取得成功的人并不完全是因为能吃苦，而是以此为乐，并从中找到了一种自己才能感受到的快乐和价值，并陶醉其中。

给学习涂上快乐的色彩 认为学习是苦的，这种想法是怎么来的呢？有人说是大人教的。就像成人无法简单的让孩子喜欢上一样东西一样，同样无法简单的让孩子厌恶一样东西。要想喜欢或厌恶一种东西，需要有明确的积极或消极的生理、心理体验。

心理学行为主义学派的代表人之一，著名心理学家巴甫洛夫曾经提出一个经典的概念“条件反射”，狗经过多次的训练，能建立听见铃声就分泌口水的条件反射。如果刺激非常强烈，条件反射会建立得更加迅速、牢固，也许一次就已经足矣。比如说，工作生活中，当我们和某个朋友、同事发生非常激烈的冲突，受到比较大的伤害，即使事过境迁，当我们再次面对这个人的时候，心中依然会有一些理不清、解不开的结梗在那里。

就像硬币有两面一样，条件反射也是一样的。如果我们能让学习活

动与积极情绪结合起来，那么情况又会完全不同。积极的情绪感受将会推动孩子接近学习活动，有利于学习活动的顺利开展，更能帮助孩子记忆和吸收学习内容。

所以，不要让痛苦的体验与学习同时、多次出现。如果在学习中经历了一次刻骨铭心的伤害，痛苦可能就会和某项具体的学习活动一直如影随形，这种痛苦的感觉会让孩子厌恶和逃避学习活动。

化“苦”为“甜” 孩子为什么会感到学习是苦差事?

首先，是家长对孩子学习速度的期望和要求不符合孩子的发展规律。很多家长把孩子的学习之路比喻成按照时刻表运行的列车，如果想在18岁进入某所高校，那么孩子就需要在15岁时进入某所高中，就需要在12岁时进入某所初中……以此类推，就要在上小学前，也就是幼儿园阶段学会拼音、书写、阅读和算数，就需要在进入幼儿园之前认识多少个汉字，至少能从0数到100，并掌握10以内的加减法。所以，学习活动一旦开始，家长就用明确的任务量来要求孩子。比如每天必须认5个字，如果今天超额完成还好，如果由于各种原因没有按时按量完成，那么家长就会感到心急如焚，想方设法要督促孩子完成，甚至不惜动用威胁、武力。

孩子从幼儿园接回家后，很多家长会问：“今天学了什么儿歌呀?几个词啊?会不会加减法呢?回家妈妈再给复习复习。”在家长的催促和逼问下，多数孩子采取“打死我也不说”的态度予以反抗。孩子的学习活动与情绪有很大关系，即便是帮助孩子巩固知识，也不要上升到复习这个词儿，还是要以游戏的方式与孩子重现课堂场景，达到重温知识的作用，千万别让孩子刚起步就对学习产生厌烦、抵触。此外，能够在生活中应用学过的知识才是最佳境界。比如学习10以内加减法，在游乐场买票时，可以鼓励孩子计算应用，可以达到学以致用的目的。

有的家长曾向我咨询：“我每天都在一个固定的时间陪孩子读书、学习，孩子也很感兴趣。可有一天孩子说，今天不学了，我要不要坚持？”我回答说：“今天不愿意学就不学了，开心时候多学，不开心少学。不要在意他今天没学，你要注意他高兴的时候学了多少。可能在家里没学，但在外玩的时候就学了。”比如，在生活中学习认字，在走路的时候让孩子看周围商店的招牌、公交车站的名字、小区的名字、街道的名字、商场里琳琅满目的商品，还可以看家里人的名字，这样带领孩子在阅读中识字。

其次，学习活动的时间安排不符合孩子的发展规律。学习活动是一种有明确目的的活动，孩子要想将注意力集中在学习内容上，需要一定的意志努力和自我控制，要跟踪、理解教育者的语言，要作出恰当的反应，还要注意排除有吸引力的无关刺激的干扰。一般来说，3岁左右的孩子注意力只有3～5分钟，而4岁的孩子在无干扰的情况下最多坚持10分钟，5～6岁的孩子一般可延长至15～25分钟。但是家长往往希望孩子，确切地说是任何年龄段的孩子保持注意力的时间越长越好，一旦看到孩子在课堂上走神、不听讲就责怪孩子不听话。殊不知，这种要求有时对于孩子来说确实是有一定困难的。其实，如果学习活动安排适宜，还是能把孩子长时间的留在学习活动中的。比如，红黄蓝的亲子系列课程一节40分钟，从6个月到6岁的孩子坚持得都比较好。这是因为每节课都紧紧围绕着一个主题动静交替，时而讲解、时而游戏、时而运动、时而操作教具、时而轮流回答、时而抢答，让孩子在快乐的体验中学习。

最后，在认知上给孩子传输的观念有所偏差。我们暂且称之为“学习苦行论”和“学习工具论”。有的家长认为学习本来就是艰苦的劳动，

"吃得苦中苦，方为人上人，"你看那些成名成家的人，哪个不是经历了一番锤炼，好似浴火凤凰一般经过涅槃才取得后来的成功。爱迪生说过，"所谓天才，是百分之一的灵感，加上百分之九十九的努力"。任何一项成功都不会唾手可得，需要付出艰辛的努力。但是我们也应该看到，爱迪生最终发明电灯的动力绝对不是追求"吃苦"，而是为了追求在发明过程中自我价值的满足和实现。

在大力倡导学习的学习型社会里，学习不再仅仅是一门工具，而是一种生活习惯和态度。当面对指日可待的胜利果实时，期间的努力付出不是苦，而是甜；只有看不到彼岸时那绝望的坚持才是真正的苦。

育儿技巧

如何给学习加点快乐的元素

学习中不光有"苦"，更有"乐"，当孩子真正的感受到这些乐趣和快乐的时候，其中的"苦"也就自然变成"甜"。下面，我们介绍几种在学习中"找乐儿"的方法。

1. 常言道，好的开始是成功的一半。当孩子刚刚迈入幼儿园、小学校园，即将正式开始学习的时候，家长朋友可以利用孩子此时的好奇心和新鲜感，带孩子熟悉学校、班级、老师、同学，购买新书包、学习用品，向孩子说明集体学习中的乐趣和好处，以便帮助孩子顺利进入学习状态。

2. 可以给孩子添置一些调剂学习活动的小物件。比如新颖的学习用品。添置的时间最好是孩子在学习中做出值得肯定的行为时，比如，经常准时到达幼儿园或学校、爱护学习用品、自觉进行学习活动、按时完成老师教给的学习任务、依靠自己的努力战胜了学习上的某些困难，等等。但请注意不要铺张浪费，也不要让这些小调剂品干扰学习活动，比如送给孩子会带声响、会发光的笔就不是一个很好的选择。此外，如果孩子对学习用品的兴趣演变成一种收藏爱好，也没有关系，因为在使用心爱的学习用品时无形中就增加了学习的时间。

3. 广泛培养，重点选拔，培养孩子多方面的兴趣、特长和爱好。学习兴趣比学习成果更重要，从中体验到学习中的快乐。虽然我们不能免俗，既要遵循着高考指挥棒的方向前进，但可以给孩子一个丰富的、艺术的人生启蒙。我一直坚信丰富的经历能够让生命变得丰盈。所以在女儿上小学之前，我带她尝试过舞蹈、美术、钢琴、架子鼓、英语、轮滑、溜冰、游泳、武术、跆拳道……其中有的领域参加考级或表演，有的领域纯粹为了了解和启蒙，我从不逼她坚持上完不喜欢的课程，只希望她能够从中得到快乐，我相信这些感受能带领她在学习的道路上越走越轻松。

4.2.4 激活兴趣动力系统四：自信让孩子在学习之路上走得更远

面对学习上的挑战和困难，选择面对还是选择逃避往往只是一念之差，而决定这一“念”的正是自信。

自信在学习中有着双重作用，既是前进的不竭动力，又是抵御挫折的抵抗力。

在第3章“我的发展”中，我们曾经提到过自信的产生和发展。对于学前儿童来说，自信有两个源泉，一个是他人的肯定；另一个是孩子自身成功经验的积累。

不相信孩子，相信谁？ 在红黄蓝的思维课上，我曾经看到过这样一幕：思维课进入操作练习阶段，一位家长陪着孩子做小动物和影子连线的思维练习。家长开始的时候还能做到只用语言引导，不直接参与。但随着时间一点一滴地流逝，家长慢慢着急起来，只要孩子画的线没有直接指向正确答案，就厉声打断：“不对！你再看看！”家长越是这样疾言厉色，孩子越是犹豫不决，迟迟动不了笔，注意力也开始从作业纸上涣散开去。在操作环节结束前的几秒钟，这位家长几乎是握着孩子的手完成的。也许这种现象比较极端，但是有这种心情的家长不在少数。每个家长都恨不得为了孩子付出自己的一切，同时也知道这只是自己的一厢情愿，尤其在学习方面，家长真是帮不上什么忙。与其着急，不如相信孩子，从开始就不断强化“学习是孩子自己的事，要为自己负责，自己一定能学好”的信念。

相信孩子，不是相信他无所不能，不是相信他始终比周围的同龄人出类拔萃。相信孩子，是相信他有自己独特的长处和优势，是相信他今天比昨天进步，是相信他一旦找到自己的步调就能够稳健前进，是相信他有追求卓越的梦想。

小步骤，搭梯子 孩子的愿望和目标常常超出自己的能力范围，很容易遭遇挫折，并为了回避挫折而放弃对事物的探索。此时，如果有成人的帮忙，把一件超出孩子能力范围的事情分解成难度适中、衔接连贯的多个小步骤，然后一步一步地去实现，最后让孩子看到自己的变化和取得的成绩，孩子就会越来越好。

学习系鞋带是一个蛮有挑战的精细动作，很多孩子到了小学还不会系鞋带，胡乱团一团塞到鞋里，这个时候就需要家长“搭梯子”。家长可以把鞋带都基本系好，就差最后一步，然后请孩子拉紧“两只兔子耳朵”，鞋带就系好了，然后及时肯定孩子。下一次就再减少一步，让孩子做，学会了，再减少一步……这样，孩子就能在不知不觉中掌握系鞋带的技巧。如果开始就让孩子自己做，说出一连串孩子根本记不住的动作要领，会让孩子失去信心和做的兴趣。搭梯子不是包办代替，是把难度降低，是逐步强化、循序渐进的过程。

在孩子进入幼儿园或小学以后，很多家长听到孩子说这样的话就会头大，比如“我不想去幼儿园了”、“我讨厌那个老师”、“我讨厌背古诗”……其实，这些是非常正常的。家长千万不要惊慌失措，不要反应过激，误以为孩子小小年纪就出现厌学的情绪和症状。应该感谢孩子，给你发出了求救信号。孩子的真正意思是说：“爸爸妈妈，我在学习的过程中遇到了一点儿麻烦、受到了一点儿打击”，认真地倾听孩子远比给孩子上一堂思想教育课有效得多。因为家长会发现，在这些表面问题的背后是孩子在适应环境、形成新习惯、掌握新方法、交朋友、和老师相处的过程中遇到的挫折。这些事情在成人眼里可能微不足道，但是对孩子来说，却意义重大。当孩子在成人的帮助下，在自己的努力下，发现有很多看似过不去的高山、沟壑，其实也能够成功跨越，这对于孩子自信心的发展是非常有利的。

让闪光的记忆为明天引路 我女儿6岁时，参加北京市西城区体委组织的一次游泳运动会，她用了两种泳姿和爸爸一起夺得亲子接力50米×2第四名的好成绩，主办机构为获奖家庭颁发“金牌”。当天，我们就在家里的墙上悬挂上一面国旗，将女儿得到的“金牌”端端正正

地挂在上面，女儿看着自己的“光荣榜”兴奋了好久。这些看似简单的小东西，其实是一抹闪光的记忆，能够时时刻刻提醒孩子，“我是谁，我曾经做过什么，我还能够做什么”。在孩子感到灰心丧气的时候，回忆过去的辉煌更能帮助他重新鼓起勇气，坚持下去。此外，在父母正面的引导下，比赛经历也能让孩子对竞争有一些初步而健康的认识，竞争是一种检验能力和水平的方式，也是督促大家不断追求卓越的方式，更是一个帮助人们了解自己的宝贵机会。结果固然重要，但结果是不变的、唯一的，也是阶段性的，而过程能够给人更多的启示和感悟。

闪光的记忆也是可以创造的，比如，带孩子参加亲子运动会、绘画比赛、歌舞表演，多给孩子搭建展示的平台。用照片、图画、便签记录孩子令人动容的瞬间、临近终点奋力加速的瞬间、专注的进行某一种活动的瞬间、独立而完整地背下整段诗歌的瞬间、获得班级最佳表现奖的瞬间，等等，让这些变成内在的动力，激发孩子前行。

见多识广，泰然自若 “读万卷书，行万里路”的古训非常有道理。我们小时候的那个时代，旅游业还不发达，家长既没有这个意识更没有这个经济实力，哪位同学暑假去趟上海、杭州都会成为全校热议的话题，让大家羡慕不已。人生中多一份经历，就是多一份阅历，在未来不知哪一天就会用到这些感受、经历与能力，并且这些美好的东西永远都会珍藏在心里，成为一股自我激励的力量。

女儿在上小学前，我和他爸爸几乎每周带她去大自然中游玩，从北京大大小小的公园到近郊的景点几乎都走遍了。春夏秋冬，相机里留下了不少珍贵的老照片，记录着一家人幸福的点点滴滴。

从女儿8个月开始，在这14年里，几乎每个假期我们都坚持带她旅游。让她饱览祖国壮丽的山河，了解多民族的风土人情，感受新疆的天山壮阔、吐鲁番丰收的葡萄、香港澳门的历史变迁、海南的清风椰影、桂林阳朔如画般的山水、苏杭小镇的清秀与闲适、闽南的茶文化、山西晋商的大院文化、淳朴宽厚的齐鲁大地……我们还带她走出国门欣赏异域的风景，在瑞士阿尔卑斯山上嬉雪、徜徉在法国塞纳河畔、欣赏法国卢浮宫内的艺术珍品、乘贡多拉小船穿梭于意大利威尼斯的街道间、感受美国哈佛大学的校园文化、从空中领略未来会消失的澳洲大堡礁、遨游在塞班岛如梦般的海底世界……丰富的活动经历不但没有影响她的学习，反而让她尝到了不少甜头。开阔的眼界、丰富的阅历让她敢于接受挑战，对新鲜事物保持浓厚的兴趣，即使是第一次见到，也喜欢试一试，即使不熟练，也敢“凑个热闹”，遇到了问题，也会有条不紊地思考解决办法。为了集体的荣誉，她可以在3个月没摸乒乓球拍的情况下，敢于代表班级参加全校比赛，取得全年级第五的好成绩。

频繁的旅行经历，让她方位感奇佳，能在初次进入上海世博园时，拿起地图准确无误地带领大家找到车站与场馆；让她酷爱地理，学科成绩优异；旅行中的“打包”经历，练就了她极强的自理能力，物品井然有序，一件也不会遗漏；旅行前、中、后的参与，让她思虑缜密，计划性和预见性更强；理性的消费经历，让她对金钱淡然处之，又能运用得宜；在旅行中她能够体察他人的感受，以更加周全的方式解决人际之间的矛盾；旅途中遇到的一些突发事件，让她学会处理应急事件的能力。

现在她就读于北京市第八中学，成绩虽不是名列前茅但也还算优秀，能够成为一个从容大度、宽厚友善、视野宽广、心胸开阔、交友广泛、乐于分享的孩子，这何尝不是一种令人欣慰的结果。

0~12岁是积累感性体验、形成学习感受、建立学习态度、培养学习习惯的重要时期。每一个孩子都是独特的，“独”就是“你无我有”，“特”

就是“你有我优”。平时带孩子广泛的接触生活、自然、艺术、文化，可以帮助家长发现孩子得天独厚的方面；在孩子精力允许的情况下，使用恰当的学习方法、安排适量学习内容，并不断调整、完善，可以让孩子细致体会学习过程、真实看到学习效果、真正获得自豪和满足。这样，孩子获得的将不再是表面的“术”，而是内在的“道”，因为他们可以将这种优势、成功、经验不断迁移到其他的学习中去。

育儿技巧

家庭中激活孩子兴趣的方法

好奇心要靠新鲜好玩的事情去激发，自发性和自主性要靠家长的智慧去呵护，快乐的经验要在动手动脑中积累，自信要靠父母的爱心去栽种。激发学习兴趣，保护天然的学习动力，家长朋友可以充分利用大自然这个大课堂和小家庭这个小课堂，做到双剑合璧、双管齐下。

在广阔的大自然里，能激发孩子好奇心的宝贝非常多：壮阔的高山大川，奇特的地质地貌，窗外的阴晴霜雪，脚下的细沙泥土，身旁的树木花草，手边的猫狗鱼虫，动物园里的珍禽异兽……

在温暖舒适的小家庭里，能激发孩子好奇心的宝贝也不少：能拉拽的抽屉、能扭转的门锁、能开关的房门、能炒菜的锅子，翩翩起舞的火苗、柔软的面团、嫩绿的菜叶、深不可测的柜橱……

家长朋友们在看护、陪伴孩子的时候，需要留意孩子关注的对象，从以下方面进行引导：

1. 寻找孩子的兴趣点。孩子总会对特定的事物、现象产生特别的兴趣和关注，家长客观细心地观察一段时间就会发现。无论孩子喜欢的和家长所期望的是否一致，都是天然学习动力的爆发点，是发展学习能力的突破点。哪怕只是不起眼的毛毛虫、狗尾草、牵牛花、小石子，只要不危害孩子及他人的身体健康和人身安全，尽量给孩子多一点机会去接触，多一点时间去探究。

2. 建立专门的观察角或实验角。家长可以在力所能及的情况下为孩子建立专门的观察角或实验角。准备放大镜或者显微镜。只有在充分观察、感知的基础上，孩子才有可能发现其中的奥秘、探索其中的规律。在自然观察角里，可以种植、养殖动、植物，让孩子观察动、植物生长变化的过程和生活习性，比如种子的发芽破土、蝌蚪的变态生长、仓鼠的活动规律，等等。选择生长周期相对较短的植物、活动性比较强的动物比较好。比如如果饲养不喜动、又生长缓慢的老龟，孩子可能因为观测不到明显的变化而丧失观察的兴趣。如果孩子对某些科学现象感兴趣，家长可以提供多种材料供孩子进行操作、体验、对比。比如孩子对浮力现象感兴趣，那么家长可以提供纽扣、树叶、木块、金属块、泡沫块、橡皮鸭子等不同材料让孩子反复进行沉浮试验，寻找内在规律。

3. 耐心解答但不急着给答案。当孩子询问“这是什么”、“这是干什么的”、“为什么会这样”的时候，无论问题有多么幼稚可笑，甚至荒谬，首先都要表示尊重和鼓励，不要急着给出答案，而是举出相似、相通的现象让孩子做比较、分析异同、深入思考。当孩子询问“该怎么办”的时候，也不要急着给出答案，可以引导孩子回忆已有的知识经验，举一反三，提出假设，进行验

证。此外，在寻找答案的过程中，还可以和孩子一起利用网络、图书、科技馆等多种资源，或者选择使用询问专业人士、自行检验、发明创造等多种策略，从而扩展孩子解决问题的思路、发展孩子解决问题的能力。

4. 初步学写观察记录和实验报告。家长要引导孩子在探究活动过程中记录，年龄小的孩子用绘画符号的方式，首先提出假设，记录观察和实验过程、记录结果和成果，对比假设是否成立，帮助孩子归纳总结在这些活动中获得的收获。定期用言语性的总结、赞赏、照片、影像、小纸条、自制宣传栏等方式给孩子积极的反馈，增强孩子的信心和自豪感。

家庭延伸

家长自我检测问卷

请家长通过思考以下问题初步检视孩子对哪些领域感兴趣，并反思自己的教育行为：

第一，经过（至少）半个月的观察，孩子对什么比较感兴趣？

第二，我是否让孩子充分接触和感受了所喜欢的对象？

第三，孩子问了哪些问题？

第四，我是如何与孩子共同寻找答案的？

第五，孩子在这些探索活动中有哪些收获？

第六，是否让孩子自己去饲养、清理粪便或浇水？这些也是培养责任感的最佳时机。

4.3 习惯是成功的基石

今天孩子的行为就是明天社会的文化。

行为决定习惯，习惯决定人格，人格决定命运。

21天真的能改变一个坏习惯，建立一个好习惯吗？

什么习惯从小培养能受用终生？

良好的习惯对学习能起到推波助澜的作用吗？

良好的习惯能够让孩子更好地适应学习环境的变化、适应学习内容的更替、减少不必要的干扰。培养孩子三方面的行为习惯，能形成三足鼎立之势，为学习活动撑起一片蓝天。

4.3.1 习惯一：良好的生活习惯让孩子精力充沛

如果躯体出现不适，饥渴难耐、排便不畅、劳累疲倦、躯体病痛，必然诱发情绪波动，学习活动势必会受到影响。比如孩子因偏食在午餐时对着不喜欢的饭菜发愁；课间没有及时去洗手间而在课堂上憋尿，一不小心尿了裤子感到羞耻和害怕；午睡时因为摸不着妈妈柔软的肌肤迟迟不能入睡……这些不起眼的小插曲很容易让孩子在学习活动中走神，变得心猿意马、思绪奔逸。

良好的生活习惯能让孩子身体健康、精力充沛、排除不必要的生理干扰，让孩子更容易、更顺利地进入学习状态。

小作息，大影响 曾经有位爸爸向我咨询如何解决入睡难的问题：我家宝宝男孩，今年3岁，每天晚上该睡觉的时候不睡，困得眼睛都睁不开了也不睡，还吵着让我们陪着他玩。第二天早上起不来，说累、没睡够。刚开始，我气极了就打孩子，孩子倒是不吵着玩了，躺在床上一直哭，直到睡着了脸上还挂着泪花。我也心疼，于是就坚持着陪他玩，但是这小子太能熬了，我第二天还要上班，实在熬不起了。

孩子入睡难成为许多爸爸妈妈的烦恼，用过不少招数都不太管用。比如和孩子讲道理："明天宝宝还要上幼儿园，爸爸妈妈也要去上班，要早点睡了，不然明天会起不来，一整天都没有精神呢"，吓唬孩子："再不睡觉，大灰狼就要来了"！贿赂孩子："宝宝早点睡，星期天妈妈带你去动物园玩"。或者直接采取强硬措施，比如直接把灯关掉，妈妈陪着宝宝躺在黑漆漆的屋子里，任宝宝在床上翻来覆去，直到最后睡着。

睡眠对儿童来说，不只能消除疲劳、恢复精力，还能促进大脑及身体的生长发育。所以保证儿童充足的睡眠时间很重要，但是培养孩子自觉的入睡习惯更重要。

育儿技巧

宝宝自觉入睡小贴士

1. **逐步过渡，营造入睡氛围。**入睡前1个小时开始倒计时，就不要带着孩子玩兴奋的游戏、看引人入胜的动画片、讲激动人心或惊险刺激的故事，而要通过洗澡、盥洗等活动让孩子心情逐渐趋于平静。也有的孩子洗澡后更兴奋，喜欢光着小屁股到处跑，这是孩子解脱束缚的一种本能。在温度适宜的情况下，遮盖好隐私部位，可以让孩子放松一下，而且洗澡的时间就要往前调整。

2. 父母示范，排除干扰。家长一边冲着孩子喊：“该睡觉了！”一边眼睛盯着电脑手指如飞的敲打键盘；妈妈用不耐烦的声音不断催促宝宝：“快点睡觉，妈妈还有报告没写完！”房间灯火通明、电视开着、宝宝床边播放着快乐的儿童歌曲，这种嘈杂而吸引人的环境，必然干扰宝宝入睡。适宜的睡眠环境应该光线柔和暗淡、气氛安静祥和、没有明显的吸引孩子注意力的外界刺激。不一定非要全家统一步调，一起上床，也不需要让环境完全寂静无声、连针掉在地上的声音都清晰可闻，事实上，这种过于绝对化、理想化的环境对宝宝将来适应集体生活非常不利。

3. 仪式化的步骤帮助进入睡眠状态。就像是在寺庙上香时需要遵循一定的仪式顺序，睡眠也需要仪式化，经过一系列必做的步骤能让孩子从兴奋变为平静，为入睡做好心理和生理准备。对于年龄较小的孩子，爸爸妈妈可以带着孩子进行洗漱、换睡衣、上厕所、打开夜灯、阅读睡前故事等一系列活动。当然这些活动的内容和顺序可以根据家庭的风格和习惯来确定。对于年龄稍大的孩子，家长还可以增添能够培养孩子安全意识和家庭责任感的仪式。在睡觉前，教孩子检查门是否锁好、厨房的煤气是否关闭、家用电器是否已经拔下电源、窗户是否已经关好。但无论是哪一种仪式，都需要持之以恒地坚持，如果“三天打鱼两天晒

网”，那么仪式将无法充分发挥作用。

4. 找一个陪睡的“伙伴”。让孩子挑选一个面料柔软、卫生，体积、大小适宜的玩偶作为陪自己入睡的伙伴，孩子抱着它能够感受到妈妈般的温暖与安全，很快就放松下来。

5. “黑色星期一”现象。除了昼夜作息以外，我们在此还要强调周末作息时间。每到星期一早上家长和孩子都痛苦，这是因为，宝宝平常建立的作息时间被周末打乱的缘故。周末年轻的父母们经常搂着孩子睡到日上三竿、自然醒。短短的两天时间，足以对宝宝的作息时间产生不小的冲击，所以习惯贵在坚持。

6. 调准孩子的“生物钟”。不同年龄孩子的睡眠时间不同，在睡眠方面孩子也存在个体差异。在身高、体重发育正常的前提下，可以适当顺从孩子的睡眠需求，比如有的孩子不喜欢睡午觉，在幼儿园的小床上辗转难耐，开始招惹左邻右舍。这时，与其让孩子受罪，不如给孩子些活动的空间，让他们在活动室内做些安静的游戏。还有白天的午觉不能睡得太晚，如果下午5点还没起床，晚上就有精神跟你熬到半夜。

减少偏食挑食，从宝宝8个月开始做起　孩子挑食、偏食的问题困扰着许多父母，有位姥爷这样说：2岁9个月的外孙女食欲差食量少、不爱吃蔬菜就爱吃肉。青菜一点都不吃，冬瓜碾碎了，拌在米饭里都能吐出来。也跟孩子讲道理“多吃蔬菜才能长高，才能长得漂亮”，但孩子好像油盐不进。每次吃饭是个痛苦的过程，我和老伴都得求着孩子吃，追着喂。

0～6岁是发展味觉的敏感期，尤其在添加辅食的时期，如果给孩子丰富的味觉刺激，不同的蔬菜汁、菜泥、肉泥，孩子就会吸收多种味觉的信息，长大就能够包容和接纳多种味道。

育儿技巧

预防挑食小贴士

家长可以尝试以下方法扩大孩子对食物的接受范围，培养孩子不挑食的好习惯：

1. **食物多样化，先吃没吃过的。**给孩子提供多种味道的食物，在每次吃饭前，先给孩子吃没吃过的，并讲述这是什么，有营养对身体好。家长可示范，香香地吃一口，如果孩子始终不肯，再换回他已习惯的饮食。对于孩子不吃的食物，不是就此罢手，而是过几天，再试试，反复几次，经过几轮的实验，孩子终究能够吃上一点点，这也是进步。如果在添加辅食的阶段孩子味觉刺激比较单一，以后挑食的概率就比较高。

2. **家长不要轻易表露自己对食物的倾向性。**家长对某种食物的厌恶，势必会影响孩子对这种食物的选择。即使是家长不爱吃的蔬菜、肉类、水果，也要在家里给孩子烹饪，并且鼓励孩子进行尝试。

3. **孩子把食物吐出来怎么办？**年龄偏小的宝宝，会把爸爸妈妈喂到嘴里面的食物吐出来。家长以为这就意味着孩子不喜欢吃。其实并非如此，有时宝宝是想看一看妈妈给自己喂的到底是什么东西。所以，在吃饭前将宝宝的小手、桌子擦干净，并允许孩子在触摸和观察完吐出的食物后，把食物重新放回嘴里。如果爸爸妈妈对孩子把食物吐出来反应比较过激，甚至厉声训斥，反而会让孩子把注意力从食物身上转移到家长身上，并且把吐出食物当做一种和家长互动的游戏。

4. 对某种食物过敏。孩子挑食还有一种可能是对某种食物过敏，孩子年龄小，表达不清楚，吃过某种食物后产生难受、恶心的反应，因此拒绝这种食物，这是一种自我保护机制。

如果经过反复努力，孩子还是无法对某种特定的食物喜爱起来，那么家长也不必过度担心，缺失的营养素可以从其他食物中补充，而且个人的口味也可以随着年龄、所处环境的变化而有所改变。

生活更自理，学习更自由　太多的宝宝，吃饭要人喂，衣服不会穿，上厕所家长催，睡觉连拍带哄。更有甚者，孩子上了小学，爸爸妈妈代为整理文具，偶尔落下几样还埋怨妈妈没整理好。家长以为在帮助孩子减轻负担，其实是贻误孩子自我成长的时机，我们不能代替孩子长大，孩子只能依靠自己的力量来照顾自己、解决自己的问题。

自理能力不足会阻碍学习能力的发展。在幼儿园里我看见有的孩子都已经中班了，还不能吃一些块状食物，吃肉嚼几下没有味道了再吐出来，老人说在家一直都给孩子吃软烂的食物。过于细致的加工烹饪，不利于孩子口腔和消化系统的发育，孩子的面部、口腔肌肉没有力量，发音吐字会不清楚，牙齿萌出晚，不仅影响孩子的生长发育，还会直接影响语言能力的发展。

自理能力的不足还会影响孩子的运动能力、进行计划和预测的能力，以及自我控制能力，让孩子在生活和学习中遭受挫折和打击。

不得已，他们只能放慢脚步，从头开始，留意老师的要求，观察周围人的做法，一点一点的模仿、调整。和其他已经能够自如应对日常生活的孩子相比，在别人将大部分精力转移到学习活动中时，他们还不得不挪出相当的一部分精力用于弥补自己在生活自理能力方面的不足，这是非常可悲的。

生活无小事，习惯贵坚持　每个孩子在常规培养、习惯养成的过程中都会有不同程度的偏差，任何习惯，即使再简单也不是自发自觉形成的，都要经过反复的练习、重复、巩固，习惯培养贵在坚持。

学习打乒乓球时，为什么教练要从成千上万次接球开始教起，并强调动作的姿势，必须接到一定的数量时，球来了才无须大脑去判断，手自然地就会做出相应的反应，并且动作不变形，这被称之为动力定型。

在日常生活中，如果一个人比较稳定地反复从事某一活动，客观刺激和反应就会按照一定先后顺序作用于有机体。由于大脑皮层有系统性活动的机能，能够把这些信息有规律地协调成为一个条件反射链锁系统。动力定型的特点是当它形成后，一旦有关刺激物作用于有机体，条件反射的链锁系统就自动地启动。所以动力定型又称自动化了的条件反射系统。动力定型形成后可以大大节省我们的脑力和体力，减轻我们的负担而提高功效。人们在生活中养成的习惯、技能以及生活方式等等，在生理机制上都是动力定型的建立。

21天能够表现出一种新的好行为。好习惯的培养必须经历认识了解、纠结于放弃还是坚持的思想挣扎、掌握、反复强化的过程，真正建立并保持一个好习惯至少要3个月的时间。而要改掉一个坏习惯如戒烟、戒网瘾、减肥等，需要的时间会更长。

4.3.2 习惯二：良好的交往习惯让孩子如虎添翼

案例透视

小乖3岁，连续一周了每天早上都哭着说：“我不想去！不愿意去幼儿园！”妈妈坚持送，还劝孩子说：“幼儿园多好，有小朋友、有许多玩具，比在家跟爷爷奶奶有意思。”有一天在接孩子回家的路上小乖自己说起班里的事：“果果说他不是我的好朋友，他还跟别的小朋友说不要跟我玩。”小乖边说眼泪边在眼眶里转。我心里咯噔一下，觉得这么小的孩子感情怎么这么细腻啊，为这点儿事如此伤心，哪至于呀！

静静倾听孩子的心声你会发现，原来他们的烦恼经常被我们忽视。有时候，老师的一句批评或一次忽略、小朋友的一句玩笑或一次拒绝、同学间的一次摩擦或一句威胁，家长的一句数落或一次不理解，也许在成人眼中，这些根本就不能算是个事儿，但是在孩子的心里却可能留下一道沟坎，阻隔了孩子对学习的探索和追求。

在准备入园和入学的过程中，家长更容易关注园所学校、老师、分离焦虑、学习内容的衔接和超前准备等情况，而常常忽略了孩子即将面临的人际互动问题。在一个新环境中，如果孩子无法交到好朋友，无法感受到他人的接纳和陪伴，不会解决和他人产生的矛盾，就会感到孤独、压抑、被忽视、被拒绝，这对于孩子来说，是非常难受的。长此以往，非常容易滋生对学校、幼儿园的恐惧、回避，甚至是对学习活动的厌恶。

在孩子的小社会里，他们同样需要独立处理多方面的人际关系，与老师、同学、家长的关系。孩子希望能够得到老师的青睐，得到其他小朋友的接纳，得到家长的有力支持。

教孩子交朋友 很多家长都希望孩子能够合群、乐于交朋友、能够解决纠纷、能够保护自己、能维护自己的权利，但是这些都是非常复杂的社交技能，无法通过简单的教导、讲解而获得，而是需要反复的观察、模仿、尝试、调整才能逐渐掌握，需要心智的成熟作为条件。对于年龄较小的孩子，一方面，家长要尊重和理解孩子的现有水平；另一方面，家长可以从孩子能够理解、能够掌握的具体技巧开始教起。

我家宝宝的手特别重，别看只有两岁多，一不顺心就打人，手劲儿可大呢。每次带孩子出去和别的小朋友玩，我都提心吊胆，指不定什么时候，他就把人打了，或者抓破别人的脸或胳膊。我经常告诉他这样不对，不能这样，但是他总是改不了。现在只要我一领儿子出现在小区的活动场，周围的家长就带着孩子纷纷避开，让我很难为情。

在很多成人的眼里，这个宝宝具有暴力倾向，其实并不完全。由于语言能力的局限，很多低年龄段的宝宝更愿意用动作来表达交往的要求，但是又控制不好力道，容易对他人造成伤害。一方面，当孩子不经意伤害别人以后，妈妈应该及时进行清晰反馈。不是简单地说："你怎么能这样呢？你怎么又这样了？"而是用孩子能够听懂的语言告诉孩子"你用拳头推人/用手抓人，别人会感到非常疼，疼得哇哇大哭，所以不能这样"！另一方面，要告诉孩子应该怎么做，"妈妈知道宝宝其实想告诉别人，你喜欢他，或者想和他一起玩，是吗？妈妈教你，当想告诉别人你喜欢他的时候，你可以轻轻的摸摸他的手，像这样（握着宝宝的小手做示范），还可以抱抱他，像这样（抱着宝宝做示范）。这样别人就明白了。”妈妈还可以多和宝宝练习几次，直到宝宝掌握了为止。

我家宝宝3岁了，为了发展他的交往能力，经常带孩子去公园玩。但他总是站在旁边看别人玩，从不主动参与。我能看得出来他其实特别想和小朋友玩的，但就是不动，让我非常着急。也鼓励过他去和别人一块玩，但是他也不听，还是站在那看。3岁左右宝宝的游戏特点是平行游戏：喜欢接近小伙伴、模仿他人，进行类似的活动。在这个阶段他们一般是自己玩自己的，还不能和别人就游戏进行语言交流、相互影响，更无法像大孩子一样能够进行有目的、有规则、有角色分工的合作游戏，比如过家家等。所以家长无须过度担心，不要强迫孩子做他现阶段做不到的事情。值得肯定的是，家长常带孩子接触同龄人，为孩子提供了观察他人交往和游戏的机会，这对孩子的交往能力有积极的促进作用。

教孩子尊敬老师 老师在孩子的学习之路上是举足轻重的人物。孩子可能因为一位老师而爱上一门学科，也可能因为一位老师而痛恨一门学科；可能因为老师的一个微笑更有干劲，也可能因为老师的一次批评变得垂头丧气。老师的关心能让迷路的孩子浪子回头，老师的关爱能让封闭的孩子敞开心扉，老师的关注能让落后的孩子迎头赶上。

我还记得我们小的时候，最爱说的一句话就是：“老师说的！”有些家长的回答中有一丝嘲讽的意思，“老师说的话就是圣旨呀！”教孩子尊重老师可以从以下几个方面着手。

家长多传递老师对孩子的正面评价。孩子非常在老师对自己的评价、家长和老师之间的交流，越是那些在幼儿园、学校常犯小错的孩子，越担心老师告状，担心“今夜有暴风雪”、回家遭受“男女混双”的待遇。父母不要成为简单的传声筒，应该在事实的基础上着重渲染孩子的闪光点，同时鼓励孩子以后再接再厉，做得更好。

豆豆跟我女儿幼儿园和小学都同在一个班，他特别聪明，也有小男孩天生的顽皮好动的特点，很让老师和他妈妈费心。一次，我和豆豆妈一起参加家长会，刚结束，豆豆妈就拨通儿子的电话，兴奋地说：“儿子，今天老师表扬你了！说你现在上课认真听讲……”豆豆妈的做法很值得赞赏，要想让孩子听老师的，就先让他信服和贴近老师，如果孩子总是感受到被指责、被拒绝，信服和贴近老师就无从谈起了。

如果家长不尊重老师，孩子同样学不会尊重老师。老师作为一个人，需要尊重。人无完人，老师也有缺点，老师也会犯错，老师也有心情不好的时候，老师也有出口伤人的时候，但是我们要相信老师的出发点是好的，如果孩子受到老师的伤害，也要学着原谅和理解老师。

家长在孩子面前要树立榜样，做到尊重老师，更要谨慎的评价老师。如果对老师有意见或建议，应该私下和老师心平气和地沟通、探讨，不要在孩子面前仅凭主观臆断对老师评头论足、发泄不满。家长应该客观、全面的评价老师，既要就事论事，不泛化夸大，又要表里如一，不当面一套背后一套。没有学会尊重老师的孩子，同样不会尊重老师所教授的知识，更不会尊重老师的权威和管教。

礼貌，不仅仅是一种礼仪风范，更是人际交往的润滑剂 开口问好对个性比较开朗的孩子来说可能很容易，而对个性比较内敛的孩子来说就比较困难。他们可能无法马上消除对他人的陌生感，喜欢一点一点的接近别人，觉得这样更安全。对于这样的孩子，不必逼他一步到位，可以告诉宝宝：“见到熟悉的人要问好，这叫做懂礼貌。如果你没准备好大声说‘叔叔阿姨好！’也没关系，我们可以小声说，或者用微笑、点头、摆摆手暂时代替也可以。”

4.3.3 习惯三：良好的学习习惯让孩子如鱼得水

说到良好的学习习惯，每个家长随口就能说出好多：看书专心、不迟到、不早退，上课认真听讲、不搞小动作、不交头接耳，遇到不懂的问题向老师和同学虚心求教，回家先写作业然后再玩、按时完成作业，课前预习、课后复习，坐姿端正、保护视力……

学习是一种规律性很强的劳动。虽然学习的内容随着孩子年龄的增长不断更新和提升，但是贯穿于整个学习过程的却是一系列的习惯，正是这些习惯在周而复始的学习活动中慢慢拉开孩子之间的距离。

在学前阶段，结合日常生活，比较容易培养的、对将来影响较大的学习习惯有以下方面：

设立感召行动的目标　学习是有明确目标指向的活动，没有目标，就没有行动的方向，更没有检测行为的标准。很多孩子在学习的时候显得茫然无知，目标感模糊，或者明知目标是什么，却常常不能根据目标调控自己的行为，经常被无关事物吸引。

常听到家长这样抱怨：我整天都在说同样的话，“该起床了、该穿衣服了、该吃饭了、该回家了、该刷牙了、该睡觉了……”孩子不但不理解，还会用很厌烦的眼光看着我，好像在说“又来了”，其实我自己也挺烦的，整天唠唠叨叨，都快成老太婆了。这些事情孩子天天干，怎么就不知道什么时候该干什么呢？

在学习中设立学习目标，和在生活中设立一时一刻的目标其实是一样的。但是我们常常忘了给孩子练习设立目标的机会。我们总是说“该干什么了，该怎么样了”，我们总是先制定一个目标，然后要求孩子无条件地去执行。所以这些目标是我们的，而不是孩子的。既然不是孩子想要的，又怎么能够期望孩子会积极主动的执行呢？

要想让孩子将来能够独立设立学习目标，今天就要让孩子有机会练习设立生活目标，由小到大，由简单到复杂。关键要培养孩子敢想、愿意想的主动性。需要注意的有以下几点：

1．不要对孩子说“我们来设定一些目标”，对孩子来说，也许“目标”这个词还太过笼统、抽象，也许“想”、“要”、“安排”、“希望”、“计划”这样的词汇更容易理解一些。

2．让孩子自主设立目标，但这个目标不能天马行空，不能完全依靠别人的力量，最好是能够完全掌握在自己手中的事情，良好的目标应该是自己的愿望和实力的完美结合。比如，“我要把商店的糖果都吃光”，“我想养匹马”这些目标是我们无法实现的，但为了尊重孩子的愿望和梦想不要直接拒绝，具体做法请参见“我的发展”篇章中有关处理技巧。“今天要去公园，我想玩滑梯、秋千和旋转木马”，“我想画一辆公共汽车，有好多小朋友坐在上面，我们一起去郊游”，“今天天气好，我想穿公主鞋去幼儿园”，“妈妈说去超市可以让我选一样最喜欢的，我想要一盒巧克力豆”这些都是非常好的目标。想想我们自己儿时寒、暑假作息表夭折的原因，像上学一样的学习安排，没有预留休息和游戏的时间，没有老师的监督、同学的督促，执行起来更是难上加难。

预则立，不预则废　无论是《中庸》还是毛泽东的《论持久战》中都提到“凡事豫则立，不豫则废”的思想。其中，豫同预，意思是没有事先的计划和准备，就不能获得战争的胜利。提前做好准备工作，是一种习惯，更是一种智慧，它需要回忆过去的相关经验、发挥想象力让情景再现，预测可能发生的种种变故，并找出对策。

有一部优秀的国产动画片《没头脑与不高兴》，其中“没头脑”就是一个整天丢三落四、顾头不顾尾的孩子。在学校里，经常看到这样的孩子，临到上课才发现课本没带；要写字时发现昨天断尖的铅笔还没削；马上测验单词了，才发现昨天没有背。在工作中，身边也不乏其人，领导来年检了，才发现很多工作记录没有及时填写；临上飞机了才发现身份证落在家里了。这种失误虽然不能算得上是原则性的，但却足以让人的心情跌至谷底、搅乱一系列后续环节。我们总以粗心大意、马马虎虎来定义这些行为，究其根本还是缺乏计划和缜密思考的习惯与能力。

时间管理　俗话说得好“一寸光阴一寸金、寸金难买寸光阴”，但是这如黄金一般的时间却常常在学习中悄悄溜走。很多家长会发现孩子在学习中很难有紧迫感，拖拖拉拉，一会儿喝水，一会儿上厕所，一会儿吃东西，能往后拖就往后拖。只需专心用30分钟做完的事情，能折腾1个多小时。

孩子出现这种状况除了没有明确目标以外，还有三个原因：

第一，孩子对时间没有支配权。如果一个孩子，他在做完了必须要做的事情以后，剩下的时间仍然不归他自己自由支配，不能干自己喜欢干的事情，那么他有什么动力去对时间精打细算。如果省下的时间，家长还要安排孩子去做不喜欢做的事情，那么磨蹭、消磨时间是最好的应对策略。有的妈妈在带孩子离开游乐场的时候喜欢用倒计时的方法，“10，9，8，7…”这时候就会看到孩子飞快地、像猴子一样地上蹿下跳、使劲地转、使劲地跑，就好像要把这10个数用得更充分似的，有时候还会大声喊“妈妈，慢点数、慢点数。”等数到1，一般孩子就会乖乖的出来，虽然有点不情愿。对于真正属于自己的东西，人才会珍惜，对于自己的时间也是一样。

第二，周围吸引孩子注意力的东西过多。学习具有连续性，需要持续不断的注入精力才能顺利推进活动。一次不恰当的中断，需要投入更多的精力才能衔接上之前的活动。玩具、图书要分类码放，玩哪个拿哪个，玩完了物归原处。学习的桌子要干净整洁，与学习无关的东西收纳到其他的柜子里。家长怕孩子不专心学习，经常假借送杯水、送水果走近孩子、监督孩子，这都是对他们的打扰。家长可以有意识地训练孩子，在进行某一项活动之前，提前提醒孩子去洗手间、喝水，减少中途打断的次数。

第三，学习活动与游戏活动发生冲突。成人想一想，如果领导在周五下班以前，布置了一件颇具难度，但是又必须完成的任务，需要你在周末花大约3个小时完成。你会立刻着手去做，然后尽情享受周末？还是先享受周末，然后再着手工作？在学习中同样会出现这样的两难情况。养成“今日事今日毕”，先认真的工作学习再轻松快乐享受的习惯是留给孩子一生的财富。

结束感很重要　很多孩子在学习过程中经常会出现“虎头蛇尾”的情况，做事情三分钟热情。其实和开始一样，结束也是一个非常重要的环节，它能够让孩子体验到终止的感觉。在这个时候，孩子可以回忆初始情况，把现状和初始状况进行对比，引发思考，如果达到自己之前的目标，满足感和成就感就会激发出来，不经过家长的引导，孩子挺难体会到这一点。

结束的过程要分成两步：第一步，总结孩子的行为，总结学习的成果。比如，孩子画好一张画或拼插了一个玩具，除了让孩子自己表达作品的思想含义，家长还需要仔细地描述孩子的作品，色彩鲜艳、造型别致、比上一次画得快，给孩子一些鼓励，也可以把作品放在家里显眼的位置展示一段时间。第二步，如果没有完成，询问孩子是否想把没有完成的留待明天继续，如果孩子不想，我们就领着孩子一起把玩具分门别类的归回原位；如果孩子还希望明天继续玩，那么就和孩子一起把这些没有完成的作品挪到不易被碰触、不易被破坏的地方。但是顶多留3个待完成作品，以免养成半途而废、逃避收拾玩具的不良习惯。

好习惯不可能一天养成。家长的陪伴、演示和监督在习惯养成的过程中一样都不能少，而巩固阶段更不能疏忽。学习的方法和习惯非常多，既有共性更有个性。任何一种学习方法和习惯只要有效又不存在明显缺陷，只要有益于孩子的发展，就值得留用，值得坚持。

家庭延伸

家庭会客厅

很多妈妈都不喜欢让孩子把同学、小朋友带到家里来玩，因为孩子一多必然兴奋，把屋子搞得乱七八糟、脏兮兮。在家庭中为孩子创设交往的空间，对孩子以后在熟悉或陌生的环境中发展交往能力都有很多益处。

1. **发出热情的邀请。**对交往中表现回避、退缩的孩子，家长可以先请小伙伴到自己家来玩。孩子在自己熟悉的家中，如同东道主般非常自由，并有一种优越感，请他招待客人，客人也会对他毕恭毕敬，这有利于培养孩子主动交往的能力与信心。

2. 回访小伙伴。在与伙伴熟悉后可回访小伙伴的家，在一个相对陌生的环境里，锻炼孩子适应新环境、表达自己需求和意愿的能力。

3. 制造小冲突。组织孩子做一些物资有限的活动、游戏，提供一些数量有限的玩具或食物，并保证活动的空间里没有尖锐的棱角，没有可能造成重大意外伤害的物品，在安全的前提下，观察孩子如何解决分配过程中的冲突。一会儿你抢我的玩具，一会儿我抢你的苹果，甚至两个小家伙扭打起来。采用前文中提到的“等待5秒原则”，家长先不要急于干预，让他们自己尝试处理冲突。在孩子的交往中，出现冲突是必然的，争抢玩具、磕磕绊绊、打打闹闹、相互推搡，不胜枚举。很多家长既担心孩子伤害别人，又担心孩子被人欺负。关于应对孩子之间冲突的具体方法，可以参见本书第2章第5节的内容。

4. 送份礼物增感情。去伙伴家之前家长可以与孩子商量，事先给对方准备一份小礼物，切记，一定要孩子自己挑选并反复确认同意，否则到了伙伴家，孩子大闹起来会让你很尴尬，然后让孩子到小朋友家的时候送给对方。当然，在小朋友离开自己家的时候也可以送伙伴一件小礼物，这样既培养了孩子的大气又增进彼此间的感情。

4.4 能力在生活中积淀

授之以鱼不如授之以渔，

当孩子们离开校园步入社会，支持其长期发展的不单是课本里的知识，更需要高度整合的能力。现代社会需要人才具备：

更新知识的学习能力，

与人交流的沟通能力，

把握事物变化的思考能力，

锁定目标的专注力和耐力。

能力是顺利、有效完成活动必须的条件。我们常说的智力，其实是一般能力的总和，是从事各行各业、无论进行工作学习还是休闲娱乐都需要具有的能力，是认识世界并运用知识经验解决问题的能力，具体包括观察力、记忆力、思维力、语言力等多个方面。而特殊能力是进行某些专业领域活动需要的能力，比如艺术能力、运动能力等。

能力蕴涵在活动中，具体能力只有在对应的具体活动中才能发展起来，无论是一般能力还是特殊能力都是如此。绘画能力需要在绘画过程中不断练习；演奏能力需要在弹奏乐器的过程中反复练习。对于一般能力，也就是智力，几乎可以在生活中的任何活动中练习，而且活动可以是多形式的。

家长给孩子报才艺班，初衷没有错，但要记得，培养孩子学习才艺的目的是开发智力、艺术启蒙和熏陶、丰富多种能力，课程和活动只是开发智力的途径和手段，不要把培养明日之星作为目标，更不要过于关注才艺的结果。

4.4.1 把握学习的最佳时机

印刻现象与敏感期 1937年的诺贝尔奖得主、奥地利生物学家劳伦茨报告，小鹅出生后之所以会追随鹅妈妈，是因为小鹅刚出生时对看到的第一个移动的物体，无论是鹅、鸭子还是人类，都会产生追随行为，是一种本能反应，这种现象被称为“印记”或“印刻”。类似的特点人类也有，许多发展心里学家认为用“敏感期”描述人类更为准确：儿童在一定时期内发展某种能力最容易、学习某项知识和技能最容易，一旦错过这段时期，学习的速度和效果就会大打折扣。“印度狼孩”的案例已经很明确的告诉我们，儿童不同的能力在不同的时期发展显著，并有稍纵即逝和不可逆转的特征，在特定时期个体对环境影响特别敏感，错过时机相应能力培养起来会更加困难。

儿童处于脑发育的黄金期 早在妊娠中期3个月，个体所具有的绝大多数神经元（大约1000亿到2000亿）就已经形成。婴儿初生时，大脑脑重相当于成人的25%，2岁时脑重达到成人的75%，4岁时接近成人。婴幼儿脑重增加的主要原因是神经细胞相互联结形成突触、建立神经回路，以及神经纤维表面的髓鞘化。这些变化是大脑皮层成熟、功能分化、掌握技能、发展能力的物质基础。4岁左右，幼儿大脑皮层突触密度达到顶峰，约为成人的150%，这让他们对环境的影响非常敏感。那些经常被刺激的神经元和突触会保存下来，而那些没有受到适当刺激的神经元和神经突触将会消亡。

随着大脑不断成熟，大脑功能分化也越来越明显，这个区域负责语言，那个区域负责动作，有的区域负责决策，有的区域负责感觉。而人初生时大脑没有分化，因此在受到脑创伤以后大脑的修复能力也非常惊人。研究表明，5岁以前人脑负责言语的区域受损；另一侧脑半球很快会产生代偿作用，所以不会造成言语功能的永久丧失。如果脑损伤发生在5岁以后，言语功能就很难恢复如初了。

如何更好促进孩子的发展呢？ 苏联心理学家维果斯基早在半个多世纪以前就用几个精辟的观点回答了这个问题。第一，教育要走在发展的前面，也就是说，在具体能力发展之前进行教育。第二，要发现最近发展区，给孩子设立的学习目标最好像“跳一跳就能摘到的果子”那样，过高、较难的目标，会让孩子望而生畏放弃行动；简单、太容易的目标无法激发孩子的兴趣，挖掘孩子的潜能。家长和教师需要了解孩子的发展规律，设计的活动要有适合的难度，什么是适合的？孩子自己经过一番努力能完成的、在成人的指导下能达到的或与同伴合作能够达成的。

在孩子的敏感期着手进行教育能够取得事半功倍的效果。

有一次我在火车候车室等待列车，一对年轻的夫妇抱着刚会走路还穿着开裆裤的小宝宝坐在我附近。坐下没多久，这个小宝宝就扭来扭去，意思是要下地走一走。爸爸没办法，就把宝宝放在地上，孩子走路不稳当，爸爸怕孩子摔倒就弯着腰两手托着孩子的腋下。宝宝干劲非常足，绕着候车厅走整整两圈，还要走，但是爸爸的腰吃不消了，想抱起宝宝，宝宝不愿意，于是换妈妈来扶。妈妈扶着宝宝又走了一圈，也坚持不住了，就抱起宝宝给他指这指那，转移注意力，这才不继续走了。

宝宝刚会走路时走的积极性特别高，还愿意走那些没走过的地方、不好走的地方，到2～3岁，能走稳了，反而不愿意自己走了，一出门就要爸爸妈妈抱。因为这时候他们发展走路的最佳时期已经过去了。

能够捕捉到孩子的敏感期当然最好，如果您错过了孩子的某个敏感期，也不用捶胸顿足、悔不当初。人的潜力是无限的，大脑是可塑的、行为是可塑的、信念是可塑的，我们能够做的改变还有很多。错过了某个敏感期，只意味着发展这种能力可能需要付出更多的努力，在活动的组织和安排上需要多花些心思而已。

4.4.2 能力一：口头语言和书面语言的培养一样重要

一提到语言能力，很多家长眼前浮现的都是字卡、墙上的字母表、看图识物的小画本、绘本故事书、诗歌精选……家长常常把能背多少儿歌古诗、认识多少字、会写多少字当做衡量语言能力的指标，觉得这样才是为以后上学打好基础，其实并不尽然。

学前阶段，是发展听说能力的黄金期，而读和写则刚刚起步。儿童学习语言和成人学习第二外语不一样，他们采用完全浸入式的学习方式，在交往中吸收、沟通中自我纠正、应用中巩固掌握。

母语录入期 即使是初生不久的婴儿，也对语言特别感兴趣，当人在说话的时候，喜欢盯着说话的人看，并且能够分辨出妈妈的声音，也特别喜欢妈妈的声音。婴儿在正式开口说话之前就已经开始听，听发音、听语调、听意思。婴儿之所以能够在1岁到1岁半之间说话，不光是生理成熟的结果，更是听的信息长期累积的结果。这个阶段，不管孩子能不能听得懂，都要多和孩子说话，结合正在做的事情，见到什么就说什么，加上肢体动作进行解释就更好了。在宝宝哼哼唧唧、咿咿呀呀的时候，家长应该意识到这是孩子在为开口说话做准备工作，所以要积极地回应宝宝，猜测他的意图，回应他的想法，安抚他的情绪，表示对他的理解，等等。2～3岁更是儿童词汇量飙升的时期，这时孩子最喜欢问："这是什么，那是什么。"耐心地讲述将给孩子提供更多听和记的机会。

口语爆发期 儿童刚开始能说话的时候说话的积极性并不高，大约到了1岁半，说话的积极性空前高涨，从那以后，会逐渐说出叠词、单词句、双词句、多词句，词汇越来越丰富、句式越来越复杂。

在两岁以后孩子就能够察觉到自己的语音、语句和他人存在不同。有的孩子出现结结巴巴、发音不清、词不达意、语序颠倒的现象。这些并不是真正意义的"口吃"，是由于内部语言与外部语言的不统一所致，内部语言发育迅速，而外部语言发育未成熟。孩子发错音、说错话时会感觉不好意思，当大人当众纠正或取笑孩子，孩子会表现出抗拒和难为情，这种行为会刺伤孩子讲话的信心。模仿的天性让孩子乐于模仿别人发错的音和说错的话，甚至是引发家长强烈反应的"脏话"。一位美国儿童心理学家经过长期观察发现，在交往中，儿童能够自行纠正发音、语法方面的错误。准确发音需要口腔、咽喉、鼻腔等多个器官的协调运作，一般3岁左右，儿童能够基本掌握母语的发音。运用语法需要大量地主动尝试和交流反馈，4～5岁孩子基本掌握母语语法。父母一方面要注意为孩子创造与人多交流的互动环境，提供正确、标准的语言模仿材料，如多和成人、小朋友接触，父母坚持用普通话和孩子交流，多给孩子讲故事、描述生活事件，等等。另一方面要特别注意保护孩子主动表达的积极性。当孩子想说的时候别嫌孩子烦，而是认真倾听，不要刻意的纠正孩子的发音和语序错误，以免打断孩子的思路，只要在孩子说完以后用正确的说法重新说一遍即可。

案例透视

分清孩子的表现欲和表达能力

很多家长希望用当众表演的方式来锻炼和检验孩子的语言表达能力，但多数孩子并不配合。在不同年龄段，孩子的表现欲也是不同的。有一位性格内敛的女同事曾经跟我说过她幼年时候的一段经历：

我是一个内向的人，妈妈说我3岁多的时候，表现欲特别强，俗话说的“人来疯”。我会模仿电视上的歌星唱歌、讲故事、背儿歌，握着手电筒当麦克风，把床单系在肩上当披风穿，还把细细长长的黑色铁丝发夹别在橡皮筋上，然后把橡皮筋挂在耳朵上当耳环，然后不管家里有没有客人在场，就缠着大人给他们表演。家里的长辈总是告诫我，“女孩子要稳重，你太得瑟了（过于张扬的意思）。”

随着时间的流逝，孩子的自我意识也在不断的增强，更加在意别人对自己的看法和评价，会让孩子逐渐变得内敛含蓄。另外，不同的孩子个性迥异，有的“人来疯”，观众越多表现欲越强，不用准备张口就来；有的则喜欢把事情放在心里琢磨，不爱言语，往往不说则已，一语惊人。后者比较慢热，更喜欢在感觉安全、有充分把握的时候进行表演。对于不同的孩子，家长应该用不同的方式进行引导，孩子不想表演的时候不要硬逼着孩子表演，孩子没准备好的时候不要硬把孩子推到众人面前。而且锻炼孩子表达能力的方法也不只有表演一条路，孩子是否能够当众表演也不是衡量语言发展能力的唯一标准。孩子说的欲望强不强、回应是否切合主题、内容是否连贯、用词是否恰当、是否能在原有情节基础上进行创造、是否声情并茂，这些都是衡量语言能力的重要标准。

育儿技巧

前阅读和前书写能力的培养

我们常感慨犹太民族非常注重培养孩子阅读的好习惯。我国幼教纲领性文件《幼儿园教育指导纲要》中明确指出，在学前阶段，“应该以培养孩子阅读和书写的兴趣为主”。因此，培养学前儿童阅读和书写能力的重点应放在培养阅读兴趣和习惯上，放在鼓励儿童多动手，锻炼手部精细动作能力上。

1. “四定”培养良好的阅读习惯。“四定”指定时间、定地点、定人、定读物。

定时间：坚持在一个固定的时间点，每天早晨9点钟或临睡前为宜，早晨精力最旺盛，临睡前是喧闹过后难得的安静时光。每次大约15分钟为宜。

定地点：家中开辟安静、温馨的读书区域，照明亮度适宜，有图书分类码放的空间、柔软的垫子、小桌子小椅子等，创设适宜开展阅读的环境。

定人：一般是爸爸妈妈，要普通话标准，最好能做到读起故事来声情并茂。

定读物：3岁以下的宝宝适合使用一图一物的精美绘本，内容贴近婴儿生活、故事主角造型可爱、线条简单，背景简洁，不会因太过复杂而干扰注意力。反复阅读同一个故事有助于营造熟悉感、促进孩子对人物关系和整个故事情节的理解。后期可以根据孩子的兴趣挑选题材更为丰富、画风更为多样、情节更为曲折的童话故事绘本。

不同年龄的孩子适合不同的阅读姿势，爸爸妈妈可以将3岁以前的婴儿抱在怀里共同阅读，可以和3岁以后的孩子并肩坐在小桌旁进行阅读。

2. 绘画和涂鸦锻炼手部精细动作。有个5岁的小朋友在写字的时候，没一会儿就喊累，如果妈妈不扶着自己的手写字，就拒绝继续写下去，而且写的字七扭八歪，笔画非常凌乱，有时无法一笔完成一个比较长的笔画。另一位同龄的小朋友不但能够长时间的写字，字体还非常整齐、娟秀。经了解，第二位小朋友之前学过一年的绘画。

书写不是到了一定年龄就自然而然能够掌握的事情。书写需要手腕、手指肌肉的成熟和力量的提高，以及多部位精细动作的协调。两岁半左右是发展手部精细动作的重要时期，大拇指和其他四指的分化经历了三个过程，大把抓（五指并用一起抓握物品，拇指没有分化）、三指捏（拇指、食指和中指捏，拇指分化）、二指捏（拇指和食指捏）……在生活中，多让孩子运用自己的手，如串珠、抓放物体、搭积木、做感兴趣的手工、画画，带孩子择菜、叠小手绢、亲子共读时让孩子翻书页等都是非常好的活动。在此基础上，让孩子从使用短粗胖的笔，比如蜡笔，慢慢过渡到使用更细、更轻的笔，如水彩、彩铅笔；先让孩子进行大面积的涂色锻炼手腕的力量，再进行画线条和简单几何图形，如闭合的圆形、三角形，来练习手指的力量和协调性。

4.4.3 能力二：让孩子在动作中发展思维

一个人的思维能力决定了成就的高低，最高水平的思维是辩证逻辑思维。但是这种思维不是一蹴而就的，而是在动作思维、形象思维、逻辑思维的基础上逐步进化衍生出来的，每个孩子都要经过这个由低到高的演化阶段。

用嘴巴认识世界的年龄　孩子从6个月开始到1周岁左右，什么东西都抓起来往嘴里塞，不管是食物、玩具、书本，如果物体比较大，比如是一面镜子，实在塞不进嘴里，就会用舌头去舔。我曾经看到一个视频短片，约1岁的小宝宝看到家里宠物猫的尾巴在自己眼前摇来晃去，就笨拙的用手慢慢抓住，然后把尾巴尖放进嘴里。

人直接接触事物的感官分为五种：视觉、听觉、嗅觉、味觉和触觉。吸吮反射是人天生的无条件反射，这个时期的宝宝用嘴来体验和认识周围的世界。一个玩具是什么颜色、是有味道的还是没有味道的、是硬的还是软的、是轻的还是重的，这些是通过五官的感知和肢体操作积累的直观经验，能够支持和发展动作思维和形象思维。

一位妈妈告诉我：爸爸故意拿盘杨梅引诱小宝，小宝先是用手试探性的摸摸，突然以极快的速度抓了一个往嘴里放，我赶紧抢下，小家伙却再次以“迅雷不及掩耳之势”抓了一个放到嘴里，几个回合之后，小宝终于撅起嘴巴哇的哭了，我和他爸在一旁笑到不行！我这样回复：这么大的宝宝就是通过口和手来认识世界的，我们看似好笑的逗引，玩“抢夺”游戏，实际上让正在积极探索的孩子感受到了极大的挫败感。爱孩子的父母们！建议给孩子换上可以吃的东西，或者不能吃但也不会吞到肚子里的东西，让他抓，允许他放到嘴里尝，获得体验和经验。

家中的破坏大王 美国著名儿童心理学家皮亚杰精辟地指出，思维源于动作。两岁左右的宝宝，到手的东西不是撕扯、就是摔扔。有位妈妈这样描述宝宝摔东西的行径：

我家宝宝什么都往地上摔，只要是他能拿得到的东西，最后都会被扫到地上。摔的时候还特高兴，说了多少次了就是不听，都摔完了，还要大人重新捡回来，然后继续摔，反反复复，乐此不疲。如果大人不给捡，还会大哭大闹。

这个阶段正是宝宝用自己的动作进行思维的阶段。通过触摸，能够体验到事物的材质、轻重、形状、大小、声响和滚动过程；通过摔扔，还能体验到自己的动作对事物产生的影响，周围人对自己行为的反馈。

大约两周岁以后，当通过动作积累的直观经验比较丰富以后，孩子不再需要事事都触碰，而是通过看就能理解事物。这时他们更关心各种新事物的样子、名称和功能，并且在这些知识的基础上进行模仿、想象和创造。这个阶段的宝宝特别喜欢玩假装游戏，此阶段儿童对事物的理解也是以自己有限的直观经验为基础。比如，两岁的萌萌拿着玩具小杯子，跟爸爸玩喝酒的游戏，模仿大人倒酒、碰杯、喝酒、醉倒的过程，爸爸叫她，她一动不动。这说明她通过观察已经获得人醉倒以后会很长时间不能动弹的经验。

直观经验为抽象思维做准备 孩子只有经历了这些直观经验的积累，才能发现抽象符号的意义，为抽象思维做准备。一位美国数学家曾这样自述：

我小的时候非常喜欢玩石子，有一天，我把10个石子反复摆成不同的形状，然后惊奇地发现，无论是从哪一头开始数起，无论怎么变换石子的位子，每次数数，得到的结果都是一样的，都是10。于是我真正理解了数字所代表的含义。

很多时候，孩子记住一些抽象符号，并不代表他们真正理解，并且能够运用这些符号。而理解和运用抽象符号的基础，正是在生活中积累起来的直接经验。

在发展动作思维和形象思维的学前阶段，如果不让孩子动手操作、独自观察、体验生活，而去死记硬背1+1=2，或者拼音、汉字、英语字母表这样的抽象符号，对孩子来说并非有益，更多像是揠苗助长。

没有看过日升日落、昼夜更替，谁能理解时间是什么？

没有听过钟表的滴答声响，谁会思考机器是如何精确运转的？

没有摆弄过石子和积木，谁能理解什么是轻重？

没有见过高山、大海和星空，谁能凭空感受到有限和无限、宏伟和渺小？

因为思维源于动作，所以不要认为孩子在故意捣乱；

因为思维源于观察，所以不要认为孩子在毫无目的地傻看；

因为思维源于现实，所以不要给孩子营造超现实的“小世界”；

因为思维源于自主尝试，所以不要用过于严苛地管教束缚住孩子的手脚。

所以，不要认为认识数字、文字符号，进行数学运算或是独立进行文字阅读就能进行抽象思维。幼小的孩子，缺乏经验、知识，所以只能靠感官来直接接触客观事物，并且从中积累最初级的直观感觉经验，为将来理解和掌握抽象经验做准备。可以说，这个阶段所做的准备越充分，将来向抽象思维过渡才会越顺利、抽象思维的水平也会越高。

4.4.4 能力三：提高效率的专注力

专注力，也就是常说的注意力，是指将精神集中到某一个对象上的能力，专注力是记忆的必要条件。记忆是识记、保持、再认和重现客观事物或经验的能力。专注力能让人忽略周边无关的刺激，全身心地指向目标，没有专注就没有记忆。比如，孩子蹲在地上，看着身前的草地，他没有看小草，没有看小花，而是在看趴在小草叶子上正在休憩的七星瓢虫，这就是注意，将精神和关注点只放在某一个对象上，而不是其他的对象上。

不是关注时间长就万事大吉 注意力的评价标准不是唯一的，可以从4方面来看：孩子看七星瓢虫能看15分钟，一动不动，还不嫌累，连爸爸妈妈招呼他都听不见，注意力保持的时间较长，说明注意的稳定性好。如果孩子在观察七星瓢虫的时候，除了盯着眼前的这一只，还能看到周围很多只，有趴在小草叶子上的；有站在花瓣上的；有的背上有7个点；有的背上有5个点；有的一动不动；有的慢慢在爬；有的张开翅膀飞来飞去，这时孩子的关注点不是一个，而是多个，而且能够兼顾，这说明注意的范围比较广，注意的广度比较好。当孩子看瓢虫正起劲的时候，由于迫不得已的原因，比如该回家吃饭，或者进行下一项活动的时间到了，孩子虽然有短暂的不舍，但不久就能再一次聚精会神地投入到下一项活动中去，那么说明专注力转换得比较好。如果这个孩子在表演节目的时候，需要一边唱歌、一边跳舞；一边注意台下老师的指导，一边照顾到周围人的步伐和进度、保持整体的队形，总之需要兼顾多方面的操作，这说明孩子注意力分配得比较好。

所以，注意力并不是单维的，是稳定、广度、转换和分配，至少4个维度组成的混合体，而且具体到个人，也会因孩子的年龄、活动的性质和有趣程度、孩子的兴趣点、孩子的个性等存在多方面的差异。

玩具过多不一定是好事 注意力是对事物的指向和集中，没有对象，根本谈不上关注。在现代社会，很多时候不是缺少关注的对象，而恰恰是可关注的东西太多了。

家长常这样向我诉苦："现在的孩子条件多好啊，要什么有什么。为了开发孩子的智力，家里图书、玩具堆得满满当当。新买的图画书，我家宝宝翻几页就不看了。干什么都没常性，一会儿推推小汽车；一会儿摸摸积木，什么也干不长。连听故事也不能老老实实的，听一会儿觉得没意思就玩别的去了。"

如果可供选择的项目非常多，孩子也会感觉无所适从。往往考虑哪个选择更有吸引力，不断地追求新鲜和占有，注意被不断的干扰，不能保持一定的时间。

回顾过往，在物质匮乏的年代，没有玩具就自己制造玩具，沙包、牛羊骨头、石头子、杨树须、车圈，虽然简陋至极，却能变换出十余种玩法。匮乏而有限的资源反而让人更加专注，并在专注中进行创造。如今，回到过去是不现实的，也是没有必要的，家长需要做的是控制投放玩具的数量，定期更换，为发展孩子的注意力提供有利条件。

我们赞叹某人聪明过目不忘，其实是记忆力好。有充分感受的内容记忆更深刻，对感兴趣的事物不容易遗忘。如果了解艾宾浩斯提出的遗忘曲线，在容易遗忘的时间段强化重复知识点，也会提高记忆效果。把知识图像化会让记忆更清晰，不断诵读会让记忆更迅速，分门别类地存储信息可以让记忆更有条理，更有利于分析问题，统筹规划。另外，合理的膳食、充沛的精力、多样的兴趣对记忆力的发展也至关重要。

不得不说的注意力缺陷多动障碍（ADHD） 现在，老师和家长一看到孩子坐不住板凳，在学习的时候东张西望、搞小动作就说孩子多动，或者担心孩子得了多动症、注意力障碍，所以我们在这里有必要说一说到底什么是传说中的ADHD。注意力缺陷多动障碍（Attention Deficit Hyperactivity Disorder，ADHD）是一种由于大脑功能失调而造成的多种症状，最核心的表现是自我控制能力缺乏导致的有意注意不足。

学前儿童的注意主要以无意注意为主，常被事物突出的特点所吸引，这种注意不需要特别付出意志努力，但是极不稳定。而有意注意是指在个人意志的控制下，排除干扰因素，把注意力锁定在当前需要完成的事物上。同时学前阶段也是无意注意向有意注意过渡的重要时期。

ADHD的核心特点包括三方面：第一，对任何事情都不能长时间保持注意力，不能达到同龄人的平均水平，在活动时总是会被无关刺激带跑。需要澄清的是，玩电子游戏和看电视不包括在内，因为这两种活动不需要任何意志努力。第二，不能根据具体情况调控自己的行为，不能提前计划、理清顺序、预测结果，并且根据结果调节行为。这给他们的学习、生活和人际交往造成很大的困扰，比如在课堂上、聚会时不恰当的多动；虽然忙碌却杂乱无章，没有目标；在交往中很难考虑他人，处理同伴冲突时很冲动，不能遵守游戏规则。更让人泄气的是，孩子自己明明知道这样不应该也改不了。第三，集体教学环境适应不良。在集体学习过程中，无论是听讲过程、对纪律的遵守情况还是完成作业情况，都是非常困难的。而在家中和父母进行一对一的交流时比较正常，在父母的紧盯下，抵御无关因素的干扰和维持学习过程的情况会有所改善。

一般来说，同时满足这3点的儿童需要到相关权威部门进行进一步的诊断和确认。

还需要提醒家长注意的是，不是所有有注意障碍的孩子都好动，有的孩子比较安静，课上也不会乱动或干扰其他人学习，却在课堂上、独自进行学习活动的时候一直无法抑制自己走神。

ABC 育儿技巧

提高专注力的方法

专注力存在于所有活动中，它不是一种独立的能力，是运用观察力、运动能力、语言能力的前提，所以在孩子进行具体活动的时候就自然能够锻炼专注力。在此介绍几个帮父母从“人”和“物”两个方面提高孩子专注力的做法。

“人”的方面，包括家长的引导和对孩子的尊重：

1. 不打断、少干扰。只要不涉及安全和必须遵守的时间，可以不去打断孩子、终止活动。如：在红黄蓝幼儿园里，某个孩子对某活动非常感兴趣，不愿停下来，只要不是生活必须遵守的时间表，可以由生活老师陪着这个孩子，将他喜欢的活动进行完整。

2. 变音调、调音量。通常家长在向孩子发出指令的时候，喜欢用大的声音去强调。但是大音量、平淡的声调不利于孩子专注倾听，抑扬顿挫富于变化的声音和适度穿插小音量反而会让孩子仔细聆听，从而提高专注力。

3. 共游戏、多互动。当孩子发现自己的语言、行为能引发对方的关注、反应和变化时，就会非常愿意继续活动。亲子可以共同玩玩具、看书、聊天、爬山、踢球、散步、做健身操等。在父母的陪伴和引导下进行活动，不仅能让亲子关系更融洽，还能帮助孩子延长游戏时间，提高专注力和持续性。

“物”的方面，包括提供玩具和创设环境：

1. 环境安静、整洁、减少干扰因素。孩子生活和学习的环境装饰不宜过于花哨，学习空间布置清新素雅，尤其桌面不要放置过多的摆设。

2. 借助益智玩具。操作类玩具可以锻炼孩子手眼协调，从而提高孩子的专注力。如拼图、儿童棋、积木、拼插和建构类玩具等。

3. 适量投放玩具。一次不要投放太多的玩具，定期更换，保留一部分旧玩具，替换一部分新玩具。既保持孩子对玩具的新鲜感，又保证给孩子足够的时间探索玩具。

4.4.5 能力四：坚持不懈的耐力

常常听到家长说孩子没常性、虎头蛇尾。一般而言，在家长看来，要么是孩子懒惰、好逸恶劳，要么是经不起挫折，一点小风浪就抵挡不住。

孩子的耐力是惊人的　真的是家长所想象的那样吗？事实并非如此，因为即使是上幼儿园的孩子也有让人惊讶不已的时候。

我女儿5岁时，大表姐和我们两家去泰山游玩。在泰山脚下大家信心满满，发誓一定要自己爬上去，但大家都比较担心孩子怎么办，纷纷出主意，实在不行就大家轮着背或者雇抬滑竿的，于是兴高采烈地出发了。但是一路上我们大人好几次因为体力不支，都想放弃，但是小贝贝却一直坚持着："我自己爬！"没用大人抱没用抬滑竿。看着一家人中最小的孩子都在咬牙坚持着，我们这些大人也不好轻言放弃。最后，我们竟然真的完全靠自己的力量爬上了泰山山顶。贝贝的大姨夫当年50岁了，感慨地说："是贝贝把咱们带上来的。"

这件小事除了能够说明小朋友的耐力以外，也从另外一个侧面说明，当小群体中有一个比较能坚持的人时，其他的人也一定会受到鼓舞和影响。所以，想让孩子成为一个有耐力的人，那么作为三口之家中占2/3比重的父母，其榜样的作用可想而知。

没有耐力的成年人　有时候不是孩子缺乏坚持下去的耐力，而是家长提前叫停，不愿意继续坚持下去。

在旅游景点，有一些经典的线路，往往会安排两种游览方式。一种是比较费时费力，比如通往山顶的步行道、跨河悬浮索道。另一种是省时省力的，比如平地电动车、登山缆车、索道下的摆渡船。最想省时省力的往往是成人，最先喊累、叫苦的往往是成人，最先放弃自己努力的往往也是成人。如果孩子提出想坐缆车或电瓶车，大多是想尝试一下坐上去的滋味，而不是为了享受代步功能。

除了想省时省力，还有相当一部分家长害怕累坏了孩子。觉得孩子小胳膊小腿的，累坏了可怎么办？觉得孩子还这么小，怎么能和成人一样吃苦？其实根本不是那么回事，因为他们忽略了一个事实，孩子的精力一般比成人要旺盛，孩子的字典里，"不可能"这三个字出现的频率要远远低于成人。

另外，孩子坚持下去一般意味着家长要陪伴下去，这时很多家长都会感到麻烦，这才是不愿意坚持下去的真正主因。我的女儿在幼儿园大班学习了近一年的架子鼓，老师夸孩子节奏感非常好，即使是对她这个年龄阶段来说比较复杂的曲子，贝贝也能很快地掌握鼓点。老师不止一次对我说，贝贝很有这方面天赋，一定要好好培养。但是想到孩子在进入小学以后要把更多的精力放在学习上，我们就不学了。现在，看到当初远远不如贝贝的小朋友经常获得全市、甚至全国的比赛大奖，心中不免有些怅然。遥想当初，不得不承认，决定放弃架子鼓，相当一部分原因是我们认为孩子上学以后每天接送就已经够累了，周末还要往返不短的路程继续接送孩子学鼓，而且一坚持可不是短期的事情，除了定期接送、支付不菲的学费，还要想着法儿的逗引、甚至逼迫孩子继续学下去，所以趁着要上学的由头，就没有继续学习。

要对困难有所预期 有时候，孩子说不想再学了，不是真的不想再学了，而是遇到了困难或者是想要尝试更有意思的活动。这时家长应该及时沟通了解情况，和孩子一起想办法解决问题，给孩子鼓劲，而不是把失望和气愤反过来发到孩子身上。

在追求成功和卓越的路上，有太多的障碍，有太多的“拦路虎”。而成功的光环虽然吸引人，有时却那么的虚无缥缈。在实实在在的障碍和“拦路虎”面前，想要放弃是再自然不过的想法。父母要提前预知孩子在学习中即将面对的“坎儿”，比如，学习某种艺术特长、运动技能，小学三、四年级开始写作文，初中几何，高中物理、化学，任何学科知识都有阶段性的跨越。家长需要提前让孩子接触这一学科领域，运用简单化、趣味性的手段，如，参观科技馆、尝试实验、观摩大孩子学习练

习的场面，帮孩子增强学习的信心，顺利度过“困难期”。

作为家长，除了担当敏锐的觉察者、身体力行的榜样，还要做强有力的支持者。来自亲人的鼓励和陪伴永远是最无声的、最强大的力量。

认同感受，倾听孩子，以便识别是遇到了什么样的问题，然后再决定是需要暂停还是需要继续坚持下去，这才是帮助孩子发展耐力的好方法。

最后，我希望和大家分享的是，不要为了发展孩子的耐力，让孩子什么都要坚持到底。一个人的精力是有限的，如果为了坚持而坚持、方方面面都要坚持，是非常呆板，也是非常不切合实际的。我比较欣赏幼教行业一位前辈的观点，可以给孩子选择不同的兴趣班，并且坚持一年，目的是为了发现孩子独特的优势和特长。就像撒一把种子到地里，看看发芽最早、长得最壮的是哪一颗，优中选优。然后再为孩子树立专攻的方向，带着孩子长期地坚持下去。

家庭延伸

提高专注力的亲子游戏

许多游戏可以提高孩子的专注力，如迷宫游戏、镜子游戏、倾听游戏、走直线、平衡木、绘画、阅读图书、在画中找答案、比较两幅图找出有几处不同等等。根据儿童年龄的不同采取的方法应由易到难，以游戏为目的，保持愉快的氛围，不要过分强调完成的结果，一次2～3个，时间在15～20分钟，不宜过长，在此介绍几个培养孩子专注力的游戏：

1. 眼睛、耳朵、鼻子的游戏。在1岁半到3岁之间，孩子对掌握事物的名称、找到名称和事物的对应关系非常感兴趣，这时，家长可以和孩子玩这个游戏，就是一个人说指令“眼睛/耳朵/鼻子”，另一个人以最快的速度把手放在相应的器官上。亲子二人轮流进行。当然，指令可不限于面部器官，还可扩展到身体的各个部分，或者周围的事物等等。

2. 国王与士兵的游戏。亲子轮流扮演国王与士兵，担任国王的人下达命令，扮演士兵的人必须执行。要求命令清晰、简单，依靠士兵个人力量在家中即可完成，同时不能伤害自己和别人。这时可以挑战对方平时不情愿做的事情，也可以逐渐增加完成任务所需要的步骤和时间。游戏结束后可以引导孩子说说内心的体验和感受。

3. 接球

- 亲子之间玩抛接球的游戏，年龄小一点的宝宝，选择大一些的球（如排球、篮球），爸爸妈妈抛球让宝宝双手接。
- 年龄大一点的宝宝准备一个小球（如网球、乒乓球等），一只手拿球，自己将球向上抛出，然后用同一只手接住。
- 接弹回的球：准备一个有弹性的小球（如乒乓球、网球），让孩子站在离墙一米远的地方，对着墙投球，当球弹回来的时候，用手接住。

5 管的艺术

专家箴言

实施管教的一个中心四个原则。用合作代替听话，用规则代替惩罚。

权威不是家长式作风，权威是尊重和信任的组合。

打孩子短期有效、长期无效，甚至可能造成无法愈合的心痛。

“比”是两把锋利的匕首。

管教孩子首先要解码孩子的不良行为。

5.1 要管但绝不要体罚

管与爱就像两只船桨，只划动一支船会原地打转，不能前行。

玉不琢，不成器，子不教，不成才。

遗憾的是，家长本着良好的初衷管教孩子，结果却往往差强人意：

惩罚会让孩子变得战战兢兢、如履薄冰。

认错会让孩子变得敷衍了事、口是心非。

比较会让孩子变得否认自我、放弃竞争。

管不是指责和伤 害，是建立成长的界限，更是保护和支持。

管正如一缕阳光，引领孩子成长的方向。

管是门艺术，让亲子双方从对抗到合作，让彼此互利共赢。

膳食中的各种营养成分需要平衡，心灵营养同样也需要平衡，人才能身心健康成长。孩子成长如同小树的成长，难免有长得不直的时候，如果采取简单粗暴地“修剪”，容易伤到幼小的心灵。管教更像是阳光，用温暖、用正向的力量，引导孩子成长。

5.1.1 “管孩子”是家长对教育行为的统称

孩子呱呱坠地时，几乎没有独立生存的能力，更不用说自我保护意识、生活经验和社会经验，为了让孩子逐渐转变为一个合格的社会人，家长们煞费苦心。

要保证孩子的安全，不要遭受意外伤害，如烫伤、摔伤、撞伤；要保障身体健康，不挑食、睡眠充足、运动适量；要形成良好的行为习惯，睡眠规律、讲究卫生、能够自理；要智能发育良好，在学习中表现专注、记忆力好、能够掌握和年龄相当的知识；要形成良好的社会交往能力，乐于与人交往、会和他人分享、懂得如何保护自己。总之，让孩子能够符合社会规范的要求以及家庭微环境的要求，孩子是必须要管教的。

一位妈妈向我无奈地诉说3岁儿子的“野蛮”行为：“孩子看电视都已经1个多小时了，累得眼睛都酸了，直眨。我让他休息一会儿，叫了许多遍孩子都不动；我说宝宝该吃饭了！宝宝还是不动。我端着碗走过去，结果孩子一下子把碗打翻在地。我火了，伸手去拉孩子，结果被孩子大咬了一口，还把玩具使劲地扔在地下，扔得到处都是……”

孩子出现无礼、任性、好斗是最让家长恼火的。管不管？绝对该管！并且要管好，否则不良的行为会变本加厉，负面的情绪会逐渐升级，到了青春期这个人生第二反抗期会让你更加烦恼。

俗话说“慈母多败儿”、“棍棒底下出孝子”。惩罚是必要的，但是惩罚的方式却不应是简单粗暴的体罚。管教不需要声嘶力竭、唠唠叨叨、挖苦讽刺、棍棒相加。管教也可以温柔、平和地实现。

5.1.2 管教绝不是体罚

打孩子有效吗？ 打孩子可以说是古今中外应用最广泛的教子方

式，有效吗？有效。打过之后孩子的不良行为立刻有所收敛，能在一定时间内不再出现。也有的孩子打过一次后，那种不良行为再也没有出现，但随着他的成长，细心的你会发现孩子每当遇到同样的问题会犹豫、会躲闪，而不能直视和面对问题，或者倾向采取极端的方式来处理问题。

打孩子短期有效、长期无效，甚至还会引发其他方面的问题。因为当时的皮肉之苦让孩子感到恐惧、屈辱和不甘心，却忘却了自己的初衷是什么，也不知道自己挨打到底错在哪里，更不知道以后如何才能既不挨打又能实现自己的愿望。家长往往希望经过“打在儿身痛在娘心”的惩治，让孩子知书达理、口服心服，结果却适得其反。

责打是孩子心中永远的痛　99次被拥抱和1次挨打，哪个印象更深？多数人会回答，挨打。很多人都记得父母打自己的情景，使用什么样的武器，当时的事件背景，以及自己的感受。等到孩子长大后虽不记恨父母当时的不得已而为之，但每当提及此事心中还是有份难以释怀的酸楚，但父母们在这个方面仿佛都得了健忘症，会惊奇的反问：“是吗？我都不记得了。没有那么严重吧，打你不是我的本意，我那么爱你，给你买好吃的好穿的，是你当时太气人啦。”

很多人相信孩子“不打不成才”，有媒体报道一些成功成才的人童年时有被打的经历。但是我们从中发现，这些人成年以后，仍然对挨打带来的身心痛楚刻骨铭心。还有更多的孩子经过“武力磨炼”不但没有成功，反而造成巨大的心灵创伤。男孩子在挨打以后会本能的产生反抗与冲突，怨恨、憎恨从此产生；女孩子在挨打以后多半会感到自卑，变得胆小懦弱。长大之后，即便用其他办法也很难弥补，家长们切记，千万别用打的方法把亲子间的亲密感打没了，把亲子关系打散了。

责打是错误的榜样 4岁的闹闹调皮好动，爸爸“秉承”的教子名言是“男孩的大脑长在屁股上”，意思是只有挨打孩子才能长记性。一天，2岁的弟弟往花盆里倒果汁，闹闹冲上来动手打弟弟，大人问他怎么能打弟弟呢？他说我在帮爸爸管弟弟。父母打孩子，老师批评学生，这些情景都无形中给孩子树立了一个错误的范例，孩子会无意识地吸收，一旦找到合适的机会和对象，就会模仿成人的举动，来施展自己的权威。更糟糕的是，这些情景还向孩子传递了另外一个信息，我打不过爸爸妈妈，但我可以打弟弟、小猫小狗，从而错误地发泄和转移情绪。

责打让孩子失去价值感 以前的鞭挞刑罚，其目的不光是让人经受皮肉之苦，同时还要摧毁一个人的意志。家长对孩子使用武力，不仅让孩子在躯体上备受煎熬，还让孩子在心理上产生挫败感，给孩子传递了一个负面的信息：都是你的错，你没用，你是个坏孩子，你很笨……

现在越来越多的家长都意识到打孩子不好，所以尽量用语言沟通来教育和说服孩子，但是几乎所有家长都打过孩子。为什么？因为打孩子仍然是父母忍无可忍时的撒手锏。因此从这个角度来说，打孩子也是父母黔驴技穷的表现、无能的表现。

今天，多数父母不会痛打孩子，但偶尔急了，看到孩子去触摸一些不该动的东西时，会打孩子手，当然力道不太重，但这样的做法也非常不可取。孩子正值感官敏感期，通过触觉来认识世界，家长打孩子的小手，给孩子的信号就是，不可以用手去触摸。一次次的限制，会让孩子失去探索的兴趣。其实制止孩子做出不恰当行为的方法很多，一定不能用简单、粗暴的“打”来完成。

5.1.3 别让认错成为一场秀

案例透视

网络上一个名为《宝宝犯错被罚跪床，声泪俱下称跪太久》的视频点击率颇高，记录的是一个故意往地板上撒尿的小朋友，被妈妈罚跪床的有趣经过。画面上被罚跪的小朋友2、3岁的样子，他一边痛哭，一边不安分地来回扭动身子“怎么那么久？我不想再跪了……”妈妈一边录像一边数落宝宝的“罪状”：“那你为什么不乖呢？……可是地板已经湿了……你在罚跪哎，跪好……那你每天为什么都不乖乖？你只要每天都乖乖的，我就不会罚你呀……而且我已经讲你三次了，这可不是第一次呀……而且我是让你跪在床上唉，不是跪在地板……”被罚跪的宝宝非常“领悟”，面对批评，一再保证“妈妈我会乖，我一定会乖的……再也不会把水水尿出来了……”后来，妈妈感觉罚跪的时间差不多够久了，就开始问宝宝：“你有没有错？”“有。”“你要跟我说什么，我才让你起来？”“对不起。”“下次呢？”“不会了。”“你确定？真的？”孩子连忙点头。“那如果再有下次呢？”“也不会。”“真的不会？”“对。”“好，拉勾勾。”最后，宝宝突然发现有镜头对着他，立刻摆出超“萌”表情，好像在说“耶！过关了！”

暂且不论罚跪这种惩罚措施有什么利弊，从片中可以看到面对宝宝犯错之后家长们一般会采取的固定套路：批评，讲道理，处罚，让宝宝承认错误、说“对不起”，让宝宝保证下次不会再犯。但是效果如何呢？认错态度超好，故态萌发超快，改了再犯，犯了再改，千锤百炼，屡教不改。

问题到底出在哪里？ 不是宝宝忘性大，也不是爸爸妈妈“说话不好使”。当孩子犯错以后，我们常常会告诉宝宝“你这样做不好、不乖，以后不能再这样做了。”但是我们忽略了宝宝之所以这样做是为了满足一些基本需要，比如视频中宝宝在地板上撒尿是为了满足排泄的需要，或是为了满足尝试用“新”方法解决“老”问题的需要，又或是为了满足一些可能让成人哭笑不得的需要。但无论如何，不是宝宝的需要有问题，而是宝宝满足需要的方式出了问题，不符合社会常规要求，不符合父母的要求。

慢慢地，孩子在不断的冲突和磨合中悟出，顺着父母的心意是远离风暴的上上策。于是，为了逃过暂时的一劫，“对不起”逐渐演变成了一场“秀”，成了避免惩罚、尽快结束惩罚的过场。等配合父母演完拥护“主旋律、大道理”的戏份之后，孩子仍然会重新走上老路，承认错误之后继续犯错误。

让惩罚不再走过场，不再是一场表演秀，除了告诉宝宝“不要这样做”，别忘了告诉宝宝“应该怎样做”。让孩子理解正确的行为规范，帮助孩子养成良好的行为习惯吧！

在此过程中，家长朋友们需要使用第2章“家的支持”中提到的多种亲子沟通技巧进行有效沟通。

5.1.4 言辞和情感上的"责打"比体罚更有杀伤力

我在慧心父母课堂引导大家反思平日是怎样用语言"管孩子"时，小宝妈妈说："平时孩子的姥姥照看孩子比较多，孩子不听话就吓唬孩子说把他放到洗衣机里冲走。"我问她孩子有什么反应，小宝妈妈说："孩子一开始听到很紧张，看见洗衣机都躲，不好的行为有所收敛，但是几次之后，发现没有真的被冲走，反而更来劲儿了。"

一位爸爸也谈到孩子比较怕黑，后来才知道，孩子不好好吃饭的时候，家里的阿姨曾经说过，再不吃饭，就关小黑屋。

今天的父母基本能控制自己的行为，一般情况下，不会动用武力去"管孩子"，但有时会说："再不听话，我不要你了！""你不乖，妈妈不喜欢你！""你再闹，我可打你啦！"这些斥责、威胁、恐吓的语言和态度，会让孩子产生心理恐惧，失去安全感，有一种被抛弃的感觉，觉得你们不爱我了，我是一个不受欢迎的人。还有的孩子经过几轮威胁，发现并没有什么实质的行动，从而把出家长的脉搏，认为你们不过是在吓唬我，我不怕，然后继续我行我素，变得抵触和对抗。

因此我们针对体罚、变相体罚（包含语言和情感方面）得出一个结论：

1. 行为不好，动机好。

2. 短期有效。

3. 对孩子的长远发展产生消极影响。

5.1.5 "比"是两把锋利的匕首

比较是具有杀伤力的行为 在慧心父母课堂中家长们就"比较对孩子是利大还是弊大"的话题展开了激烈讨论，家长们纷纷说起自己小时候、生活中被比较的经历，两大阵营各执己见，有感受好的也有感受不好的：有的家长说："我们这一代人多数都在比较中长大，我妈总是说，谁谁家的孩子学习好，你要赶上人家一半我就知足了。"有的家长说："比较是件好事情，没有低谷哪显得出高山，幸福不是CPI指数，不是一个固定值，而是取决于你邻居或好朋友家的生活水平、经济状况。"有的家长说："我从小特别乖，学习也好，别人总是拿我当榜样来教育他们自己的孩子，但是听到这些我也不舒服，因为如果我做不好，就好像对不起大家似的，活得很累。"有的家长说："我感觉比较挺好，比较是我前进的动力，谁比我强，我就暗自较劲儿，非要超过那个人不行。"有的家长说："我最讨厌爸妈拿我和别人比，我恨死那个比我好的孩子了。"还有一位爸爸说："我太太说过一次，我不如谁的老公能赚钱，我说，有本事你找他去，以后她再也不说了。"

我讲一个自己使用"比较"对孩子造成伤害的案例。邻居家小艺姐姐学习成绩非常好，课余时间还学习古筝。听着窗外传来悠扬的琴声，我情不自禁地对女儿说："贝贝，你看小艺姐姐都该中考了，还能学习练琴两不误，你得向人家学习啊。钢琴这两天又没练吧？"女儿没吭声。过了几天，正赶上女儿练钢琴遇到难点，在纠结中想放弃的时候，我又老生常谈提起小艺姐姐，本想给她树立一个目标，激励她一下，没想到孩子"腾"地站起来，大声说："她好！你让她当你女儿吧！"说完转身离去，我被重重一击，从那以后我再也没有说过类似的话。

看似语重心长地说，看似不含贬义地讲，但是对孩子还是造成了伤害。孩子会认为，我不好，我没有他们好；你们不喜欢我、不爱我、不认可我；我恨那个把我比下去的人；我永远也超不过他，既然不如他，我就是这样算了。

应该怎么比？ 比较具有一定的杀伤力，那么，是不是就不能比较了呢？我认为，可以比，但不要只是横向地比，更要纵向地比。每一个孩子、每一个成人都是独特的，没有可比性，尤其不要用自己的弱点和他人的优势做横向比较。要做自己，和自己的纵向对比，自己的今天比昨天好！自己的哪个方面好，哪个方面还可以更好！

可以比，但是不要越比越自卑，而要越比越有自知之明，明白自己的优势和劣势，明白自己努力的方向。“我高还是矮？分跟谁比，跟有些人比我高，跟姚明比我就矮了，姚明是中国人，中国人智慧高，我也是中国人，我很智慧，我很自信。”发现人家的长处，分析他是怎么做到的，去模仿他，吸收他的优点。我们要把前进的目标放在更有价值的地方，而不是仅仅以超越某人为目标。

家庭延伸

家长自我检测问卷

您曾经责骂、责打过孩子吗？您曾经威逼孩子让他认错吗？您曾经当着孩子的面拿他的不足和别的孩子的长处比较过吗？如果有，请您回忆一下当时的场景，并简要记录：

1. 当时您说了什么，做了什么？

2. 您这样做的初衷或目的是什么？

3. 孩子的反应如何？（表情、动作、态度、行为反应）

4. 对照您的初衷，您对结果满意吗？

您的父母曾经责骂、责打过您吗？曾经逼您认错过吗？曾经把您和其他人比较过吗？如果有，请您回忆一下当时的情境，并简要记录：

1. 事情的起因是什么？您还记得吗（印象深刻还是模糊）？

2. 当时您的感受是什么？您还记得吗（印象深刻还是模糊）？

3. 请猜测一下父母当时这样做的初衷或目的。

4. 对比父母的初衷，您认为，这种做法效果如何？

5.2 尊重权威信任父母

"子不教父之过"，于是中国的家庭就有了"慈母严父"之规律。一家之长的尊严与威信应该树立，但不能通过家法来获得，要在生活中用事实来证明父母的智慧与能力，从而获得孩子的尊重和信任。

成功地管教孩子，一个先决条件就是树立父母的权威感，父母有了威信才能"说话好使"。但是真正有效而持久的权威不是淫威，不是靠"父母"的头衔、"高压高控"的作风、"无情"的棍棒，或是执掌钱袋与奖惩大权的手腕来获得的。

5.2.1 权威感由尊重和信任组成

家长的权威感是由孩子对父母的尊重和信任组成的。

父母要想得到尊重，要先尊重自己。家长要有自己的空间，不要为了满足孩子的需要放弃自己的权利。很多妈妈在有了宝宝以后便一心扑在宝宝身上，为了迁就宝宝的作息、养育、教育，全盘放弃自己的事业、追求、爱好、休闲，全身心扑在孩子身上，与宝宝在一起时，全部以宝宝的利益为第一。我们在感叹母爱的伟大和无私的时候，还要提醒这样的妈妈，一方面，放弃了个人空间，妈妈的个人成长是停滞的，这种停滞的感觉会让妈妈感到非常焦虑，心里不由得会产生这样的想法："妈妈为了你放弃了那么多，所以你一定要取得更高的成就，把妈妈没有实现的梦想也实现了，否则怎么对得起妈妈的牺牲，"这促使妈妈把孩子的点滴成败当做自己的成败，更倾向于严苛而高控地对待孩子。时间久了，孩子会因为感到疲劳、窒息而逃离妈妈；另一方面，放弃了个人空间，妈妈获得幸福、满足和快乐的管道变窄了，悲喜悬在宝宝一个人的身上，这相当于把鸡蛋放在同一个篮子里，而且提着篮子的还不是妈妈自己。这种把个人幸福拱手让人的做法同样会为亲子关系埋下危险的伏笔。

父母要想得到尊重，要先学会尊重孩子。在本书的前几章节都反复强调了家长要尊重儿童，只有孩子被尊重，他才会理解什么样的行为叫尊重，从而学会如何尊重家长，而不是屈服于家长式的作风。中国传统的家长式作风是，我是你爸爸，我生你养你，你必须听我的。尤其是当着外人的面更要摆出家长的姿态。但是我们现代人千万别学古人的"人前教子"，相反，在他人面前还要有意识维护孩子的面子、尊严，找到孩子的闪光点，适度地表扬。这样能够提高孩子的自尊和自信，不会激化矛盾，不会让冲突升级。

父母要想得到尊重，要先学会尊重伴侣。观察和模仿是学龄前儿童的主要学习方式之一，而父母就是孩子模仿的首要对象。家长经常教育孩子，要对人有礼貌，要待人和善，那么自己更要言行一致，夫妻间相互信任、彼此体谅。如果家长在家里经常大声呵斥自己的配偶，当着孩子的面争吵，还有的家长愿意冲着孩子说，"你某方面不好，都是遗传了你爸的某方面基因。"孩子也会有样学样，并且不把听到的"教导"当回事。有很多事情，徒费半天口舌，不如以身作则。

父母要想得到信任，说话要有理有据，让孩子切身体验父母的经验

之谈。天气有点阴，妈妈让孩子带上伞，妈妈说今天可能会下雨，带上有备无患。孩子嫌麻烦，执意不带，结果被雨淋湿感冒了。类似的生活经历能让孩子认识到，父母的人生阅历、丰富经验，可以帮助自己少走弯路。面对孩子暂时的不接受，不要责备。因为像类似天冷要穿衣服、天阴要带伞这样的事，其实都是孩子自己的事，自己的事情自己负责，父母给出建议就够了。

要让孩子体会到父母的经验和阅历多，可以提高做事情的效率和效果，父母是爱他们的，父母可以包容他们无意识的过失，慢慢地孩子自然会明白听取权威的建议会带给他们好处。如果孩子有意挑衅，要让孩子为自己的行为负责任，只有相互尊重才是共赢。

5.2.2 树立权威感四个禁忌

生活中，要树立家长的权威感，可以让孩子知道长幼尊卑的礼术，可以让孩子知道权威不仅带来要求和限制，同时也会带来帮助和支持，让成长之路更加平坦。但是，以下4件事对建立权威感有百害而无一利：

1. 别在孩子面前束手就擒。别对孩子说“我管不了你啦！”“我真是受够了！”“我求求你了，安静一会儿吧！”这些话非但不能得到孩子的理解和同情，反而会让孩子变本加厉地去“恶搞”，因为他已经占了上风，把家长都打败了，求饶了，孩子发现自己的不良行为能够唤起父母的关注，得到强烈的反馈，达到个人目的，所以下次还这么做。

2. 不要随意推翻设立的规则。规则是行为边界，是家长和孩子共同商定的章程，是约束双方行为的家庭法规，如果同样的行为，今天是对的，明天又成错的了，或者只要求孩子遵守，而家长堂而皇之地跨越，想怎样就怎样，不仅孩子不知该听你今天的要求还是你昨天的要求，更糟糕的是，在孩子心中，规则的严肃性和家长的权威性会同时化为乌有。

3. 勿因孩子年龄小就姑息纵容。有的家长感觉孩子还小，不用太刻意强调长幼尊卑礼术，长大了自然就懂了。如果孩子小的时候父母在亲子对抗过程中屡次败北，迁就孩子也好，向孩子认输也罢，待孩子长大以后，家长在亲子冲突中就更难有发言权。1岁半到3岁的孩子不希望受到任何形式的限制和禁止，也不愿意隐藏自己的观点。一般来说，孩子多数行为是可以接纳的，但是在安全方面和尊重父母方面家长必须有所坚持。比如，打、咬、踢家长，还有的说出侮辱性的语言，甚至朝家长脸上吐唾沫，不管是因为什么，跟谁学的，必须在第一次发生的时候就严厉地制止。

4. 别让胡乱“逗引”毁了自己的尊严。还有的家长故意招惹孩子，爸爸们爱干这样的事，喜欢宝贝，孩子玩得好好的，去逗孩子，惹得孩子心烦还击爸爸，这种逗来逗去养成了孩子不尊重父母的行为习惯。等长大了再教育，已经晚了，到了青春期，孩子的烦恼更多了，更不会把家长放在眼里。

在此需要说明一点，孩子拒绝父母的要求和管束并不一定是在挑战权威，孩子在不同时期看似敌对和叛逆的行为，可能是因受到挫折、感到失望和遭受拒绝而产生，这必须要引起家长的重视。

5.2.3 管教首先要解码孩子不良行为

很多家长觉得孩子有时是在故意无理取闹，这时候讲道理完全没用，只有“来硬的”才能让孩子知道在家里谁说了算。其实，孩子很多时候不是真心想闹，而是在向父母发送一种需要转译、解码的信息。

案例透视

寻求关注、满足需要的“武器”

我在大型讲座中用过这样一个视频：一个外国的小宝宝，躺在地上大哭，拿着DV拍摄的家长和一只狗从他身边走过但没理他。家长躲进厨房，这时镜头里看不见宝宝人，只能听见呜呜的哭声，当然宝宝也看不到家长。过了一会儿哭声没了，只见宝宝踮着脚尖走了过来，突然看见有人在了，又咕咚一声仰面躺在地上哇哇大哭。家长继续绕过孩子躲了起来，孩子继续找家长然后躺在家长面前继续哭……

台下听讲座的家长看到这儿都哈哈大笑，感叹中国、外国的宝宝都一样。孩子的要求得不到满足的时候，会用满地打滚来要挟，边哭边用眼角瞄着大人的动态，大人反应越激烈，比如愤怒、无可奈何、愁眉苦脸，孩子“表演”越起劲儿。这时家长可以尝试离开现场，暗中观察孩子的变化，大多数孩子都会哭一会儿，看见没有人理，自己能爬起来。孩子在用自己方式寻求关注，提出要求。

人小鬼大的孩子非常会把握家长的命脉，知道自己使用什么招儿会逼家长就范。家长越怕孩子做的事孩子越会去做，比如大庭广众下打滚让你难堪，肠胃不好的孩子使劲哭到吐，双方较量博弈、斗智斗勇。只要有一次家长让步，孩子就找到了这个“秘密武器”，并且越用越熟练。

和父母争夺自主权和控制权 孩子渴望得到与成人一样平等的权利。

“不！我就要……”几乎成为每个孩子的固定常用语句。有妈妈对我诉说，女儿今年快4岁了，为了培养她独自在一个房间入睡的习惯，每天睡觉前都要上演一场拉锯战。妈妈陪着女儿讲故事，不知说了多少遍“这是最后一个了”，孩子听完最后一个还要再听一个，反反复复，就是不肯放妈妈离开。妈妈告诉孩子要“说话算话”，没想到孩子说了一句：“为什么你陪着爸爸睡觉，而我比他小，妈妈却不陪我呢？”

宝宝摆弄着一把水果刀，妈妈立即制止，孩子却说：“妈妈为什么能摆弄那把大刀，为什么我就不能用呢？”

孩子渴望能和成人一样有力、聪慧、自由地使用多种神秘而复杂的工具和仪器。我们成人应该理解孩子这种羡慕成人、迫切想和成人平起平坐的想法，尽量不要用“因为我是大人，你是小孩，所以我能做，你不能做”这样蹩脚的理由来敷衍孩子，而是逐渐向孩子渗透，爸爸妈妈小时候和你是一样的，受到很多限制，等你个子再高一点，力量再大一点，经验再多一点，你就能和爸爸妈妈一样了，你也会结婚有自己的宝宝，把他养大成人，教育他，把爸爸妈妈今天告诉你的话说给他听。另外，成人还可以给孩子接近和碰触厨房用品的机会，但是要告诉宝宝，刀很锋利，会划伤手指，火苗很烫，会烫伤手指，在使用这些工具的时候需要格外小心，不能马虎大意。这样孩子就能理解大人，愿意和大人合作了。

“报复”让自己难受的人 一位朋友跟我讲她姐姐带着4岁的小外甥从大连来京，她对这个孩子非常好，陪着玩、买好玩具和好吃的，但是发现这个孩子总是跟自己做对：撕家里墙上的壁纸。小姨耐心地说教，孩子好像听懂了似的，也答应了点点头，然后当着小姨的面继续把墙纸的口子撕得更大；吃饭的时候把脚放在桌子上，小姨说拿下去，不管用，小姨眼睛一瞪，孩子才把脚拿下来，过一会儿，孩子看着小姨再次把脚拿上桌子……

通过更深入的沟通，我捕捉到这样的信息，朋友说：“我姐和小外甥住在大连，自打小外甥出生，他姥姥也就是我妈妈就去大连照顾他们。我现在都快30岁了，我妈着急，天天催我要孩子，也说趁着身体还好，小外甥也大了，还能帮一把。”我追问，“你妈妈和你姐姐有没有当着孩子说过这样的话？”朋友想了想，“说过，我妈还对小外甥说，等你小姨有了小宝宝，我就要去北京了。”

至此，原因找到了，孩子的行为不仅是该年龄阶段特有的表现，如三四岁的孩子有自己的主见和判断力，喜欢探索新事物，同时姥姥的情绪和想法已经不经意地渗透给孩子，让孩子认为是小姨抢走了一直陪伴自己的、最心爱的姥姥。于是来到北京，就有了一系列的“报复”行为。

自暴自弃　家长经常不自觉地批评指责孩子，并且习惯用“你总是……”“你又……”这样的句子反复强化孩子的错误行为。孩子在缺少正向鼓励的环境下成长，渐渐地形成了一种“我不行”、“我这方面就是不如别人”的思想，对自己失去了信心，“反正我怎么努力也没有用，我就是这样的孩”，从而自暴自弃。这种观念在青少年时期会表现得更为明显。

当孩子出现不良行为，我们需要分析孩子不良行为背后的原因，这样我们就不要给孩子轻易贴上负面的标签，还可以把已经贴上的标签从孩子的脑门儿上揭下来。

家庭延伸

解码“不良行为”小练习

很多所谓的“不良行为”其实都是传递宝宝心理需要的信号。如果家长能从全新角度解码孩子的“不良行为”，那么管教的心态会更加平和，所选的管教方法也会更准确、更有效。

请回忆宝宝的一个“规劝无效”、“屡教不改”的“不良行为”：

1．宝宝的具体行为表现是什么？

____

2．您认为孩子的直接目的是什么？

____

3．对应表格尝试分析孩子的深层心理需要。

深层心理需要	可能原因
寻求关注、满足需要的“武器”。	
和父母争夺自主权和控制权。	
“报复”让自己难受的人。	
自暴自弃。	

5.3　一个中心四个原则

在20年的教育工作中，恩师的一句话让我受益匪浅，他说：“教育有方，但无定法。”

管教是门艺术，不是技术。

家庭是千差万别的，孩子是个性独特的，作为管教的执行者，父母要在遵循管教的大原则下，根据孩子的实际情况进行调整。

在管教的过程中，父母需要时刻提醒自己：管教是为了让孩子形成和巩固良好行为，消除偏差行为，帮助孩子更加自由、健康地发展，更加自如、快乐地融入人群和社会，促进孩子向有利于人生发展的方向行进。

在管教的过程中，父母还需要时刻提醒自己：管教的方法有千千万万，只要能让亲子关系更和谐、紧密，让亲子沟通更顺畅、坦诚，让孩子更加自尊、自信、快乐、阳光，那么就值得尝试，并坚持下去。

5.3.1 以温和而坚定的态度为中心

案例透视

在慧心父母课堂上，我给家长播放了一段外国家长教育孩子的家庭生活视频，深度分析什么是温和而坚定的态度。

一个大约2、3岁的宝宝不知什么时候、怎么爬到沙发后面，卡到沙发与墙的拐角狭窄的夹缝里出不来，大声地呼喊妈妈。妈妈见状，没有惊呼，没有一个箭步冲上去，更没有一下把孩子揪出来，而是平静地问：“你是怎么跑到里面去的？”孩子在沙发后面只露出半张脸，带着哭腔说：“我不想告诉你。”“如果你想出来，你最好告诉我。”“我不想。”这时响起爸爸较为响亮的声音：“怎么回事，你怎么跑到沙发后面的？”“我想从沙发后面出来。”（孩子始终在回避父母的问题，实际上就是在逃避承认错误）但父母依然坚持问话，“那你是怎么进去的？”（孩子一看不说是没戏了，于是决定招了）孩子情绪逐渐平静下来，结结巴巴地说：“我……我爬到座位上……然后爬上这里……”边说边指着沙发靠背，“我想……想……捡回掉进这里的玩具。然后我跳……跳到了这里面。然后，我现在要人帮帮我出来。我还想你帮我把这里面的警车和救护车弄出来。”妈妈笑了笑，说：“警车和救护车又是怎么跑到里面去的？”“我扔的。”（这位妈妈很有智慧，终于把孩子引到正题上了）妈妈继续说：“喔，你不知道东西扔进那里就出不来了吗？”（此时，妈妈的语气变得越来越坚定，甚至还有点强硬，语速也在加快）“你不知道你爬到里面去也会出不来吗？”（这是在引导孩子做事需要考虑后果）孩子点了点头。（看来终于明白了，这下子可记住了！）“现在我们该怎么把你弄出来才好？”孩子一听有希望，焦急地说：“我要出来……”妈妈却非常冷静地说：“我该怎么把你弄出来才好呢？”（妈妈故意作出沉思状，并没有立刻采取行动。）“你保证以后不会再爬到沙发后面去了吗？”孩子情绪稳定了，似乎又看到希望了，赶紧承认错误，用鼻子“嗯哼”了一声，“真的吗？”孩子更神奇使用“苦肉计”，“救我！”“我要沉了”边说边往沙发下面缩，这时爸爸才开始动手拯救他。爸爸并没有一下子把孩子拉上来，而是一边数着“1、2、3”一边一点一点地往上提，中间还故意停顿几次，好像被什么东西卡住了似的，让人感觉这个过程非常不容易。妈妈还在旁边煞有介事地让孩子吸气，孩子虽然着急但是非常配合。最后孩子“得救”了。妈妈问：“还好吗？”宝宝感激地说：“没事，谢谢你们救了我。”孩子和爸妈都开心地笑了。整个过程2分30秒，家长不是急于帮助孩子逃脱困境，而是用坚定的态度让孩子思考犯错的原因和过程。

在孩子犯错以后，家长不是疾言厉色、劈头盖脸地训斥，而是温和而坚定地沟通，能让孩子卸下恐惧、逆反的心理防线，不再试着负隅顽抗、逃避现实、推卸责任、破罐子破摔，而是正视问题，并在其中进行反思，获得提升。

家长有权利拒绝孩子的要求　“不要碰、不要摸、不要跑、不要喊叫”——我们曾经在前面提到过，在下达指令时，尽量不要用“不”字开头的句子，因为否定句式让孩子不能迅速把握指令的重点，反而强化错误行为，而且“不”字开头的句子带有否定和谴责的意味，容易激起孩子的逆反心理。

“不行、不许、不可以”——生活中当孩子的行为已经严重威胁到自己或他人的健康、安全，侵犯他人的利益时，没有任何一个字比“不”更简洁有力，更能引起孩子的注意。

此外，“不”还可以表示一种坚定的拒绝。很多家长不愿意，甚至害怕拒绝孩子，因为一方面觉得孩子太小，怕孩子听不懂，心想让着孩子吧，长大就好了，另一方面觉得现在家里也有这个经济条件了，别剥夺了孩子的快乐，而且，一旦孩子得不到满足，闹起来，也不知道该怎么应对孩子。

在拒绝孩子的要求时，我们应注意：第一，在表达拒绝时，“不”是个神奇的字眼，特有的语气、语调，伴随特有的面部表情和肢体动作，即使是婴儿，也能明白。孩子听到“不”以后仍然纠缠不休，不是因为没听懂，而是在试图改变父母的主意，满足自己的需要。在一些坚决不能让步的事情上，比如不能用手指捅电源孔。第二，孩子的愿望和要求非常多，过度的满足孩子的物质需要，无法让孩子体验到拥有后的快乐和满足，无法让孩子学会珍惜、感恩、尊重父母、自我约束，更无法让孩子学会分辨梦想和现实的边界。

很多时候，没有原则的让步、过度的满足是错误的爱，而温和而坚定的拒绝才是对孩子正确的爱。

找准说“不”的时机非常重要　当孩子的要求超出父母的实际经济

实力和能力，比如，买昂贵的玩具、衣服；当孩子的要求超出现实范围，根本无法实现，比如半夜想吃家里没有的食物；当孩子的要求会损害自己的健康、安全、人际交往，比如，要吃许多糖、要触摸电源插座、拿着剪刀或笔跑；当孩子的要求不利于开展适量满足或延迟满足教育的时候，比如已经很晚了孩子提出要吃奶油蛋糕，而且要马上吃到嘴里，这时，家长需要对孩子温和而坚定地说“不！”

当我们使用“不”字的时候，一定要意识到，“不”的作用是有限的，只能暂时吸引孩子的注意力，暂时中止孩子的所作所为，只是纠正孩子不良行为的第一步。孩子可能因愿望受阻而感到挫折、产生抗拒，这是他们学习如何面对和接受现实最好的途径。如果想将不良行为连根拔起，我们还有很多后续工作需要做。

ABC 育儿技巧

采取三Li的方法，温和而坚定地面对已经出现的问题

当孩子出现不良行为时，父母坚定的态度能让孩子明白当下行为的错误，真正理解错误的原因。

1. 严厉（Lì）。表情严肃千万别带笑容，言语精练准确杜绝重复，不要表现出商量的口吻，言辞要坚定。

同事聚餐一起吃饭，一位同事带3岁宝宝豆豆出席，有一位同事开玩笑地叫他：“豆豆，小豆，毛豆、土豆。”没想到孩子迅速抓起桌上的瓷勺以迅雷不及掩耳之势朝这个同事扔过去，还好，没有击中，瓷勺摔在地上粉碎。全场愕然，这时妈

妈连忙朝孩子身上象征性地轻拍了两下，脸上还挂着似笑非笑的表情，慢慢地说："你怎么能这样呢？"

可以想象，这种管教将没有任何效果。据了解这位妈妈平时在家中对孩子就是这样，没有轻重缓急，没有要求和界限，结果孩子变成了一个混世小魔王。

2. 立（Lì）即。孩子记性好，忘性也大。在他情绪相对稳定后，家长应该立即处理刚才的事件，不能说等到以后再说，因为到了以后，孩子早已不记得了。

3. 抽离（Lí）。在心理学中，抽离是指跳出我们有关的体验和强烈的感受，从旁观者的角度客观的分析，它能够促进多角度思考，能让我们更有创意。抽离会让人更冷静，检讨和反省自己的行为，从过去中学习，从不愉快的状况中抽身而出，扩大自我的觉醒。

想进入抽离状态，可以这样做：

- 刚才孩子因为争抢玩具把小朋友的脸抓伤，家长可以站在事发地点，拉着孩子的手，从原地向外迈出1米的距离，指着刚才孩子在的位置描述刚刚发生的一切，让孩子以第三方旁观者的视角去反思自己刚才的行为和事情经过，思考哪些是不可取的、是有情绪的、是无理取闹的，这样能帮助孩子平静地承认自己错误的行为。
- 用"如果我是你"引导孩子从旁观者、宏观的角度看待问题。比如，孩子玩完玩具扔得满地都是，也不整理。家长通常会说："别人不小心踩到，玩具不就坏了吗？谁玩的谁收！"这时，家长可以用"如果我是你"来说：“如果我是你，玩具放在那里，我会担心玩具被踩坏。”如果再抽离一步，“如果客人看到满地的玩具，会觉得我们家很乱，会不会觉得我们缺少家教呢？”

5.3.2 刚柔并济原则

管教要刚柔并济 我们曾经提到过孩子身上的“两颗种子”，自我控制和个人主动性。温和而坚定地拒绝孩子，是对的，延迟满足和拒绝孩子的不合理需求是好方法，但是如果把握不好“度”，把孩子合理的尝试、探索也拒绝了，就会抑制孩子主动性的发展，过犹不及。

在管教孩子的过程中，对孩子的要求一定要分层次、有强弱，把那些危害明确而巨大的行为设定为刚性的纪律，要坚决杜绝，没有任何讨价还价的余地。当然，这种刚性的规定要少而精，这样才能真正起到作用。

另一方面，对于行为的塑造、习惯的培养、性格的养成，这些不是一蹴而就、一朝一夕就能完成的，需要家长在把握大方向的基础上，给孩子一定的弹性空间，允许孩子犯错，包容他们的一些反复，只要他们的大方向是对的就好。

此外，随着孩子知识经验的丰富，能力体力的增强，过去为保护孩子而设下的禁令也要适时调整。比如，在孩子手部力量、手眼协调能力、手部精细动作不够强的时候，不让孩子使用剪刀是合理的，但是到了3岁，孩子完全能够理解尖锐物的危害，经过成人示范和反复练习能学会如何正确使用剪刀，这时再限制孩子使用剪刀就是阻碍孩子的正常发展了。

下面，我结合具体的例子来说明刚性原则和弹性原则的使用方法。

安全第一的刚性要求 当出现安全问题时家长绝对要坚持，把孩子和不许触碰的物品分开，把孩子抱离危险之地，监控孩子探索的过程，并防止过程中孩子的手或身体的其他重要部位受到伤害。这样做，一是为了保护孩子的身体；二来身体的伤害同样会对孩子的心理造成影响。轻者下次孩子为了保护自己，什么都不敢去碰去试了，失去了探索的欲望和学习的机会；重者在孩子心灵深处留下持续一生的阴影，难以弥补和挽回。

在我刚刚参加工作当老师的时候，班里有一个非常漂亮的小姑娘叫洋洋，大家都非常喜欢她，总想给她些机会让她唱歌、跳舞表现一下，但是这个孩子表现得比较内向，不爱说话，小手总喜欢放在口袋里。在我跟她妈妈沟通的时候，妈妈非常痛苦地跟我讲起，曾因看护不利，洋洋很小的时候把小手指伸进电源插孔，造成手指烧伤，食指的关节变形，所以孩子一直比较自卑。

在担任幼儿园园长的时候，有一个男孩长得相当白皙帅气，第一天上幼儿园，爸爸特意找到我，流着眼泪对我说："孩子奶奶去世的时候，爷爷神情恍惚，没看住孩子，孩子把一锅滚开的粥打翻，洒在只穿着短裤背心的身上，皮肤大面积深度烫伤，已经结成疤痕，长大以后要植皮才行。请幼儿园的老师和小朋友千万别去撩开孩子的衣裤。"

每年春节前后都会有因玩爆竹把手炸伤、眼睛炸坏的孩子，请家长朋友们一定要认真看护好每一株幼苗，这种风雨不要让孩子经历，我们要为他们的生命安全撑起一把保护伞，这是我们应尽的责任。

另外，要对孩子进行安全教育，告诉他们绝不能随便接受陌生人的东西跟陌生人走，绝不做危害自身安全的事情或游戏，绝对不能故意伤害别人，从小教孩子学会自我保护和保护他人的安全，这对形成珍惜生命的观念同样至关重要。

习惯培养的弹性约定　在任何环境里，最灵活变通的人拥有最大的成功机会，也是最能影响大局的人。习惯培养也要有适度的弹性。任何一个行为、一种能力的形成必然经历一个循序渐进、反复的过程，不能要求一步到位，管教的过程不能刻板，适度地降低要求，并不是没有原则的妥协，太紧的琴弦容易崩断。

我的婆婆今年76岁，与我们一家三口组成三代同堂的家庭，同一个屋檐下幸福生活了15年，从她那里我也学到值得借鉴的、弹性的育儿方法。一次她悄悄地对我说：“今天刚买的猕猴桃不太熟、太酸，先别给孩子吃，放一放等软一点再给她吃，要不孩子就再也不敢吃猕猴桃了。”她虽没说出“先入为主”这样的术语，但是说得极对，孩子在味觉敏感期里，如果一种食物让他不喜欢、不接受，那么很难再去改变他对这个食物的认识。我们要培养孩子不挑食，但如果用“有营养，吃了对身体好”这个大标准强制孩子吃东西，效果并不理想，因为他自己有保护机制和屏障，会选择自己喜欢和接受的，家长可以将食物做得更符合孩子的口味，巧妙地避免孩子可能出现的问题，给他适宜的环境，引导宝宝慢慢地适应，逐步培养好习惯。

5.3.3 阳光原则

太阳影响植物生长的方向与生长的效果。前面我们提到管教像阳光一样，为什么呢？家长如何做呢？

什么是正强化？　阳光原则是积极的正向的，如同在心理学正强化的方法，正强化又称“阳性强化”。个体做出某种行为或反应，随后或同时得到某种奖励，从而使行为或反应强度、概率或速度增加的过程。任何导致我们以后进行该行为的可能性增加的结果，就是奖励那些符合组织目标的行为，以使这些行为得到进一步加强,从而有利于组织目标的实现。行为会带来一些结果，这些结果又会影响我们下一步的行为。在正强化中，行为的结果是积极的，所以该行为会频繁发生。

如何运用正强化的方法，发挥阳光作用？ 我们期望培养孩子好的习惯，出现好的行为，关键在于什么时间奖励？用什么来奖励？

1．及时的奖励。当出现好的行为，家长不要认为那是理所当然的，要立即给予肯定，立刻给予奖励。比如要求孩子早晨起床自己穿衣服，家长与孩子约定好了：“如果今天自己穿衣服，晚上妈妈就第一个到幼儿园接你。”显然这个奖励太遥远。应该给孩子立刻能够得到的奖励，可以换成：“今天宝宝自己穿衣服，真能干！因为我们节省了时间，就可以先在幼儿园操场玩一会滑梯，再进教室。”

2．尽量采用精神层面的奖励。肯定的目光、赞赏的语言、一枚奖牌、一个奖状、一个小标贴、一个小印章……都是很好的奖励。

3．物质奖励不需要贵重。用孩子感兴趣的事物作为奖励，会取得较好的效果。比如：做到什么可以多买一本喜欢的图书，多看一集喜欢的动画片，多带孩子去一次游乐场等等。

尽量避免用金钱和贵重的礼物做奖励。有的家长用贵重的礼物来刺激孩子，考多少分给你买手机，买电脑；会让孩子形成“学习不是我的任务，我为父母而学，取得好成绩就要给我奖励”的错误观念。手机要买，是为了方便联系，是保证孩子的安全；电脑要买，是为了提高学习效率，提高学习能力。干多少家务活发放相应的报酬，这些方法都会让孩子认为，做家务不是我的义务，而是要有回报的。

5.3.4 爆炸临界点的冷处理原则

情绪失控前需要冷处理 只要是人就都会犯错，但有时候，家长感觉实在无法忍受孩子的失误，原因可能是：要求过高，过于苛刻；只有一个孩子，对教育失败的恐惧；自身有追求完美的个性特点；将孩子的失误归结于自己的失败，从而难以接受；孩子在公众场合失误，让家长感到颜面蒙尘；恰逢自身心情糟糕或是压力比较大的时候；屡教不改，感到无可奈何，产生无力感……

在这些复杂心理因素的作用下，家长往往会失去理智，口不择言，感情用事，当时痛快，事后后悔。更糟糕的是，家长恶劣的情绪还会传染给孩子，让他们变本加厉、愈演愈烈，为了反抗而反抗。还有的孩子非常“聪明”，知道父母情绪失控是一个微妙的信号，意味着他们虽然吹胡子瞪眼看着可怕，其实是无计可施、在做无谓的挣扎，因此一次又一次挑起战火、挑战父母情绪的底限，让父母丢盔卸甲、铩羽而归。事实上，当家长情绪失控的时候，管教就已经宣告失败，当亲子双方都失控的时候，管教更是无从谈起了。

另一种情况是，孩子情绪特别激动，可能是需要得不到满足，感到挫折和不满，或者不愿意按照事先约定履行自己的义务。

我们在第2章“家的支持”中曾经说过，当人的情绪脑特别活跃的时候，理智脑会暂时失灵；负面感受像水一样，蕴含巨大的能量，只有疏导才能释放，如果压抑危害巨大；感受其实没有错，真正有对错之分的是行为。

所以在情绪几近失控的时候，家长一定不要和孩子出现正面冲突，要进行冷处理，给孩子、 给自己几分钟时间，让彼此有机会整理和纾解各自的情绪，为接下来的沟通和管教做好准备。

冷处理不是不理睬 很多书都提到“冷处理”这个词，但是冷处理不是忽视孩子，对孩子不理不睬，不是压抑、制止孩子情绪，更不是激化孩子的情绪。面对孩子的叫嚣，家长千万别怒，只要一怒这事儿就必然没有好结果。你就静静地看着他表演完，再采取行动，这也是一种冷处理。

我的同事小缘是位年轻的妈妈，她处理孩子哭闹的方法非常有趣：她女儿娃娃还不到2岁，哭起来很凶：嘴巴先张得大大的，鼻涕眼泪如泉涌，声音要震破房顶，最后咕咚一声倒地，开始打滚。这时，小缘说：“等会儿，我给你拿个枕头，枕头比地板软。”然后拿来一个枕头，放在孩子身边，孩子看了看枕头立刻不哭了，没趣地自己爬起来。

我跟小缘说：“好！下次你把这个场景录下来，我上课的时候与其他家长分享。”

过了几天，小缘愁眉苦脸地找我说：“王老师！您给我的任务太艰巨了，我没完成。娃娃哭的时候，我去用手机拍她，结果刚举起手机，娃娃就不哭了，反而使劲儿地哈哈大笑，脸上还挂着眼泪呢！”边说边给我看手机里录的视频。

我与她分析孩子的心理活动：孩子可能是注意力被转移，此刻也许在想，你们大人真可笑，平时拍照都让我笑，今天怎么拍我哭的呢？我配合你们一下，还是给你们笑一个吧！也可能是感到羞愧，自己知道不好意思了，那样大闹也不对。还有一种可能，就是产生逆反心理，你想拍我哭，没门！我偏偏给你大笑……

我鼓励小缘，你拿起手机拍照也是一个冷处理的方法，育儿的过程就是拼体力、拼智慧的过程，其乐无穷。

冷处理要坚持住 家长和孩子的较量，一般失败的都是家长，距离成功就差一点点。其实你只要再坚持一下，孩子就转过身了。

一位妈妈曾这样描述宝宝在商店要玩具的尴尬经历：孩子非常喜欢TOMY的小汽车，已经收集了很多辆不同功能的车。妈妈与孩子在去商店之前说好只买一辆，但恰巧在卖玩具的柜台遇见朋友也领着孩子买玩具，人家一买就是好几辆小汽车。于是儿子开始反悔，“我还要，我也要，我就要！”然后当着朋友的面坐在地下大闹，怎么劝也不听。妈妈大汗，心想，要不让他快点起来别丢人了，屈服一次，多买一辆小汽车？一辆小汽车也不贵，要不就买了？转念一想，这次买了下次就更没法要求了。妈妈转身头也不回地走了，越走心里越发毛，心想，孩子怎么还不起来？千万别回头！再狠一下心！妈妈走到过道尽头一拐弯从孩子的视线里消失了。孩子看不见妈妈，终于站起来追了过去。

双方已经商定好的规则一定要遵守，对他人造成威胁和伤害的、对家长不尊重的一定要坚持住，否则前功尽弃。

冷处理原则的注意事项 第一，我想再次强调本章开篇的观点，管教和爱是同一条船上的双桨，缺一不可。使用冷处理，也要让孩子感受到爱，在事前或事后，用坚定的态度、温暖的拥抱、深情的注视、真诚的解释让孩子确确实实地感受到无论发生什么，爸爸妈妈都是爱自己的。否则，冷处理将变成另一种精神体罚。第二，冷处理的时间不要过长，否则孩子可能会感觉自己被遗弃了。参考约翰·格雷博士提出的暂停法的做法，一般来说，几岁的孩子需要几分钟，比如2岁的孩子2分钟就够了。第三，进行冷处理的具体方法有很多，可以平静地旁观，可以暂时离开现场，可以在和孩子事先约定的前提下，让孩子去某个特定的房间，比如孩子的卧室，家长要开诚布公地告诉孩子："妈妈现在很生气，我们都需要单独待几分钟，等我们都平静下来以后我再找你谈。"或者"你现在看起来很生气，等你平静下来，妈妈再和你说。"

5.3.5 体验后果原则

孩子非常聪明，能够根据行为的结果了解到这种行为将意味着什么，学会趋利避害。如果经过多次尝试，某种行为结果能够满足自己的需要，给自己带来益处，或者让自己不受伤害，不会造成损失，那么孩子就会重复这种行为；相反，孩子就会停止这种行为。在心理学和教育学领域，这也是行为塑造的基本原理。

任何事物都具有两面性，失误是危机，同时也是机会，是孩子进行学习的机会，是家长实施生活教育的机会。失误不可怕，可怕的是不能从错误中总结，不能让失误成为未来生活的前车之鉴。

自食其果 孩子是在体验中积累经验的，后果惩罚法是让孩子经历适当程度的伤害。例如：玩具没有收纳，被他人踩坏了，把自己滑倒了；自己在床上乱跳，摔倒撞头了；吃得太多太杂，直吐酸水、眼泪汪汪……这也是对孩子的教育。

在慧心父母课堂上，一位爸爸讲，宝宝才1岁半，非要摸台灯上的灯泡。爸爸知道台灯点了很久了，一定很烫。但是怎样阻止都不听，非要摸。好，爸爸就让宝宝摸一下，结果宝宝被烫了一下，以后就算拉着宝宝的小手去摸灯泡，宝宝都不摸了。

我女儿小时候非常爱吃冰激凌，我跟她讲要适度，一次别吃得太多，还有刚吃完油腻的别马上吃凉的。她不听，非要吃，好吧！你吃吧。果然，肚子疼，甚至腹泻，有了两三次这样的经历，以后女儿再吃冰激凌就长记性了，不用我说，自己就知道少吃一点。

薯片吃完了不盖盖子，第二天就不脆了，让孩子品尝不脆的薯片。

上学了自己没有整理好学具，家长一定不要给他送，下次就知道提前一天自己整理自己带齐了。

后果自负　培养孩子为自己的过失承担责任。比如，宝宝发脾气，故意把果汁杯子打翻洒了一桌子，妈妈递给他一块抹布，妈妈也手拿一块抹布，带着宝宝一起把桌子擦干净。大一点的孩子可以直接用精练的语言提示他，“抹布！”

损坏了别人的玩具，照价赔偿，用自己的零用钱、压岁钱，或者用通过劳力获得的钱来支付。我用下面的故事来解释这种做法：有一个12岁的少年，在院子里踢足球，把邻居家的玻璃踢碎了。邻居要求照价赔偿，要12.5美元。这个孩子回家找爸爸。爸爸问：“玻璃是你踢碎的吗？”孩子说：“是”。爸爸给孩子12.5美元赔偿了邻居，但这不算完，爸爸告诉孩子，钱算是借给他的，他要用一年还清。在接下来的一年里，这个孩子擦皮鞋、送报纸，打工挣钱，终于还清了借款。这个孩子就是美国总统里根。

后果自负的主要目的是让孩子理解什么是承担责任，承担责任是非常抽象的概念，怎么做算是承担责任呢？做出补救就是一种非常好的方法。

种果得果　想教孩子明白错误行为的后果，可以取消孩子一些特殊的权利，或直接禁止一些行为。比较好的、有效的惩罚是取消他想要的事，如少看动画片、少去一次公园、不吃麦当劳等。还可以用他能理解的事例来说明为什么要这样做，例如，带孩子观看球赛，告诉孩子在比赛场上的运动员正处在“上场时间”，必要的时候教练也要替换运动员和喊暂停，如果运动员严重犯规就会被罚下场，不让他做最喜欢的事情，也就如同比赛规则。

运用好第2章“家的支持”的方法，帮助自己和孩子从情绪中走出来。接受孩子的感受、用摄像机的语言描述、找到闪光点肯定他的好行为，提出改进的意见和建议，考虑下一次如何能做得更好。这些方法都能够提高管教的有效性。

家庭延伸

家长自我检测记录

请回忆生活中反复出现的、孩子的某个“屡教不改”的行为，并填写下表：

您希望孩子改进的行为是什么？（描述得越具体越好）

____

____

您希望孩子表现的行为是什么？（描述得越具体越好）

____

____

原则名称	自省内容	自省结果
温和坚定的拒绝原则	当孩子出现有待改进的行为时，我是否温和而坚定地表现出拒绝？	
刚柔并济原则	我对孩子提出的要求是否具体、可行？	
	我的要求是刚性的纪律还是弹性的导向？	
	相对于孩子的年龄和能力，我的要求会强人所难、过于严苛吗？	
阳光原则	当孩子出现好行为的时候，我有没有及时肯定？	
	我给予的奖励是不是孩子真正喜欢的？	
	我还可以提供哪些精神奖励？	
冷处理原则	在教育孩子的过程中，我足够冷静吗？	
	在孩子接受教育的过程中，孩子足够冷静吗？	
体验后果原则	孩子有待改进的行为的后果是什么？	
	孩子从这个后果中能学到什么？	
	我需要调整这个后果吗？	

5.4 规则代替“一言堂”

家庭需要规则，就像国家需要法律一样。

以人为本的法律让人们安居乐业，

相互尊重、理解的规则让家人和谐融洽。

有法可依、有法必依、执法必严、违法必究，能够保证法治社会的车轮正常运转。

亲子共同制定规则、按照规则行事也能够保障家庭的日常生活稳步进行。

此外，规则还能够消除家庭中常见的“不教而诛”、大家长式“一言堂”的弊端。

制定规则就是在塑造孩子的价值观 还记得本章开始部分曾列举的因为阻止孩子看电视，妈妈被孩子咬的案例吗？在亲子冲突中，很多时候，是家长点燃了导火索。孩子正在津津有味看电视，妈妈冲上去“啪”的一下关上电视，强制执行，在遭遇到孩子的反抗后，双方的情绪和对抗逐渐升级，最后造成不可收拾的局面。

难道不能管吗？当然不是。但是，为什么孩子都看一小时了，你才去制止？看电视之前，家长是否提前做出要求？如果有要求，为什么不执行？

其实，听话问题紧紧围绕着“应该”和“不应该”这个主题，浅层次讲是行为塑造，深层次讲是价值观的塑造。孩子只能从亲身经历、体验中理解和学会“应该”和“不应该”；从喜爱、信任和尊敬的人那里模仿和认同“应该”和“不应该”；最终形成自己心中的“应该”和“不应该”。

今天家庭中奉行的规则，是明天孩子身上的习惯，更是孩子心中一辈子的价值观。

什么样的规则才是有效的？ 管教孩子要有章可循、有法可依，这章、这法就是规则。

规则就像篱笆，起到一定的约束和保护作用，同时让孩子可以看到外面好的风景。想出去的时候，要按照规定从指定的门进出，规则不是封闭的、禁锢的铁门，也不是高高的围墙。

规则不是博物馆里的红外线安防网，孩子看不见、摸不着，等到走进去后，才知道已经触发了报警系统。

“没有规矩不能成方圆”这句俗语，强调做任何事都要有一定的规矩、规则、做法，否则无法成功。往大了说，有自然法则、社会群体规范；往小了说，就是在家庭中，在孩子活动范围内，对孩子行为的一种约束。

规则不是越多越好、越细越好，规则过多不容易记忆和执行。

规则不是一成不变的，当客观现实发生转变的时候，规则就需要变化。

规则不是用来束缚孩子的工具，而是束缚所有人的工具，在规则面前人人平等。

规则不是妨碍，不是控制而是双方的一个约定，放弃一些选择，又多了几个选择。

规则能够让孩子更自由、更快乐，因为孩子知道父母允许的范畴在哪里，能够放心的去做事，而不必提心吊胆，害怕出错。

规则对谁有利？ 定规则前先静静地问一下自己，这个规则对孩子有利还是对家长有利？定规则不是方便家长，“不许玩沙子，沙子太脏了，搞得满身满头都是，回家还得洗。”这就是方便家长的规则，沙和水是上帝给孩子们的恩物，透过玩沙玩水孩子能获得多种感受和认知，不要因为我们不好搞卫生，为了减少麻烦就单方面地给孩子定规则，这样的规则对孩子是无益的。符合双方需要、保障双方利益的规则才是好的规则。如果规则要倾斜，也是要有利于孩子一生的发展才好。

不仅要规定什么时候不可以，还要说明什么时候可以 很多时候，家长会告诉孩子“这么做不对”，比如打人、哭、摔东西、奔跑、尖叫、喊，却忘了告诉孩子“什么情况下可以这样做”，“怎么做才对”。如果只告诉孩子不可以，孩子会误以为这意味着“无论在任何时候都不能这么做”。

家长告诉孩子不能奔跑、狂跳、尖叫，但这些行为恰恰是孩子最喜欢的表达快乐、发泄情绪或游戏的方式，所以家长的限制会遭到孩子的强烈抗拒。事实上，绝大多数行为都没有绝对的对与错，只要和环境相协调的行为就是恰当的。孩子在课堂上，安安静静是恰当的，但是孩子在游乐场里还是安安静静的，就让人担心了；在公共场所大声尖叫不礼貌，但是在空旷的室外，尖叫也是可以的。

有效还是无效？短期有效还是对孩子长期有效？ 规则可以调整，也需要调整。看看制定规则后，不良行为频率下降了吗？亲子关系缓和了吗？如果没有达到这些预期的效果就要调整。

规则的制定要着眼于未来，我们培养的是未来的人才，不能用现在的标准来要求他，制定的目标一定要对孩子一生有效才是明智之举。

规则贵在持之以恒 规则的类别基本可以分为：行为规范、生活常规、学习常规。在家中能够遵守的，到公众场合也一定能遵守。培养规则意识要从培养秩序感开始，每日生活的规则也不是孩子自动、自发、自觉就能掌握的，也要从培养孩子的秩序感开始。规则需要不断重复和坚持，生活类、社交类的行为规则要靠持之以恒地坚持。在完善和调整之前，规则不随时间、场合、家长心情、家长是否空闲而有所变化。

规则不是灵丹妙药，不可能立竿见影，不是挂在墙上就能转化为行动，需要不断地监督、完善，需要给孩子犯错、弥补的机会。

规则可以保护彼此的权益，制定规则不难，难的是坚持一贯执行规则。

制定规则的六步骤 运用第2章“家的支持”中提到的“不良行为背后也会有其积极的意义”中的教育思想，将问题变成选择，然后双方共同约定彼此需要遵守的规则，设定行为界限。

第一步，暂停5秒钟，调整双方情绪，在心平气和的状态下亲子共同商定规则。双方达成的共识，自然会比单方的强制规定好遵守。

第二步，列出有问题的行为，具体而单一，每次只解决一个问题。

第三步，找出谁来为该“问题”负责，谁负责，谁在制定规则时发言权和决定权就更大一些。

第四步，寻找积极的意义，从问题中找出正面的意义。

第五步，头脑激荡，类聚可供选择的多个方法，先不做任何评价，想到了就说出来、记下来。

第六步，亲子双方共同衡量和评价新选择，找出双方都能接受的方

案，并且各负其责。父母不要忘了对孩子的点滴进步及时给予肯定。

应用举例：孩子总是因为早晨挑衣服磨蹭，耽误上幼儿园的时间。

第一步，在孩子吃饱喝足的情况下，情绪平稳时候进行沟通，而不是在孩子看动画和玩玩具的兴头上说事儿。

第二步，确定议题，孩子早晨上幼儿园前因为挑衣服浪费很多时间。

第三步，孩子因为挑选衣服而延误上幼儿园的时间，孩子得不到准时到园的小红花，妈妈也会因此而耽误上班时间，双方都要为这个“问题”承担责任，所以都有发言权和决定权。

第四步，从积极的方面来看，孩子自己挑衣服说明孩子有主见，有审美观念，喜欢穿自己挑选的衣服，爱美，喜欢得到别人的关注，不喜欢默默无闻。只是孩子不能很好地把握早上有限的时间。

第五步，备选方案一，妈妈叫孩子早起，预留更多的时间给孩子挑衣服。妈妈给孩子也设个闹钟叫早，比平时提前10分钟，早睡早起，这样早晨不会感觉太紧张。不要使劲地催促孩子，你越着急，孩子越慢。备选方案二，让孩子在前一天挑选好衣服。妈妈可以根据天气预报、第二天的活动要求、孩子前一天的冷热感受等，让孩子自己选择衣服，可以不只选一套，但最多选两套。孩子可以选择衣服摆放的位置。备选方案三，训练孩子的穿衣能力，将节约下来的穿衣时间用在挑衣服上。平时还可以提高孩子穿脱衣服的能力，多些精细动作的练习，很多时候，家长责怪孩子动作慢，是因为孩子的小肌肉未发育成熟，孩子动作不协调、不娴熟。备选方案四，妈妈需要确认孩子拖延上幼儿园的时间，是单纯因为选衣服，还是另有隐情？询问：“是不是前一天在幼儿园发生了不愉快的事情，或者幼儿园当天有你不喜欢的课程或活动？”

第六步，亲子在备选方案中共同选定一种，并承担起自己该为之负责的项目，然后付诸行动去做就好了。如果效果不理想，再重复以上步骤尝试新方法即可。

育儿技巧

制定规则的注意事项

在制定规则时，我们要注意以下几点：

1. **制定规则时要考虑孩子的年龄。**3岁以前，家规以家长制定规则为主，但是要用温和而坚定的态度和口吻提前告诉孩子，作为彼此的约定。比如，去游乐场之前，先说好今天玩几项，去商场前说好可以买多少玩具、食物。3岁以上，家长和孩子能够共同制定规则，调整规则。彼此商定，共同约定，双方都去遵守的项目，这些都会让规则执行得更到位。

2. **规则要具体。**什么环境下，什么情况下，可以做什么，不可以做什么。越具体越好执行，越容易出效果。在告诉孩子应该如何做的时候，用言语描述显然没有实际操作演示更形象、更容易理解、模仿和记忆。

3. **用形象的动作、图画加深孩子对规则的印象。**拉拉勾，运用动作加深孩子的理解和记忆。把约定画下来，写下来，贴在公共的地方，便于提示大家共同遵守。

4. **让孩子体会到执行规则的益处。**常用语言描述遵守规则带来的益处。如，减少生病的概率，保护了自己的安全等。当孩子遵守规则后及时给予鼓励。

家庭延伸

亲子共玩规则游戏

规则的作用不仅仅是限制彼此的行动，更能让活动、游戏、互动顺利的进行下去，从而保障大家的共同利益。不遵守规则的人，大家会敬而远之。

这些关于规则的概念是很抽象的，但我们完全可以通过游戏、生活实践让孩子切身体验到规则所起的作用，所带来的乐趣和益处。

扑克是成人非常喜欢的一种娱乐活动，小孩子看到大人围坐在一起玩扑克，常会非常想参与进来。玩扑克能让孩子体验遵守规则，在同一种扑克游戏中，不同的玩法依然要以遵守规则为前提，方能体验到游戏带来的乐趣。家长可以从最简单的玩法教起：拖拉机、比大小、“抽王八”（从对方手中抽牌，对子出去，单牌留手里，最后谁手里剩牌多，谁就输）。需要提醒家长的是，玩扑克会有输赢，家长可以有意的让孩子赢几次，这样能调动孩子参与游戏的兴趣。游戏中家长也要创造让孩子输的机会，否则孩子会变得“只能赢不能输”，或者“输不起”。体验输，直面输，还能增加孩子面对挫折的感受。切记，已经确定的游戏规则是不能随意动摇和改变的，否则孩子会认为游戏规则并不重要。

走在马路上，我们可以教孩子一些简单的交通规则，比如红绿灯、斑马线的含义，过马路的方法，可以在看到有人横穿马路、横冲直撞的时候告诉孩子这样做的危害是什么，当看到两车相撞的残骸时也可以向孩子解释为什么会这样，告诉孩子什么叫超速、酒驾、追尾。更重要的是，一定要带领孩子主动遵守交通规则，这样才能让孩子体验到规则的真正含义，学会尊重规则、遵守规则。

5.5 用合作来代替听话

长期以来，孩子“听话”一直是衡量管教效果的头号标准。

要求孩子“听话”虽然饱含父母的良苦用心，但是长远来看，对发展孩子自我约束、自主判断的能力非常不利。

“听话”意味着强者支配弱者，是单方面的要求。

“听话”要么让孩子感到无力、无能，变成依附父母的寄生藤，要么让孩子感到愤怒、抗拒，让亲子关系变得疏离、冰冷。

相反，合作让亲子双方能够聚焦共同的目标，本着双赢的态度，并肩面对问题，共同解决问题。

5.5.1 “听话”的双重作用

“听话”中饱含良苦用心 可怜天下父母心，每位家长从孕育孩子那一刻开始，就希望孩子能够安全、健康地成长，变得通情达理、聪明好学，有教养、受欢迎，将来取得比自己更高的成就……可谓用心良苦。

面对懵懂稚嫩的小生命，父母肩负着教育孩子的重任，基于丰富的阅历和经验，家长有太多的东西要教给孩子，有太多的事情要督促孩子去做，有太多的事情要限制孩子不做。

所以家长想让孩子“听话”。可是孩子是个独立的个体，有自己的需要和想法。于是亲子间的分歧从孩子蹒跚学步开始日益凸显。当孩子表现出执拗、屡教不改，该做的事不做、不该做的事偏做的时候，被气得七窍生烟的父母都会慨叹一句“你怎么这么不听话！”

“听话”有双重作用 在慧心父母课堂中，我常问家长这个问题：“如果我有一种神奇的药丸，只要给孩子吃下去，孩子就会100%听话。你会给孩子吃吗？”经过10秒钟的思考，没有一位家长愿意给孩子吃。回想一下我们自己的成长经历，想一想身边从小被贴上“听话”标签的朋友、同学，我们不难发现“听话”的双重作用。

听话能让孩子待在父母的保护伞下，不尝试有危险的活动或游戏，避免了很多受伤的可能性；听话能让孩子变得乖巧，从小得到家长和老师的喜欢；听话的孩子一般比较安静、守规矩，不会做让父母特别担心的事情。

同时，“听话”也像一把斧子，砍掉了孩子练习观察、判断、思考、决策和尝试新事物的机会。听话的孩子主动性差，不善于自己设定目标；听话的孩子自我控制能力差，注意力容易涣散，不善于自我激励，往往是别人推一步，自己才走一步；听话的孩子胆小、畏缩，不喜欢挑战和变化，也不太敢争取或捍卫自己的权利；听话的孩子自信较低，遇事犹豫不决、比起自己的判断更相信别人的判断；听话的孩子情绪平稳、淡漠，很少有事情能引发他们的情绪波动，既不会因为失去什么而特别痛苦，也不会因为得到什么而特别快乐。显然，这些性格特点对孩子将来走入社会并不完全是好事。

所以，让孩子“听话”不是万能的。要想让孩子成长为心智健康、成熟的人，“听话”远远不够。

5.5.2 代替听话的合作模式

“听话”是双方对抗的单赢模式 “听话”是一种对抗关系，不是你赢就是我赢，必须决出胜负。如果亲子之间形成的是这种充满火药味的对抗关系，该有多么可怕。

无论体力、财力还是智慧，成人要比孩子强得多，所以在对决中孩子往往沦为失败方。孩子只能被动服从，很可能在暗中消极抵抗。随着孩子一天天长大，知识、经验和能力不断增长，家长与其斗智斗勇的难度也将不断加大，家长的高压手段会逐渐失效，损害亲子关系，造成亲子间的隔阂。很多令人触目惊心的社会案件一再证明，那些走入迷途的未成年人，他们的亲子关系或者说是家庭最先出现问题，正是由于家庭这一支持系统的缺失，让孩子在误入歧途后越走越远。

最后，孩子会将从家庭中耳濡目染的对抗模式、学到的处理冲突的方法迁移到和老师、朋友、同学，甚至爱人的交往中，听话的模式让他们学会与人对抗，谁赢了听谁的。

合作是双方互利的双赢模式 你好、我好、大家好，就是双赢、多赢。亲子间要建立共赢的关系，只有双赢、多赢关系才能让亲子关系和谐而持久。

合作是指两个或多个人拥有共同的目标，相互尊重、理解对方的需求，寻找双方都能接受的解决方法，共同努力，以达成目标。

和“听话”模式相比，“合作”模式有更多优势：首先，在合作中，亲子双方的关系是平等互助的，而在听话中是命令与服从；其次，在合作中，父母把孩子当作一个独立的个体，尊重孩子的需要和感受，因此孩子参与的主动性更高，也能锻炼孩子的观察、思考、表达、判断等综合能力。而听话模式只能让孩子被动行事；再次，随着孩子年龄的增长、自我意识的觉醒，让孩子听话的做法迟早会失效。而且在未来的成长过程中，孩子也需要学会与他人合作；最后，在合作中，亲子相互尊重、相互沟通，亲子关系会更加紧密、和谐。

所以，合作能让孩子学会顾及他人的需求和感受，学会与他人沟通、协作。会合作的孩子更具有同理心、情商更高，更容易获得他人的接纳，安全感更强，也更能客观地对待他人的建议和意见，更能有效地管理自己。

孩子是天生的合作者　合作是一种理念、态度，不是强硬地直接采取措施，而是本着尊重和理解，用礼貌而缓和的语气简单说明，允许对方表达和申辩。

有的家长会提出质疑：“你说的方法好是好，但是只适合大孩子，大孩子比较理智，讲道理能听得懂，而我们家孩子才两三岁，说话还说不利索呢，怎么合作？”

事实上，即使孩子刚刚蹒跚学步，家长和孩子也能够合作，因为双方拥有合作的基础和前提：

1．目标一致。家长希望孩子能够健康、受人欢迎、适应环境。同样的，孩子也不喜欢生病、受伤、痛苦，也希望别人喜欢自己，喜欢和别的小朋友一起玩，希望像成人一样在现实生活中自由自在地生活。

2．孩子有向上的动力。没有孩子愿意表现得笨手笨脚，没有孩子愿意做坏孩子。如果孩子因为主动给你拿来拖鞋而获得夸奖，他会更起劲地帮你做其他事情。每个孩子都希望把事情做好、做得更好。

3．孩子有无限的潜力。很多妈妈都有这样的感觉，孩子每天都有

新变化，甚至隔几天就要刮目相看了。突然有一天，宝宝能自己拿勺子吃完一碗饭了；突然有一天孩子懂事了，知道在你难过的时候安慰你了。孩子的学习潜能是惊人的，千万不要低估孩子。

5.5.3 与孩子合作的方法

共情与接纳是达成合作的基础　在第2章里我们谈到了“先跟后带”的方法，就是先接纳孩子的感受，肯定他行为中有价值的一面，然后用他值得鼓励的一面带动他需要提高的一面。缺少共情的能力，没有接纳的态度，合作就会显得无力苍白。

描述事实，而不是尖锐控诉　当孩子的行为不符合父母的预期的时候，父母往往会情绪失控，感到愤怒、挫折、烦躁、难堪，所以冲口而出的话语虽然本意是好的，但是会非常“不中听”，因为里面包含了对孩子的贬损、否定、失望，甚至夹杂了“新仇旧恨”。这种泄愤式的控诉对合作有害无益。

在这个过程中，双方的焦点早就从具体问题飞到十万八千里外了，那种僵持和对立的气氛，别说进行沟通，就连待在同一个房间里都有些困难。

在指出孩子错误的时候，一定要对事不对人，使用“摄像机语言”，具体方法已在第2章“家的支持”表述，在此不再赘述。

提供出路，而不是只下禁令　很多时候，家长告诉孩子“（这么做）不对、不行、不能”，孩子的反应一般会非常抗拒。一方面，这是孩子需求受阻的正常反应；另一方面，家长的做法向孩子传递的信息实际是“你无论在任何时间、任何地点都不能这样做”。

从某种意义上讲，很多行为没有绝对的对错之分，关键是这种行为在什么情境下发生。有位妈妈曾向我咨询：“我宝宝2岁了，在家总想站在桌子上，我制止了很多次都没用。我觉得桌子就是吃饭、学习的地方，站在桌子上是没家教的表现。孩子怎么就不明白呢？”我回答说：“如果要拿高处的东西，孩子借助于桌子完成目标，这不是没家教，反而是一种有思考力、创造力的表现。站在孩子的角度，我们可以想象到，站在桌子上会带来和站在地面上完全不同的新奇体验，孩子想尝试新事物，这种需要有它积极、合理的成分，如果一味地禁止，对孩子的长远发展也未必是好事。在告诉孩子‘这样做不可以’的同时，别常忘了告诉孩子‘怎么做才对’、‘现在不可以，那么什么时间、什么情况下可以’。”

简练用词，而不是万语千言　有的家长或者老师在生活中常常害怕孩子听不明白，所以前因后果、意义目的、操作步骤、注意事项……事无巨细、啰啰唆唆说了很多。3岁左右幼儿的有意注意只能维持3～5分钟，注意力非常容易转移，所以父母在表达自己的想法、意愿的时候要用词简练。

在第2章“家的支持”的“金玉良言要简短”中我们已经提到过这个方法了。需要强调的是，用简短的话把父母的意思表达清楚以后，孩子未必就会立刻去做，主要是没形成“何时该做什么”的意识和习惯，这需要父母和孩子事先沟通，共同订立规则，商定奖惩措施，切实依规则执行，逐渐形成习惯。

用童话般的语言走进童心世界　学前阶段，孩子有一个非常宝贵的特点叫“泛灵论”，就是在孩子的眼中一切事物都是有生命的，他们可以为童话人物伤心落泪，他们可以围着穿人偶服饰的卡通明星人物欣喜若狂。

已经都晚上9点钟了，孩子吵着要吃薯片，妈妈说商店已经关门了，明天一开门就去买。但还是不行，孩子依然大哭大闹。“我知道你非常想吃薯片，但是现在家里没有，我真希望能像仙女一样给你变出一屋子的薯片”。孩子看了看妈妈，愣了愣神，知道妈妈理解她的迫切心情，想吃的欲望也降低了很多。这时孩子的脑子里出现仙女和满屋子薯片的画面，于是和妈妈说：“那我们假装吃吧。”

尤其对于3～6岁的幼儿，这一招会非常好用。因为这个年龄段的孩子想象力很丰富，爱玩“假装”的游戏。比如，拿着竹竿子当马骑，用几个小石子当作一盘可口的菜肴。在他们的世界中一切事物都是有生命的，在幻想实现的过程中，他们迫切渴望的心情得到理解和缓解，会更容易接受现实或其他的备选方案。

有家长可能会问“这不是忽悠孩子吗？”忽悠是故意作出不能兑现或不能全部兑现的许诺，转移孩子的注意力，搁置孩子的需求，但是我们只是在表达理解孩子迫切的心情。

用童话中的人物角色与孩子对话，会起到事半功倍的作用。面对一地积木，孩子迟迟不肯收拾，这时，与其生硬地说“赶紧给我把玩具都收拾起来，不收拾就不带你出去玩”不如用充满童趣的声音说“玩完玩具，要把玩具们送回家，要不他们会害怕，他们的爸爸妈妈也会着急的”。或者，一手拿着收纳篮，一手牵着宝宝的小手“我们现在是小白兔，一起来采蘑菇吧”，然后把满地的玩具当作蘑菇，和宝宝一起收玩具。

让我们和他们一起回到纯真的年代，用童话般的语言描绘多彩的世界，用幻想实现的方式帮助他们接近梦想。

家庭延伸

亲子共玩合作游戏

对于孩子来说，游戏就是学习，在游戏中学习效果最佳。什么是合作？怎么与人合作？合作能带来什么，有什么好处？这些都可以通过亲子游戏来实现。

1. 两人三足走 具体游戏方法：

（1）爸爸或妈妈与孩子一组，两个人并排站立，将两人靠近的两条腿用宽带子系在一起；

（2）第一次玩时，不事先商量，听发令直接出发，让孩子体验，启发孩子感受相互之间步调不一致带来的问题；

（3）第二次，两个人商量一下，谁先迈出哪条腿，并试一下，然后听发令，出发，再次让孩子体验，启发孩子思考：这次为什么快了？自己感觉哪次更顺畅？

结合游戏体验告诉孩子：有共同的目标，有相互的商定与约定，各自完成自己的任务，相互之间有配合，就是合作。

以后再玩这个游戏，可以提高难度，增加游戏的趣味性，可以请家庭中多位成员参与，或多个家庭参与竞赛，多人将腿连起来，看看哪组优胜。

这个亲子游戏除了帮助孩子感受什么是合作，还能锻炼孩子腿部大动作发展。

2. 包饺子 这个家庭劳动能让孩子体验家庭生活中合作带来的成果。

全家包饺子，爸爸负责擀皮，妈妈负责包饺子。请孩子参与包饺子的过程，给孩子一个任务，帮助把分好的面团按扁，这样就可以加快擀皮的速度。

有全家参与，每个人有分工，饺子很快就包好了，全家品尝自己亲手制作的饺子，其乐融融。

3. 同创一幅画 亲子共同创作一幅美术作品，双方商定分工，根据孩子的年龄与能力水平，逐渐向孩子自己独立创作过渡，家长以陪衬为主。

家长剪、画，孩子粘贴；家长勾勒线条，孩子填颜色；孩子画主体，家长填背景；孩子完成作品，家长负责装裱。

通过活动，让孩子体验合作过程，以及带来的成功与成果。

4. 同唱一首歌 亲子合唱可以有多种形式：

（1）亲子共唱一首歌，如《吉祥三宝》，全家每个人都有一段；

（2）还可以选择有对唱的歌曲，如《山谷回音真好听》，家长主唱，孩子唱回音，然后相互交换角色；

（3）选择有角色分配的歌曲，如《小兔乖乖》，一个人扮演大灰狼，一个人扮演小白兔，一个人扮演兔妈妈。

后 记

从事任何职业都需要岗前培训、考核，要有资格证方能上岗，就像开车最起码要有驾照一样。为人父母虽不是职业，但比任何职业都要责任重大、意义深远，因为它肩负着培育下一代的责任、培育祖国未来的使命。而现实情况是，父母们“自由上岗”，缺少系统性的学习，部分父母的教育观念存在一定误区。

红黄蓝教育机构致力于儿童早期发展，贯彻先进的、科学的教育思想，不仅深度研发实践0~6岁一体化的婴幼儿早期教育，更重视家庭教育对儿童身心健康和谐发展的影响，始终走在早期教育行业的前沿，将“父母上岗培训”付诸行动。红黄蓝在全国旗下500余家亲子园、近100家幼儿园开展普及家庭教育，不仅组织家长会、家长学校常规工作，更在全国范围内大力开展“慧心父母课堂”，包括大型专家主题报告、小型体验式父母课堂，推广先进的家庭教育理念和方法，为谱写万千家庭的幸福生活脚踏实地地不懈努力。

这本书不仅是红黄蓝教育机构家庭教育领域的研究成果，也是我近20年来学前教育、家庭教育工作实践的结晶。

在这里我要衷心感谢对撰写本书作出贡献的人们：

感谢参加红黄蓝父母课堂的家长朋友们，是他们分享了大量生动、鲜活的育儿案例。

感谢红黄蓝家庭教育指导师们，是他们为创建和谐亲子关系、打造和谐家庭贡献着一份份力量。

感谢红黄蓝教育机构给我实现梦想的舞台，感谢创始人对家庭教育工作的高度重视与投入。

感谢著名教育专家、可亲可爱的“知心姐姐”卢勤老师，在百忙中为本书作序。序中字字富有教育哲理，字字扣动家长的心弦，感谢卢勤老师对红黄蓝教育理念的认可，对本书观点和内容的肯定，激励着我们充满激情地投入到家庭教育工作中。

感谢万选蓉教授、蔡建华主任、艾樱主编、玉米妈妈对本书的肯定和推荐。

感谢北京师范大学出版社的胡苗、谢影两位编辑，为出版此书付出的辛勤努力。无论学习还是工作，我与北师大有着千丝万缕的联系，有着难以割舍的感情。这次出版本书，我首选北师大出版社，因为在我的心目中，这里是国内最严谨、最专业的教育类书籍出版机构。

感谢国际NLP专业资深导师张国维博士（香港），从他那里我不仅学到了学问与知识，更让我领悟到一种别样的心灵境界。还记得，他把手放在我肩头，微笑着说：“你会成为一名非常出色的讲师！”随即，一种无形的力量渗入我的内心。他期许的目光、温和的声音激励着我，更坚定地向成为一名优秀家庭教育传播者的目标前行！

感谢我的工作伙伴焦晶晶老师，虽然是参加工作时间不长的“80后”，但对工作相当地用心与投入，协助我完成慧心父母课程的各项工作，给我大力的支持与帮助。

感谢绘制插图的王明莉和文硕老师，用插图将“儿童心灵之树”生动地描绘出来，在帮助家长理解这一概念的同时，带给读者幸福而温暖的感受，为读者营造温馨的阅读氛围。

还要感谢我的家人一直以来默默的支持，没有他们的理解付出也没有我今天的收获。感谢女儿激发了我对家庭教育事业的热爱，激发了我写作的灵感，让我学有所用，用有所悟，悟有所省。

亲爱的读者及家长朋友，如果您对本书的观点存有疑问和不同见解、或有感悟、或想咨询，欢迎来信至红黄蓝慧心父母项目部邮箱hxfm@rybbaby.com，我愿意与大家多沟通交流，相互学习。

每个人都拥有一棵属于自己的心灵之树，从出生开始就悄悄地萌芽、伸展枝丫、开花结果。无论年龄多大，心灵之树都在生长，都需要精心的培育。我们不可以替代孩子心灵之树的成长，但我们可以为之提供适宜的土壤和养分，帮助孩子心灵之树产生自我成长的动力。孩子小的时候，心灵之树需要家长帮助浇水、施肥、修剪，而长大后要靠自己去培育它，方能茁壮成长。

本书曾得到北京师范大学教育学部、学前教育专家梁志燊教授的指导，梁教授还为本书亲笔题字“言传身教古训经世久，科学教育之光照新人”。慈祥的老人虽然永远离开了我们，但这句话永远鞭策我前行。

祝愿天下父母和孩子们的心灵之树都能枝繁叶茂、抵御风雨，撑起一片属于自己的绿荫，拥有一个丰盈、快乐、健康的内心世界，创造多彩灿烂的明天！

王晶

2013年11月于北京

参考文献

[1] David R. Shaffer & Katherine Kipp. 发展心理学 [M]. 8版. 邹泓等，译. 北京：中国轻工业出版社，2009.

[2] 威廉·西尔斯，玛莎·西尔斯. 西尔斯育儿经 [M]. 2版. 蔡骏译. 广东：汕头大学出版社，2008.

[3] 霍华德·加德纳. 重构多元智能 [M]. 沈致襄，译. 北京：中国人民大学出版社，2008.

[4] 维吉尼亚·萨提亚. 新家庭如何塑造人 [M]. 易春丽，叶冬梅等，译. 北京：世界图书出版社，2006.

[5] 克里斯托弗·彼得森. 积极心理学 [M]. 徐红，译. 北京：群言出版社，2010.

[6] 卢勤. 卢勤教育文集2 [M] . 桂林：漓江出版社，2008.

[7] 琳达·凯夫琳·波普夫，丹·波普夫博士，约翰·凯夫琳. 家庭美德指南 [M] . 汤明洁，译. 北京：中国言实出版社，2009.

[8] 李中莹. 亲子关系全面技巧 [M]. 北京：现代出版社，2008.

[9] 陈会昌. 儿童心理发展的两颗种子 [EB/OL]（搜狐母婴）. http：//baobao.sohu.com/20100707/n273347577.shtml, 2010-07-07.

[10] 约翰·格雷. 孩子来自天堂——积极教养的5个原则和技巧 [M]. 张雪兰译. 北京：京华出版社，2006.

[11] 阿黛尔·法伯，伊莱恩·玛兹丽施. 如何说孩子才会听，怎么听孩子才肯说 [M]. 安燕玲，译. 北京：中央编译出版社，2007.